はじめに

　「介護福祉士」の誕生から32年が過ぎました。資格取得変遷のなかで，平成29年度より，介護福祉士養成施設の卒業（修了）生も，現場経験3年のなかで実務者研修を受けた人も，国家試験の合格が課せられるようになりました。

　本書では，国家試験の内容となる教養や倫理的態度を養う「人間と社会」，人間のからだやこころを理解する「こころとからだのしくみ」，生活を自立支援する技術などを学ぶ「介護」，医療的ケアの知識と方法を学ぶ「医療的ケア」の4領域を，よりわかりやすくまとめ最重要ポイントを88項目に集約しています。

　また，全ページ図式化・イラスト化することで，文章だけではわかりにくい内容も格段に理解度がアップし，チェックテストで知識の定着が図れる構成となっています。さらに国試対策新傾向・新情報を掲載しました。

　介護福祉職を目指し，養成校や職場で学び働く人達の合格への導きとなる最適な一冊です。

元　松本短期大学介護福祉学科 学科長
木村　久枝

JN057626

CONTENTS

介護の理念・基礎知識

法・制度の理解

被介護者の理解（医学総論）

CONTENTS

介護過程とコミュニケーションの理解

介護各論

介護福祉士国家試験について

◆介護福祉士とは

　介護福祉士とは，社会の変化や福祉ニーズの多様化に伴い，介護の専門知識や技術に裏づけられた，より質の高い介護が求められるようになり，1987（昭和62）年に介護の専門職の国家資格として制度化された資格です。

　現在，介護福祉士は介護現場の中心的な役割・責任を担う存在となっています。

◎「社会福祉士及び介護福祉士法」の介護福祉士の定義

　「介護福祉士の名称を用いて，専門的知識及び技術をもつて，身体上又は精神上の障害があることにより日常生活を営むのに支障がある者につき心身の状況に応じた介護（喀痰吸引その他のその者が日常生活を営むのに必要な行為であつて，医師の指示の下に行われるもの（厚生労働省令で定めるものに限る）を含む。）を行い，並びにその者及びその介護者に対して介護に関する指導を行うことを業とする者をいう」（名称独占の資格）

◆受験資格取得方法

1．3年以上の介護等の業務に関する実務経験及び都道府県知事が指定する実務者研修等における必要な知識及び技能の修得を経た後に，受験資格を取得する方法
2．文部科学大臣及び厚生労働大臣の指定する学校または都道府県知事が指定する介護福祉士養成施設等において必要な知識及び技能を修得して受験資格を取得する方法
3．学校教育法による高等学校または中等教育学校，文部科学大臣及び厚生労働大臣が指定する福祉系高校において必要な知識及び技能を修得した後に，受験資格を取得する方法

◆資格取得ルート図

2020（令和2）年度（第33回）予定

次のいずれかに該当する方は，受験資格があります。

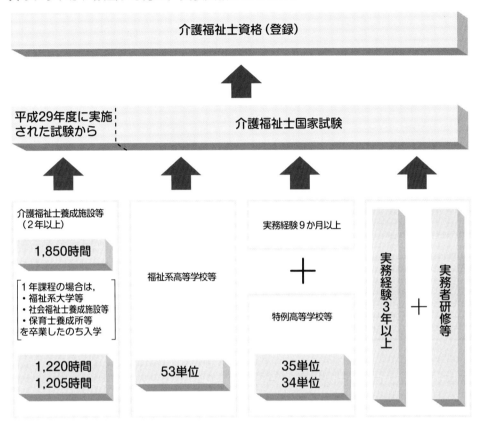

※2017（平成 29）年度から，養成施設卒業者に国家試験の受験資格を付与し，5年間かけて漸進的に導入し，2022（令和4）年度より完全実施予定となっていましたが、2020（令和2）年6月に2027（令和9）年まで経過措置が延長されることが決定されました。
※実務経験3年以上のEPA介護福祉士候補者は，実務者研修等なしで受験が可能
※実務経験ルートで受験を希望する方は「実務経験3年以上」だけでは受験不可

◆合格基準

- 試験の合格ラインについてですが、試験センターから発表された第32回の合格基準は、筆記試験は問題の総得点125点に対し77点以上、実技試験は総得点100点に対し、46.67点以上を基準としています。ただし、総得点の60%程度を基準とし、問題の難易度で補正されます。

- 近年の筆記試験では、60～70%の正解で合格となっています。

- ただし、以下の11科目群（9ページにあるように科目数は12ですが、出題形式として群分けしています）の中で、1つでも0点の科目群があると不合格になるので、注意してください。

①人間の尊厳と自立、介護の基本

②人間関係とコミュニケーション、コミュニケーション技術

③社会の理解　④生活支援技術　⑤介護過程　⑥発達と老化の理解

⑦認知症の理解　⑧障害の理解　⑨こころとからだのしくみ　⑩医療的ケア

⑪総合問題

■受験者数と合格率（第32回）

受験者数	84,032人
合格者数	58,745人
合格率	69.9%

◆介護福祉士国家試験制度の見直し

　介護・福祉の人材の確保・資質の向上を図ることを目的として2007（平成19）年「社会福祉士及び介護福祉士法」が改正され、それに伴い介護福祉士養成の教育カリキュラムと介護福祉士国家試験の受験資格が見直されました。

　筆記試験の科目に関しては，2012（平成24）年度より従来の13科目から「人間と社会」「介護」「こころとからだのしくみ」の3領域に改編されました。さらに2016（平成28）年度からは「医療的ケア」が加わって4領域になりました。

　その人らしい生活をささえるために必要な，介護福祉士としての専門的技術・知識を学ぶ「介護」と，「介護」に必要な周辺知識を学ぶ「人間と社会」「こころとからだのしくみ」「医療的ケア」の領域からなり，さらに12科目に分かれています。

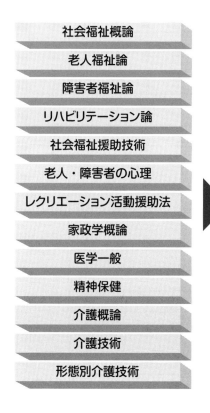

◆試験科目と出題数

試験科目の大項目と出題数は以下のようになります。

■領域：人間と社会

科目	大項目	出題数
人間の尊厳と自立	1　人間の尊厳と自立 2　介護における尊厳の保持・自立支援	2問
人間関係と コミュニケーション	1　人間関係の形成 2　コミュニケーションの基礎	2問
社会の理解	1　生活と福祉 2　社会保障制度 3　介護保険制度 4　障害者自立支援制度 5　介護実践に関連する諸制度	12問

■領域：介護

科目	大項目	出題数
介護の基本	1　介護福祉士を取り巻く状況 2　介護福祉士の役割と機能を支えるしくみ 3　尊厳を支える介護 4　自立に向けた介護 5　介護を必要とする人の理解 6　介護サービス 7　介護実践における連携 8　介護従事者の倫理 9　介護における安全の確保とリスクマネジメント 10　介護従事者の安全	10問
コミュニケーション 技術	1　介護におけるコミュニケーションの基本 2　介護場面における利用者・家族とのコミュニケーション 3　介護におけるチームのコミュニケーション	8問
生活支援技術	1　生活支援 2　自立に向けた居住環境の整備 3　自立に向けた身じたくの介護 4　自立に向けた移動の介護 5　自立に向けた食事の介護 6　自立に向けた入浴・清潔保持の介護 7　自立に向けた排泄の介護 8　自立に向けた家事の介護 9　自立に向けた睡眠の介護 10　終末期の介護	26問

介護過程	1 介護過程の意義	8問
	2 介護過程の展開	
	3 介護過程の実践的展開	
	4 介護過程とチームアプローチ	

■領域：こころとからだのしくみ

科目	大項目	出題数
発達と老化の理解	1 人間の成長と発達の基礎的理解	8問
	2 老年期の発達と成熟	
	3 老化に伴うこころとからだの変化と日常生活	
	4 高齢者と健康	
認知症の理解	1 認知症を取り巻く状況	10問
	2 医学的側面から見た認知症の基礎	
	3 認知症に伴うこころとからだの変化と日常生活	
	4 連携と協働	
	5 家族への支援	
障害の理解	1 障害の基礎的理解	10問
	2 障害の医学的側面の基礎的知識	
	3 連携と協働	
	4 家族への支援	
こころとからだのしくみ	1 こころのしくみの理解	12問
	2 からだのしくみの理解	
	3 身じたくに関連したこころとからだのしくみ	
	4 移動に関連したこころとからだのしくみ	
	5 食事に関連したこころとからだのしくみ	
	6 入浴，清潔保持に関連したこころとからだのしくみ	
	7 排泄に関連したこころとからだのしくみ	
	8 睡眠に関連したこころとからだのしくみ	
	9 死にゆく人のこころとからだのしくみ	

■領域：医療的ケア

科目	大項目	出題数
医療的ケア	1 医療的ケア実施の基礎	5問
	2 喀痰吸引（基礎的知識・実施手順）	
	3 経管栄養（基礎的知識・実施手順）	

科目	出題数
総合問題	12問

本書の見かた

　本書は，介護福祉士国家試験の最重要ポイントを88項目に集約し，さらに国試対策新傾向と新情報を掲載しています。

　カリキュラムの12科目の重複内容を集約し，学習効率が高まるように掲載順を再配列しています（※実際の国家試験では，カリキュラムの科目順に出題されます）。

　全ページ図式化・イラスト化することで，文章だけではわかりにくい内容も格段に理解度がアップし，チェックテストで知識の定着を図れる構成となっています。

　さらに，下記のように重複内容をまとめているため，関連する分野を「リンク」として表記しています。

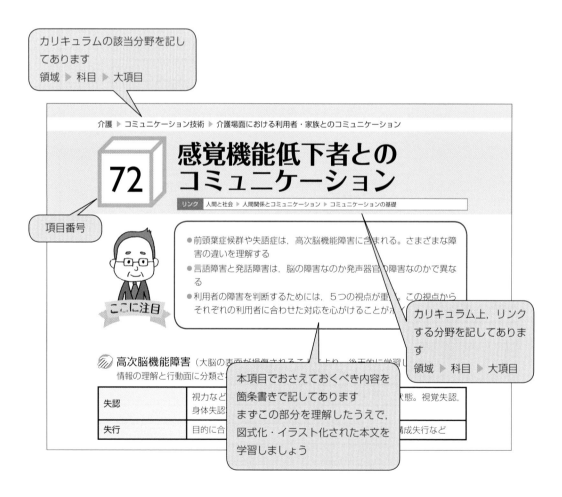

介護の理念・基礎知識

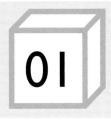

01 人間の尊厳と 自立に関する歴史

ここに注目

● 1601年のエリザベス救貧法（イギリス）に始まる欧米の社会保障の歴史や社会保障史における主な重要人物，セツルメント運動についておさえよう
● 1929（昭和4）年に公的救済を国家義務とする救護法が制定される
● 1887（明治20）年に石井十次が日本最初の孤児院「岡山孤児院」を設立

欧米における人権・社会保障の歴史のポイント

年号	国	法律・制度の制定，事象
1601年	イギリス	エリザベス救貧法（近代福祉制度の先駆）
1762年	フランス	ルソーが「社会契約論」を上梓
1776年	アメリカ	アメリカ独立宣言
1787年	アメリカ	アメリカ合衆国憲法制定
1789年	フランス	フランス人権宣言の公布
1869年	イギリス	慈善組織協会（COS）設立：ロンドン
1877年	アメリカ	慈善組織協会（COS）設立
1883年	ドイツ	ビスマルク首相が疾病保険法制定（初の社会保険）
1884年	イギリス	トインビー・ホール開設（初のセツルメント運動）
1919年	ドイツ	ワイマール憲法制定（初の生存権規定憲法）
1935年	アメリカ	社会保障法制定
1942年	イギリス	ベヴァリッジ報告（「ゆりかごから墓場まで」）

国際連合による人権擁護

・1948年　世界人権宣言
・1966年　国際人権規約（世界人権宣言の内容を基礎として条約化したもの。日本は1979年批准）
・1975年　障害者の権利宣言
・1981年　国際障害者年（テーマ「完全参加と平等」）
・1989年　児童の権利に関する条約（＝「児童の権利条約」。日本は1994年批准）
・2006年　障害者の権利に関する条約（日本は2007年に署名し，2014年批准）

日本における人権と社会保障の歴史（日本国憲法施行まで）

- ・1874（明治7）年　恤救（じゅっきゅう）規則の制定
- ・1889（明治22）年　大日本帝国憲法の発布
- ・1917（大正6）年　済世顧問制度（岡山）
- ・1918（大正7）年　方面委員制度（大阪）　}　→　現在の民生委員制度の前身
- ・1922（大正11）年　健康保険法の制定
- ・1929（昭和4）年　救護法の制定　→　恤救規則を廃止し，公的救済を国家の義務とした
- ・1938（昭和13）年　国民健康保険法の制定
- ・1946（昭和21）年　日本国憲法の公布　→　1947（昭和22）年5月3日施行
  - 11条　基本的人権　→　利用者本位へ
  - 13条　幸福追求権
  - 25条　生存権　→　生活保護へ

重要人物とその業績

M. リッチモンド	ケースワークを理論化。『社会診断』『ソーシャル・ケースワークとは何か』
H. パールマン	問題解決アプローチを提唱。ケースワークの要素として「4つのP」を挙げた
石井十次	1887（明治20）年，日本最初の孤児院である「岡山孤児院」を開設
石井亮一	日本最初の知的障害児施設である「滝乃川学園」の創設者
留岡幸助	現在の児童自立支援施設の原型となる「家庭学校」を創設
横山源之助	貧困層の生活実態を調査し，『日本之下層社会』を著したジャーナリスト
糸賀一雄	戦後，知的障害児や戦災孤児の施設「近江学園」を設立。『この子らを世の光に』

「高齢者のための国連原則」（1991年）

国連において，高齢者の自立やケアにつき，「高齢者は…」として，以下の原則が宣言された（ポイント抜粋）。

自立	収入や家族・共同体の支援及び自助努力で，十分な食料等，医療へのアクセス等，収入及び収入の手段を得る。安全な環境で，可能な限り長く自宅に住むことができるべきである，など。
参加	社会の一員として，政策決定に積極的に参加し，ボランティア等として共同体に奉仕する機会を求め，集会や運動を組織できるべき，など。
ケア	家族及び共同体の介護と保護を享受でき，発病を防止あるいは延期し，医療を受ける機会が与えられ，自主性，保護及び介護を発展させるための社会的及び法律的サービスを得て，安全な環境で，保護，リハビリテーション，社会的及び精神的刺激を得られる施設を利用し，自己の尊厳，信念，要求，プライバシー及び，自己の介護と生活の質を決定する権利につき尊重を含む基本的人権や自由を享受することができるべき，など。
自己実現	自己の可能性を発展させる機会を追求でき，社会の教育的・文化的・精神的・娯楽的資源を利用できるべき，など。
尊厳	尊厳及び保障を持って，肉体的・精神的虐待から解放された生活を送ることができ，年齢，性別，人種，民族的背景，障害等に関わらず公平に扱われ，自己の経済的貢献に関わらず尊重されるべきである。

過去問　平成31年-問題2，平成23年-問題4・問題20，平成22年-問題28，平成21年-問題5・問題19・問題30，平成20年-問題3

02 我が国の介護福祉の歴史

ここに注目

- 老人に対して「心身の健康の保持及び生活の安定のために必要な措置」を講じることが規定されている（老人福祉法1条）
- 1963（昭和38）年，「老人福祉法」制定により，老人福祉施設の一つとして特別養護老人ホームが創設された。長期入所型ケア施設として位置付けられ，「身体上または精神上の著しい障害があるために，常時の介護を必要とする65歳以上の者で，居宅で養護することが困難な者」を対象とした。介護保険法では，指定介護老人福祉施設として位置付けられている

我が国の介護福祉の歴史

1963（昭和38）年	**老人福祉法**公布	我が国初の老人福祉に関する総合法。介護保険制度でも同法の行政措置は一部存続
1987（昭和62）年	社会福祉士及び介護福祉士法	社会福祉士，介護福祉士資格が誕生
1989（平成元）年	**ゴールドプラン**	大蔵，厚生，自治の3大臣合意による在宅福祉，施設福祉に関する10年計画
1994（平成6）年	**新ゴールドプラン**	介護サービスの基盤整備目標の引き上げ等
1997（平成9）年	介護保険法公布	介護の社会化，利用者とサービス提供者の契約に基づく選択性のあるサービス提供
1999（平成11）年	**ゴールドプラン21**	2004年度に向けた介護サービス提供の目標値を提示
2000（平成12）年	**介護保険制度スタート**	ほとんどの在宅介護サービスは同法の下で実施
2005（平成17）年	障害者自立支援法公布	**身体・知的・精神の3障害を一本化**
〃	介護保険法改正（2005年改正）	予防重視型システムの導入，地域密着型サービスや地域包括支援センター等の創設，など
〃	**高齢者虐待防止法**	高齢者虐待として，①身体的虐待②ネグレクト③心理的虐待④性的虐待⑤経済的虐待を定義
2007（平成19）年	社会福祉士及び介護福祉士法改正	社会福祉士，介護福祉士の定義の見直し，誠実義務の追加，資質向上の責務の追加など
2008（平成20）年	**高齢者の医療の確保に関する法律施行**	**老人保健法の改正**。健康保険法等の一部を改正する法律により，**後期高齢者医療制度が創設**される
2012（平成24）年	介護保険法改正（2012年改正）	24時間の定期巡回・随時対応型による訪問介護・看護，看護小規模多機能型居宅介護サービスの創設など
2013（平成25）年	**障害者総合支援法施行**	基本理念の創設，**障害者の範囲に難病等を追加**，障害者支援の見直し，サービス基盤の計画的整備など
2014（平成26）年	介護保険法改正（2014年改正）	地域支援事業の包括的支援事業を充実，予防給付の見直し，入所要件の厳格化
2018（平成30）年	介護保険法改正（2018年改正）	自立支援と要介護状態の重度化防止，地域共生社会の実現，制度の持続可能性の確保

過去問 ▶ 平成25年-問題9，平成24年-問題10，平成22年-問題8，平成21年-問題13，平成19年-問題14

03 介護問題の背景

ここに注目

- 少子高齢化の進展により，介護の社会化が不可欠に
- 介護の社会化＝平均寿命の伸長＋高齢化＋少子化
- 介護の社会化が契機となり介護保険制度が創設
- 平均寿命と健康寿命との差を縮める
- 2018年の我が国の平均寿命は男性81,25歳，女性87,32歳，男女ともに80歳を超えた（簡易生命表：厚生労働省）

平均余命と平均寿命，健康寿命，合計特殊出生率（定義）

「平均余命」とは，ある年齢の人々がその後何年生きられるかという期待値のこと。生命表で計算されている。「平均寿命」は0歳児の平均余命のこと。

昨今は，日常的に介護を必要とせず，健康で自立して暮らすことができる生存期間を「健康寿命」とし，平均寿命と健康寿命の差を縮めることが検討されている。

なお，一人の女性が生涯（15〜49歳の間）に何人の子どもを産むかを示す値を「合計特殊出生率」といい，少子・高齢化の状況を示す。

厚生労働省は，人口推計などから毎年「簡易生命表」を，国勢調査の人口などから5年ごとに「完全生命表」を公表している。

高齢化率による用語の分類

65歳以上の人口が総人口に占める割合（高齢化率）によって，一般的に以下のように分類されている。

高齢化社会	高齢化率7%以上〜14%未満	高齢社会	高齢化率14%以上〜21%未満	超高齢社会	高齢化率21%以上

高齢者の経済的な暮らし向きに関する調査

- 調査の目的　高齢者対策総合調査を施策別に原則5年ごとに計画的に実施
- 調査対象　全国の60歳以上（平成28年1月1日現在）の男女個人（施設入所者は除く）
- 調査事項　経済的な暮らし向き　基本的生活に関する事項

経済的な暮らし向きを全体でみると，「家計にあまりゆとりはないが，それほど心配なく暮らしている」(49.6%)が5割を占め最も多い。これと「家計にゆとりがあり，まったく心配なく暮らしている」を合わせた『心配はない（計）』は64.6%で全体の約3分の2を占める。一方，「家計にゆとりがなく，多少心配である」と「家計が苦しく，非常に心配である」を合わせた『心配である（計）』は34.8%で全体の約3分の1である。

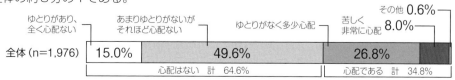

2016（平成28）年「高齢者の経済・生活環境に関する調査結果」（内閣府）

 過去問　平成26年-問題17，平成25年-問題6・問題18，平成22年-問題8，平成21年-問題6

17

04 介護を必要とする人の理解

リンク 人間と社会 ▶ 社会の理解

ここに注目

- 要介護認定者数は，介護保険創設時から385万人増の641万人
- 介護が必要となった原因のトップは認知症
- 同居する主な介護者の続柄は，配偶者，子，子の配偶者の順
- 女性の介護者のうち，60歳以上の者が69.9%
- 有訴者（病気やけが等で自覚症状のある者）は人口千人当たり305.9人（この割合を「有訴者率」という）で，性別にみると，男性271.9，女性337.3で女性が高くなっている

人口動態トピック

- 合計特殊出生率は，第1次ベビーブームである1947（昭和22）～1949（昭和24）年に4.3を超え，その後第2次ベビーブームの1971（昭和46）～1974（昭和49）年に2.0を超えた。2018（平成30）年には，1.42となっている
- 老年人口割合は，1990年代後半に年少人口割合を上回った。2019（令和元）年現在の老年人口比率（高齢化率）は28.4%
- 65歳以上の者のいる世帯の割合は，2018年では48.9%

要介護・要支援認定者数の推移

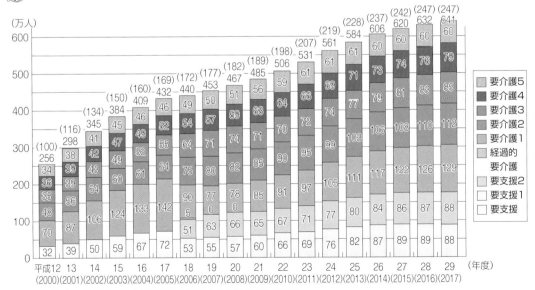

※（ ）の数値は，平成12年度を100とした場合の指数である。

資料：厚生労働省「平成29年度　介護保険事業状況報告（年報）」

（注）平成18年4月より介護保険法の改正に伴い，要介護度の区分が変更されている。

※東日本大震災の影響により，平成22年度の数値には福島県内5町1村の数値は含まれていない。

介護が必要となった主な原因

（単位：％ 「総数」には要介護度不詳を含む 順位は総数のもの）

総数順位	第1位	第2位	第3位	第4位	第5位
要介護度	認知症	脳血管疾患（脳卒中）	高齢による衰弱	骨折・転倒	関節疾患
総数	18.0	16.6	13.3	12.1	10.2
要支援者	4.6	13.1	16.2	15.2	17.2
要介護者	24.8	18.4	12.1	10.8	7.0

「平成28年国民生活基礎調査の概況」（厚生労働省）より

主な介護者の状況

介護者と要介護者との続柄は，同居の配偶者が25.2％と最多で，主な同居介護者の男女比は，約 男3：女7。介護者を年齢別にみると，男女ともに60歳以上が過半数を占める。

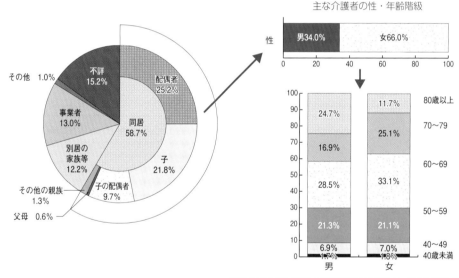

「平成28年国民生活基礎調査の概況」（厚生労働省）より

独居高齢者の動向について

独居（一人暮らし）は，調査・統計では「単独世帯」を指す。「日本の世帯数の将来推計」（国立社会保障・人口問題研究所）の結果，2015（平成27）年では，一人暮らしの者の高齢者人口に占める割合は，男性は14.0％，女性は21.8％であり，その後も増加傾向にある。2025年では男性16.8％，女性23.2％，2040年では，男性20.8％，女性24.5％と推計される。

過去問　令和元年-問題77，平成31年-問題78，平成30年-問題5，平成26年-問題8・問題71，平成25年-問題5，平成24年-問題17

05 社会福祉士及び介護福祉士法

ここに注目

- ●社会福祉士及び介護福祉士法の改正で,「誠実義務」「資質向上の責務」が追加されたほか, 多職種との連携が強化された
- ●介護福祉士になるには, 介護福祉士登録簿に氏名・生年月日等を登録しなければならない
- ●介護業務そのものは資格がなくても行うことができる（名称独占）
- ●介護福祉士には守秘義務があり, 違反者は「1年以下の懲役又は30万円以下の罰金に処する」と規定されている
- ●社会福祉士及び介護福祉士法の目的…「社会福祉士及び介護福祉士の資格を定めて, その業務の適正を図り, もつて社会福祉の増進に寄与すること」（社会福祉士及び介護福祉士法1条）

社会福祉士及び介護福祉士法…2007年改正（1987年制定）

定義	介護福祉士とは, **介護福祉士の名称**を用いて, 専門的知識及び技術をもつて, 身体上又は精神上の障害があることにより日常生活を営むのに支障がある者につき**心身の状況に応じた介護**を行い, 並びにその者及びその介護者に対して**介護に関する指導を行う**ことを業とする者
誠実義務	その担当する者が個人の尊厳を保持し, 自立した日常生活を営むことができるよう, 常にその者の立場に立つて, 誠実にその業務を行わなければならない
信用失墜行為の禁止	社会福祉士又は介護福祉士は, 社会福祉士又は介護福祉士の信用を傷つけるような行為をしてはならない
秘密保持義務	社会福祉士又は介護福祉士は, **正当な理由がなく**, その業務に関して知り得た人の秘密を漏らしてはならない。社会福祉士又は介護福祉士でなくなつた後においても, 同様とする
連携	担当する者に, 認知症であること等の心身の状況その他の状況に応じて, 福祉サービス等が総合的かつ適切に提供されるよう, **福祉サービス関係者等との連携**を保たなければならない
資質向上の責務	社会福祉及び介護を取り巻く環境の変化による業務の内容の変化に適応するため, 相談援助又は介護等に関する**知識及び技能の向上**に努めなければならない
名称の使用制限	**介護福祉士でない者は**, 介護福祉士という**名称を使用してはならない**

※ 2012（平成24）年改正により, 一定の条件下でたんの吸引が実施可能（P28も参照）

06 介護福祉士の役割と機能を支える仕組み

ここに注目

- 介護福祉士の養成課程において，チームマネジメントに関する教育内容の拡充を図ることとされた
- 経済連携協定により，介護福祉士候補者が受け入れ施設で就労しながら国家資格取得を目指している
- 我が国の雇用形態には正規雇用と非正規雇用があり，正規雇用は減少している
- 非正規雇用では，65歳以上の就業率が増加している

介護福祉士養成課程の教育内容の見直し（2019年度から導入）

介護職のグループの中での中核的な役割やリーダーの下で専門職としての役割を発揮することが求められていることから，リーダーシップやフォロワーシップを含めた，チームマネジメントに関する教育内容の拡充を図ることとされた。

日本介護福祉士会倫理綱領（1995年11月17日宣言）

前文	私たち介護福祉士は，介護福祉ニーズを有するすべての人々が，住み慣れた地域において安心して老いることができ，そして暮らし続けていくことのできる社会の実現を願っています。そのため，私たち日本介護福祉士会は，一人ひとりの心豊かな暮らしを支える介護福祉の専門職として，ここに倫理綱領を定め，自らの専門的知識・技術及び倫理的自覚をもって最善の介護福祉サービスの提供に努めます。
利用者本位，自立支援	介護福祉士はすべての人々の基本的人権を擁護し，一人ひとりの住民が心豊かな暮らしと老後が送れるよう利用者本位の立場から自己決定を最大限尊重し，自立に向けた介護福祉サービスを提供していきます。
専門的サービスの提供	介護福祉士は，常に専門的知識・技術の研鑽に励むとともに，豊かな感性と的確な判断力を培い，深い洞察力をもって専門的サービスの提供に努めます。また，介護福祉士は，介護福祉サービスの質的向上に努め，自己の実施した介護福祉サービスについては，常に専門職としての責任を負います。
プライバシーの保護	介護福祉士は，プライバシーを保護するため，職務上知り得た個人の情報を守ります。
総合的サービスの提供と積極的な連携，協力	介護福祉士は，利用者に最適なサービスを総合的に提供していくため，福祉，医療，保健その他関連する業務に従事する者と積極的な連携を図り，協力して行動します。
利用者ニーズの代弁	介護福祉士は，暮らしを支える視点から利用者の真のニーズを受けとめ，それを代弁していくことも重要な役割であると確認したうえで，考え，行動します。
地域福祉の推進	介護福祉士は，地域において生じる介護問題を解決していくために，専門職として常に積極的な態度で住民と接し，介護問題に対する深い理解が得られるよう努めるとともに，その介護力の強化に協力していきます。
後継者の育成	介護福祉士は，すべての人々が将来にわたり安心して質の高い介護を受ける権利を享受できるよう，介護福祉士に関する教育水準の向上と後継者の育成に力を注ぎます。

経済連携協定（EPA）

多角的な自由貿易体制を補完する仕組み。

介護の分野においては，インドネシア，フィリピン，ベトナムから外国人看護師，介護福祉士候補者を受け入れている。

●介護福祉士候補者

> ・要件
> 　訪日前日本語研修で，日本語能力が一定のレベルに達していること
> 　高等教育機関，4年制大学，3年制・4年制の看護課程修了など国ごとに定められた最終学歴要件を満たしている
> 　訪日後日本語研修を受けた後，介護施設で雇用契約に基づく就労・研修
> 　在留期間は4年を上限とし，4年目に介護福祉士国家試験を受験
> 　合格者…引き続き就労可能
> 　不合格者…引き続き介護施設で就労・研修→再度国家試験受験⇒合格者は引き続き就労可能，不合格者は帰国

技能実習制度

> 人材育成を通じた開発途上地域等への技能等の移転による国際協力の推進を図ることを目的として実施

日本語能力が一定以上のレベルにある18歳以上の者を，要件を満たしている施設で受け入れて技能の習得を目指す。

生活援助従事者研修

> ・2018年度から訪問介護において，介護福祉士・訪問介護員などは身体介護を中心に担うこととし，生活援助中心型については，生活援助中心型のサービスに必要な知識などに対応した研修を修了した者が担うこととされた
> ・カリキュラムは初任者研修（130時間）の半分以下の59時間

介護に関する入門的研修（入門的研修）

> ・深刻な人手不足の解消につなげるための施策の一環として2018年度から導入。子育てが落ち着いた女性や一線を退いた中高年などが対象
> ・カリキュラムはトータル21時間。介護現場で働く最低限必要な知識と技術を指導
> ・実施主体は都道府県，市町村。民間への委託も可

我が国の雇用形態

> 正規雇用→徐々に割合が低下（2019年・61.8%）。終身雇用が多い
> 非正規雇用…パート，アルバイト，契約社員，嘱託，派遣社員など→徐々に割合が増加（2019年・38.2%）
> 　　　　　非正規雇用においては，65歳以上の就業率が増加している

22　過去問　令和元年-問題1，平成31年-問題23，平成30年-問題6・問題17，平成21年-問題29，平成20年-問題5，平成19年-問題80

07 人権と尊厳（高齢者虐待の防止等の視点）

リンク　人間と社会 ▶ 社会の理解

ここに注目

- 高齢者虐待防止法（高齢者虐待の防止，高齢者の養護者に対する支援等に関する法律）は，高齢者の尊厳の保持にとって虐待の防止が極めて重要であること等にかんがみて制定された
- 高齢者虐待防止法における虐待は，身体的虐待，ネグレクト，心理的虐待，性的虐待，経済的虐待の5種類（障害者虐待防止法も5種類，児童虐待防止法は経済的虐待を除く4種類）
- 養介護施設…老人福祉法に規定する老人福祉施設（地域密着型施設も含む），有料老人ホーム，介護保険法に規定する介護老人福祉施設，介護老人保健施設，介護医療院，地域包括支援センター
- 高齢者の養護者…高齢者を現に養護する者であって養介護施設従事者等以外のもの（高齢者の世話をしている家族，親族，同居人等）

障害者，高齢者，児童に対する虐待防止制度の比較

	障害者虐待の防止，障害者の養護者に対する支援等に関する法律（障害者虐待防止法）	高齢者虐待の防止，高齢者の養護者に対する支援等に関する法律（高齢者虐待防止法）	児童虐待の防止等に関する法律（児童虐待防止法）
被虐待者の定義	障害者基本法第2条第1号に規定する障害者	65歳以上の者（65歳以上の障害者）	18歳に満たない者（在宅の18歳未満の者）
虐待行為の主体	養護者，障害者福祉施設従事者等，使用者（障害者を雇用する事業主等）	養護者，養介護施設従事者等	保護者（親権を行う者，未成年後見人，児童施設職員等）
虐待の定義	身体的虐待，ネグレクト，心理的虐待，性的虐待，経済的虐待	身体的虐待，ネグレクト，心理的虐待，性的虐待，経済的虐待	身体的虐待，ネグレクト，心理的虐待，性的虐待
通報	・速やかな市町村への通報義務がある ・使用者による虐待の通報先は，市町村だけでなく都道府県も入る	・生命身体に重大な危険が生じている場合，速やかな市町村への通報義務がある ・それ以外の場合は速やかな市町村への通報に努めなければならない	・速やかに，市町村，都道府県の設置する福祉事務所，児童相談所等を介して，市町村，都道府県の設置する福祉事務所または児童相談所に通告しなければならない
通報を受けた場合の措置	・養護者による虐待→安全確認，事実確認，立入調査等 ・関連法規の規定による権限の行使，公表	・養護者による虐待→安全確認，事実確認，高齢者の一時保護，立入調査等 ・関連法規の規定による権限の行使，公表	・当該児童との面会，安全の確認等 ・児童福祉法による当該児童の児童相談所への送致 ・出頭要求，立入調査，面会の制限，親権喪失制度の適切な運用等を都道府県知事，児童相談所長へ通知

🤝 高齢者虐待の種類（5種類）

身体的虐待	高齢者の身体に外傷が生じ，または生じるおそれのある暴行を加えること
介護・世話の放棄・放任（ネグレクト）	高齢者を衰弱させるような著しい減食，長時間の放置，養護者以外の同居人による虐待行為の放置など，養護を著しく怠ること
心理的虐待	高齢者に対する著しい暴言や著しく拒絶的な対応など，高齢者に著しい心理的外傷を与える言動を行うこと
性的虐待	高齢者にわいせつな行為をすること，または高齢者にわいせつな行為をさせること
経済的虐待	養護者または高齢者の親族が，高齢者の財産を不当に処分したり，高齢者から不当に財産上の利益を得たりすること

🤝 高齢者虐待の状況

件数の多い虐待の種類（養護者によるもの）	虐待者の被虐待高齢者との続柄
「身体的虐待」が67.8%と最も多い 　1位　身体的虐待　67.8% 　2位　心理的虐待　39.5% 　3位　介護等放棄　19.9% 　4位　経済的虐待　17.6% 　5位　性的虐待　　 0.4% ＊複数回答 （構成割合は虐待判断事例件数に対するもの）	「息子」が39.9%と最も多い 　1位　息子　　　 39.9% 　2位　夫　　　　 21.6% 　3位　娘　　　　 17.7% 　4位　妻　　　　　6.4% 　5位　息子の嫁　　3.8% ＊1件の事例に対し虐待者が複数の場合もある

「平成30年度 高齢者虐待の防止，高齢者の養護者に対する支援等に関する法律に基づく
対応状況等に関する調査結果」（厚生労働省）より

🤝 高齢者虐待の発見者による通報（義務と努力義務）

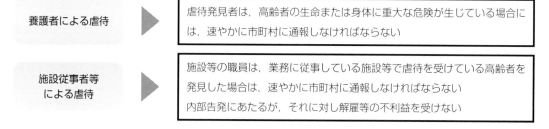

| 養護者による虐待 | ▶ | 虐待発見者は，高齢者の生命または身体に重大な危険が生じている場合には，速やかに市町村に通報しなければならない |
| 施設従事者等による虐待 | ▶ | 施設等の職員は，業務に従事している施設等で虐待を受けている高齢者を発見した場合は，速やかに市町村に通報しなければならない
内部告発にあたるが，それに対し解雇等の不利益を受けない |

🤝 高齢者虐待への対応

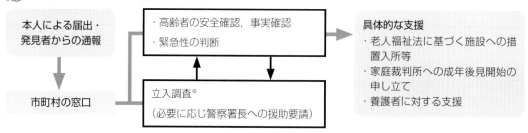

本人による届出・発見者からの通報 → 市町村の窓口

・高齢者の安全確認，事実確認
・緊急性の判断

立入調査※
（必要に応じ警察署長への援助要請）

具体的な支援
・老人福祉法に基づく施設への措置入所等
・家庭裁判所への成年後見開始の申し立て
・養護者に対する支援

※地域包括支援センターに依頼し，行わせることができる

身体的拘束の禁止（原則と例外）…更に「適正化」が強化された

> **原則**
>
> サービスの提供にあたっては，当該入所者（利用者）または他の入所者（利用者）等の生命または身体を保護するために緊急やむを得ない場合（例外３原則）を除き，身体的拘束その他入所者（利用者）の行動を制限する行為は禁止される。なお，緊急やむを得ず行った場合は，「記録」し２年間保存しなければならない。
>
> **例外（３原則：３つの要件をすべて満たすことが必要である）**
>
> ①**切迫性**：本人や他の入所者等の生命・身体が危険にさらされる可能性が著しく高い
>
> ②**非代替性**：身体拘束その他の行動制限を行う以外に代わりになる介護方法がない
>
> ③**一時性**：身体拘束その他の行動制限が一時的なものである

介護保険施設等において禁止の対象となる具体的な行為（介護保険法運営基準）

> ①徘徊しないように，車いすやいす，ベッドに体幹や四肢をひも等で縛る
> ②転落しないように，ベッドに体幹や四肢をひも等で縛る
> ③自分で降りられないように，ベッドを柵（サイドレール）で囲む
> ④点滴・経管栄養等のチューブを抜かないように，四肢をひも等で縛る
> ⑤点滴・経管栄養等のチューブを抜かないように，または皮膚をかきむしらないように，手指の機能を制限するミトン型の手袋等をつける
> ⑥車いすやいすからずり落ちたり，立ち上がったりしないように，Y字型抑制帯や腰ベルト，車いすテーブルをつける
> ⑦立ち上がる能力のある人の立ち上がりを妨げるようないすを使用する
> ⑧脱衣やおむつはずしを制限するために，介護衣（つなぎ服）を着せる
> ⑨他人への迷惑行為を防ぐために，ベッドなどに体幹や四肢をひも等で縛る
> ⑩行動を落ち着かせるために，向精神薬を過剰に服用させる
> ⑪自分の意思で開けることのできない居室等に隔離する

児童福祉法，ホームレス自立支援法，生活困窮者自立支援法

> ・児童福祉法41条では，児童養護施設は，保護者のない児童，虐待されている児童，その他環境上養護を要する児童を入所させ養護する施設であると同時に，退所した者に対する相談その他の自立のための援助を行うと規定している
> ・ホームレスの自立の支援等に関する特別措置法（ホームレス自立支援法）3条1項では，自立の意思があるホームレスに対し，安定した雇用の場の確保などの施策を実施することにより自立させるものとするとしており，就業の機会の確保について示されている
> ・2015（平成27）年「生活困窮者自立支援法」が施行され，生活困窮者の自立を図るため，都道府県等が実施主体となり，自立相談支援事業と住居確保給付金の支給を必須事業として行うほか，就労準備支援事業等を任意事業として実施する

 過去問 令和元年-問題70，平成29年-問題16，平成26年-問題1，平成25年-問題15・問題31・問題41・問題54，平成24年-問題1・問題14・問題28，平成23年-問題10・問題47・問題73，平成22年-問題49，平成21年-問題102，平成20年-問題49

08 安全対策

ここに注目

- 介護者がヒヤリとしたり，ハッとしたりする「ヒヤリ・ハット事例」の積み重ねが重大な事故につながる
- リスクを回避するには，組織的な体制整備や，介護者の技術の向上が不可欠である
- 介護者の疲労やストレスの蓄積は，介護の質の低下を招き，事故の原因となる。介護者自身の健康管理も重要なリスクマネジメントである

リスクマネジメント

介護事故の概要
転倒やベッドからの転落による骨折，誤嚥による窒息など，介護現場で発生する事故全般を指す。事故に至る可能性のある "ヒヤリ・ハット事例" にも注意

リスクマネジメント（予防の重視）
事故を未然に防止すること，または発生した事故を迅速に処理し，損害を最小限に抑えること

介護保険法に定められたリスクマネジメント（事業者・施設の基準等）

①事故が発生した場合の対応や報告の方法等を記載した事故発生防止のための指針を整備する

②事故が発生した場合または発生の危険性がある事態が生じた場合に事実が報告され，その分析を通じた改善策を従事者に周知徹底させる体制を整備する

③事故発生防止委員会及び従事者に対する研修を定期的に行う

介護保険施設における防災対策

「指定介護老人福祉施設の人員，設備及び運営に関する基準」「介護老人保健施設の人員，設備及び運営に関する基準」では，「非常災害対策」として「非常災害に関する具体的計画を立て，非常災害時の関係機関への通報及び連携体制を整備し，それらを定期的に従業者に周知するとともに，定期的に避難，救出その他必要な訓練を行わなければならない」と規定している。

腰痛予防（介護従事者の健康管理等）

○前傾中腰姿勢は腰への負担が大きいため，できる限り避ける
 ・介護の際はなるべく中腰にならないように工夫
 ・シーツ交換の時は，ベッドを介護職の腰の高さまで上げる
 ・ボディメカニクスを活用して腰への負担が少ない動作を心がける
 ・体幹をひねらず，腰と肩を平行に保つ
○立ちっぱなしや座りっぱなしの状態なども腰痛を起こしやすい
○筋肉を伸ばした状態で静止する静的ストレッチングは，反動や動きを伴う動的ストレッチングに比べて筋肉への負担が少なく安全性が高い。静的ストレッチングによって筋肉の柔軟性を高め，血行をよくしておく

介護現場における事故予防と介護ロボットの導入推進

2018（平成30）年度介護報酬改定に伴い，特別養護老人ホーム等の夜勤につき，業務の効率化を図る観点から，「見守り機器」などの介護ロボットの導入により，効果的に介護が提供できる状況を，介護報酬で評価する。
また，介護ロボットのうち，介護者の腰痛予防に資する介護支援用腰ロボットスーツなどの研究が進んでいる。

ストレスチェック制度

労働者が自分のストレスの状態を知ることで，ストレスをためすぎないように対処したり，ストレスが高い状態のときには医師の面接を受けてアドバイスをもらったり，会社側が仕事を軽減する，職場の改善につなげるなどして，「うつ」などのメンタルヘルス不調を未然に防止するための仕組み。

・ストレスチェック…ストレスに関する質問票に労働者が記入し，それを自分で集計・分析して自分のストレスがどのような状態にあるかを調べる検査
・労働者50人以上の事業所で，毎年1回，すべての労働者に対して実施することが義務付けられている

ストレスマネジメント

自分自身で，ストレスが大きければ減らし，少なければ増やすというように自分にあったストレスに対する適切な対処法を身に付け，上手に付き合っていくこと

過去問　平成31年-問題22・問題24，平成30年-問題23・問題26，平成29年-問題26，平成26年-問題28・問題29・問題32・問題35，平成24年-問題32，平成23年-問題80，平成21年-問題80，平成19年-問題79

09 医行為（医療行為）

ここに注目

- 医行為は，医師でなければ行うことができない
- 医行為等については，医師法，歯科医師法及び保健師助産師看護師法に規定されている
- 医行為ではない行為については，厚生労働省が通知等で示している

○医行為とは（定義）

医師の医学的判断及び技術をもってするのでなければ人体に危害を及ぼし，又は危害を及ぼすおそれのある行為（医師法上の「医業」の解釈）

医行為等に関する法律

法律名	条文番号	条文
医師法	17条	医師でなければ，医業をなしてはならない
歯科医師法	17条	歯科医師でなければ，歯科医業をなしてはならない
保健師助産師看護師法	5条	この法律において「看護師」とは，厚生労働大臣の免許を受けて，傷病者若しくはじよく婦に対する療養上の世話又は診療の補助を行うことを業とする者をいう
保健師助産師看護師法	31条	看護師でない者は，第5条に規定する業をしてはならない。ただし，医師法又は歯科医師法の規定に基づいて行う場合は，この限りでない

介護職員等によるたんの吸引等について

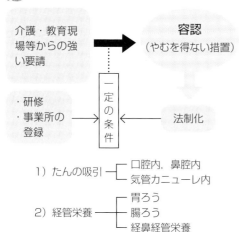

介護職員等によるたんの吸引等に関する通知等	
2003（平成15）年	ALS（筋萎縮性側索硬化症）患者の在宅療養の支援について
2004（平成16）年	盲・聾・養護学校におけるたんの吸引等の取扱いについて
2005（平成17）年	在宅におけるALS以外の療養患者・障害者に対するたんの吸引の取扱いについて
2010（平成22）年	特別養護老人ホームにおけるたんの吸引等の取扱いについて
2012（平成24）年	介護福祉士および一定の研修を受けた介護職員について

医行為ではない行為

原則として医行為ではないと考えられるもの	
検温	**水銀体温計・電子体温計**により腋下で体温を計測すること，及び**耳式電子体温計**により外耳道で体温を測定すること
血圧測定	**自動血圧測定器**により血圧を測定すること
動脈血酸素飽和度測定	新生児以外の者であって入院治療の必要がないものに対して，動脈血酸素飽和度を測定するため，**パルスオキシメーター**を装置すること
切り傷・擦り傷等の処置	軽微な切り傷，擦り傷，やけど等について，専門的な判断や技術を必要としない処置をすること（汚物で汚れたガーゼの交換を含む）
皮膚への処置，点眼等	皮膚への軟膏の塗布（褥瘡の処置を除く），皮膚への湿布の貼付，点眼薬の点眼，一包化された内用薬の内服（舌下錠の使用も含む），肛門からの坐薬挿入又は鼻腔粘膜への薬剤噴霧を介助すること（ただし，患者の状態に関する条件あり）
原則として医師法等の規制の対象とする必要がないと考えられるもの	
爪切り	爪そのものに異常がなく，爪の周囲の皮膚にも化膿や炎症がなく，かつ，糖尿病等の疾患に伴う専門的な管理が必要でない場合に，その爪を爪切りで切ること及び爪ヤスリでやすりがけすること
歯磨き	**重度の歯周病等がない場合**の日常的な口腔内の刷掃・清拭において，歯ブラシや綿棒又は巻き綿子などを用いて，歯，口腔粘膜，舌に付着している汚れを取り除き，清潔にすること
耳かき	耳垢を除去すること（耳垢塞栓の除去を除く）
ストーマの処置	ストーマ装具の交換（ストーマ及びその周辺の状態が安定しているなど専門的な管理が必要とされず，剥離による障害等の恐れが極めて低いこと）
浣腸	市販のディスポーザブルグリセリン浣腸器を用いて浣腸すること（浣腸器に条件あり）
導尿カテーテルの準備	自己導尿を補助するため，**カテーテルの準備，体位の保持など**を行うこと

（　　　）内の注意事項に着目すること。

医行為等に関する違反への罰則

- ●**医師法**…3年以下の懲役若しくは100万円以下の罰金に処し，又はこれを併科する
- ●**保健師助産師看護師法**…2年以下の懲役若しくは50万円以下の罰金に処し，又はこれを併科する

過去問 平成24年-問題30，平成19年-問題57

10 感染症対策

ここに注目

- 感染症予防の基本として，感染源の除去・感染経路の遮断・感染に対する抵抗力の向上が挙げられる
- 感染症ごとの主な感染経路（飛沫感染，経口感染など）を理解する
- 利用者だけでなく，介護者自らが感染症の媒介者とならないよう，日頃の健康管理に注意する

感染症の主な感染経路

○**接触感染**…感染源に直接的あるいは間接的に接触することで病原体が付着し，その病原体をほかにつけて感染を広げていく（疥癬，MRSA感染症，麻しん等）。血液媒介型感染は，病原体により汚染された注射針で皮膚を刺したり，傷のある手で血液に触れるなど間接的に接触して感染する（エイズ，肝炎等）

○**経口感染**…汚染された食物・水を直接口から入れることにより感染する（ノロウイルスによる感染性胃腸炎，O157による腸管出血性大腸菌，A型肝炎等）

○**飛沫感染**…せき・くしゃみ・会話などによって病原体を含んだ飛沫粒子が飛び散り，近くにいる人がその飛沫を吸い込むことで感染する（インフルエンザ，風しん，麻しん等）

○**空気感染**…病原体が，空気中に長期間浮遊して，その塵粒子を吸い込むことによって感染する（結核，麻しん，水痘等）

感染症の対策

感染症を起こす微生物（細菌，ウイルス等）を病原体といい，病原体の感染者や病原体の付着した物品（その排泄物，嘔吐物，血液等），食品などを感染源という

 感染源の隔離・消毒が有効
ただし，感染しても発症しないキャリア（保菌者）に注意

感染経路には空気感染，飛沫感染，経口感染，接触感染などがあるが，病原体が感染源から人間の体内に侵入してこなければ感染は起こらない

 感染経路を断つ
施設外から感染源を持ち込まない。手洗い・うがい・口腔ケア

- 特に高齢者は免疫力が低下する傾向にある ⇒ 感染に対する抵抗力をつけることが大切
- 介護者が感染症の媒介者となるおそれもある ⇒ なるべく予防接種を受けるなど健康管理に注意（感染源をつくらない）

主な感染症（〈　〉はその主な感染経路）

結核 〈空気感染〉 結核菌の感染が原因。感染の有無を調べるのがツベルクリン反応で，予防接種がBCG	**ノロウイルス** 〈主に経口感染，飛沫感染〉 特に冬に多くみられる感染性胃腸炎。感染者の嘔吐物の消毒には塩素系消毒液を用いる
インフルエンザ 〈飛沫感染〉 インフルエンザウイルスの感染が原因。A型とB型が流行しやすい	**MRSA** 〈接触感染〉 メチシリン耐性黄色ブドウ球菌の感染が原因。ほとんどの抗生物質に耐性を示す
レジオネラ症 〈飛沫感染〉 レジオネラ属菌を含むエアロゾル（霧状の水）を吸入することにより感染する	**疥癬** 〈接触感染〉 疥癬虫（ヒゼンダニ）が皮膚に寄生して発症。熱に弱く，50℃では10分程度で死滅。重症型はノルウェー疥癬と呼ばれる
A型肝炎（HAV）・E型肝炎（HEV） 〈経口感染〉 不衛生な環境下での水や食物の摂取による経口感染	**B型肝炎（HBV）・C型肝炎（HCV）** 〈血液感染〉 輸血や血液製剤，注射針の再利用，滅菌不十分な医療器具の使用による感染もある。HBVでは母児間感染や性交渉による感染も

主な感染症類型と医療体制

感染症類型	主な対応	医療体制	医療費負担
新感染症	入院	特定感染症指定医療機関（国が指定，全国に数か所）	全額公費（医療保険の適用なし）
1類感染症（ペスト，エボラ出血熱，南米出血熱等）	入院	第1種感染症指定医療機関［都道府県知事が指定。各都道府県に1箇所］	医療保険適用 残額は公費で負担（入院について）
2類感染症（特定鳥インフルエンザ，結核，SARS等）	入院	第2種感染症指定医療機関［都道府県知事が指定。各2次医療圏に1か所］	医療保険適用 残額は公費で負担（入院について）
3類感染症（コレラ，腸管出血性大腸菌感染症等）	特定業務への就業制限	一般の医療機関	医療保険適用（自己負担あり）
4類感染症（鳥インフルエンザ（特定鳥インフルエンザを除く），ジカウイルス感染症等）	消毒等の対物措置	一般の医療機関	医療保険適用（自己負担あり）
5類感染症（インフルエンザ〔鳥インフルエンザ及び新型インフルエンザ等感染症を除く〕，エイズ，ウイルス性肝炎〔E型肝炎及びA型肝炎を除く〕等）	発生動向の把握・提供	一般の医療機関	医療保険適用（自己負担あり）
新型インフルエンザ等感染症	入院	特定感染症指定医療機関・第1種感染症指定医療機関・第2種感染症指定医療機関	医療保険適用残額は公費で負担（入院について）

出所：厚生労働白書

 過去問 令和元年-問題26・問題54，平成31年-問題25・問題109，平成25年-問題32，平成24年-問題31，平成23年-問題79，平成22年-問題63，平成21年-問題62・問題66，平成19年-問題62

☑ チェックテスト1

01 人間の尊厳と自立に関する歴史

ケースワークの母とよばれる（　　1　　）は,『社会診断』『ソーシャル・ケースワークとは何か』など多くの著書を残し, ケースワークの体系化・理論化に貢献した。　▶P15

2006年12月に国連総会において, 障害者に関する初めての国際条約である「障害者の権利に関する条約」が採択され, 日本は（　　2　　）年に批准した。　▶P14

1887（明治20）年, 22歳で「岡山孤児院」を開設した（　　3　　）は, 我が国における最初の孤児院（現在の児童養護施設）の創設者であり, 孤児の救済と教育にその生涯を捧げた。　▶P15

イギリスでは1942年に発表された（　　4　　）に基づいて,「ゆりかごから墓場まで」とよばれる包括的な社会保障制度の整備が進められた。　▶P14

問題解決アプローチを提唱した（　　5　　）は, ケースワークを構成する要素として, 人（Person）・問題（Problem）・場所（Place）・問題解決の過程（Process）の「4つのP」を挙げた。　▶P15

02 我が国の介護福祉の歴史

高齢者虐待防止法では, 高齢者虐待の種類を身体的虐待,（　　6　　）, 心理的虐待, 性的虐待,（　　7　　）と定義している。　▶P16

旧複合型サービスが看護小規模多機能型居宅介護サービスとして創設されたのは（　　8　　）年の介護保険法改正においてである。　▶P16

障害者総合支援法では, 障害者の範囲に（　　9　　）が加えられている。　▶P16

03 介護問題の背景

2018年簡易生命表によると, 我が国の平均寿命は男性が（　　10　　）年, 女性が87.32年で, 前年より男性は0.16年, 女性は0.05年上回っている。　▶P17

解答

1 M.リッチモンド　2 2014　3 石井十次　4 ベヴァリッジ報告　5 H.パールマン　6 7 ネグレクト, 経済的虐待（順不同）　8 2012（平成24）　9 難病等　10 81.25

04　介護を必要とする人の理解

介護者と要介護者との続柄は，同居の（　**1**　）が25.2％と最多で，主な
同居介護者の男女比は，約（　**2**　）となっている。　　　　　　　　　▶P19

05　社会福祉士及び介護福祉士法

介護福祉士とは，専門的知識及び技術をもって，身体上または精神上の障害がある
ことにより日常生活を営むのに支障がある者に（　**3**　）介護を行うことを業
とする者のことである。　　　　　　　　　　　　　　　　　　　　　　　▶P20

社会福祉士及び介護福祉士法には，介護福祉士は介護等に関する知識及び技能の
向上に努めなければならないとする（　**4**　）が規定されている。　　　　▶P20

06　介護福祉士の役割と機能を支える仕組み

経済連携協定（EPA）により，（　**5**　），フィリピン，ベトナムから介護福
祉士候補生が来日している。　　　　　　　　　　　　　　　　　　　　　▶P22

07　人権と尊厳（高齢者虐待の防止等の視点）

高齢者の養護者とは，高齢者を現に養護する者であって（　**6**　）等以外の
ものをいい，高齢者の世話をしている家族，親族，（　**7**　）等である。　▶P23

「平成30年度 高齢者虐待防止法に基づく対応状況等に関する調査結果」によると，
養護者による高齢者虐待のうち最も件数が多いのは（　**8**　）であり，2位
が心理的虐待となっている。　　　　　　　　　　　　　　　　　　　　　▶P24

業務に従事している施設等で虐待を受けている高齢者を発見した職員は，速やかに
（　**9**　）に通報しなければならない。　　　　　　　　　　　　　　　▶P24

児童福祉法では，（　**10**　）を退所した者に対しても，相談その他の自立のた
めの援助を行うと規定している。　　　　　　　　　　　　　　　　　　　▶P25

脱衣やおむつはずしを制限するために，介護衣（つなぎ服）を着せるという行為は，
介護保険法の運営基準で禁止されている（　**11**　）に当たる。　　　　　▶P25

解答

1 配偶者　**2** 3：7　**3** 心身の状況に応じた　**4** 資質向上の責務　**5** インドネシア　**6** 養介護
施設従事者　**7** 同居人　**8** 身体的虐待　**9** 市町村　**10** 児童養護施設　**11** 身体的拘束

08 安全対策

介護保険法では，事故が発生した場合の対応や（　1　）などを記載した事故発生防止のための指針を整備することが定められている。　▶ P26

非常災害対策として，非常災害に関する具体的計画を立て，非常災害時の関係機関への通報及び連携体制を整備し，それらを定期的に従業者に周知するとともに，（　2　）に避難，救出その他必要な訓練を行わなければならない。　▶ P26

09 医行為（医療行為）

医行為（医療行為）とは，（　3　）の医学的判断及び技術をもってするのでなければ人体に危害を及ぼし，または危害を及ぼすおそれのある行為をいう。　▶ P28

介護福祉士及び一定の研修を受けた介護職員等は，（　4　），鼻腔内，気管カニューレ内のたんの吸引を行うことができる。　▶ P28

（　5　）のディスポーザブルグリセリン浣腸器を用いて浣腸することは，原則として（　6　）の規制の対象とする必要がないと考えられる行為である。　▶ P29

原則として医行為ではないと考えられるものとして，検温，自動血圧測定器による血圧測定，（　7　）血酸素飽和度測定，切り傷・擦り傷等の処置，皮膚への処置，点眼等が挙げられる。　▶ P29

10 感染症対策

介護者が感染症の（　8　）となるおそれがあるため，なるべく（　9　）を受けるなど日頃の健康管理に注意する。　▶ P30

MRSA（メチシリン耐性黄色ブドウ球菌）や疥癬の感染経路は主に接触感染であり，インフルエンザは（　10　）が主な感染経路となる。　▶ P30

冬季に多くみられる（　11　）による感染性胃腸炎は，経口感染と飛沫感染を主な感染経路とし，感染者の嘔吐物の消毒には塩素系消毒液が用いられる。　▶ P31

疥癬のうち重症型の（　12　）を発症した場合，感染力が強いため個室に隔離するなどの個別管理が必要である。　▶ P31

解答

1　報告の方法　2　定期的　3　医師　4　口腔内　5　市販　6　医師法等　7　動脈
8　媒介者　9　予防接種　10　飛沫感染　11　ノロウイルス　12　ノルウェー疥癬

法・制度の理解

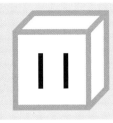

家族制度

ここに注目

- 家族の類型…核家族，拡大家族，修正拡大家族，定位家族，生殖家族など
- 家族制度の分類…夫婦家族制，直系家族制，複合家族制など
- 親族の範囲…六親等内の血族，配偶者，三親等内の姻族（民法725条）
- 世帯…住居と生計をともにしている人の集まり，一戸を構えて住んでいる単身者など（国勢調査の定義）
- 「サービス付き高齢者向け住宅」等が生活支援サービスの強化に結び付く
- 姻族…配偶者の血族または自分の血族の配偶者

家族の類型

核家族	夫婦と未婚の子からなる家族の単位（夫婦のみ，片親とその子も含む）
拡大家族	核家族をつくっている夫婦の親が同居したり（三世代同居），夫婦の兄弟姉妹が同居するような形態
修正拡大家族	結婚して家族を形成した子の世帯とその親世帯とが別に居を構え，対等に協力し合う。形式的には拡大家族ではないものの，実質的にはそれに近い形
定位家族	自分が生まれ育ち，社会化された家族
生殖家族	自分が結婚してつくった家族

家族の主な機能

生命維持機能	欲求（食欲，性欲，安全・保護など）の充足
生活維持機能	衣食住などの生活維持に必要なものの充足
パーソナリティの安定化機能	家族のくつろぎや安らぎなど
ケア機能（社会資源）	加齢や疾病，けがなどによる介護が必要なときに支える

家族制度の分類

夫婦家族制	夫婦を基本単位とする。子はやがて家を出て独立するため夫婦一代で消滅していく
直系家族制	1人の子だけが親と同居してその家の跡継ぎとなるもので，家が直線的に継承される
複合家族制	直系家族のように1人の子が継承するのではなく，複数の子が結婚後も親と同居する

世帯数と平均世帯人員の年次推移

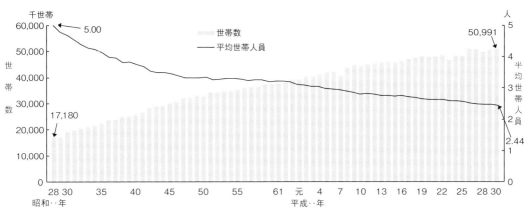

(注1) 平成7年の数値は兵庫県を除いたものである。
(注2) 平成23年の数値は岩手，宮城，福島の各県を除いたものである。
(注3) 平成24年の数値は福島県を除いたものである。
(注4) 平成28年の数値は熊本県を除いたものである。

資料：昭和60年以前は厚生省大臣官房統計情報部
「厚生行政基礎調査」，
昭和61年以降は厚生労働省大臣官房統計情
報部「国民生活基礎調査」

世帯構造別にみた構成割合の年次推移（単位：％）

年次	総数	単独世帯	夫婦のみの世帯	夫婦と未婚の子のみの世帯	ひとり親と未婚の子のみの世帯	三世代世帯	その他の世帯
2007（平成19）年	100	25.0	22.1	31.3	6.3	8.4	6.9
2014（平成26）年	100	27.1	23.3	28.8	7.1	6.9	6.8
2015（平成27）年	100	26.8	23.6	29.4	7.2	6.5	6.5
2016（平成28）年	100	26.9	23.7	29.5	7.3	5.9	6.7
2017（平成29）年	100	27.0	24.0	29.5	7.2	5.8	6.5
2018（平成30）年	100	27.7	24.1	29.1	7.2	5.3	6.6

第1位：夫婦と未婚の子のみ，第2位：単独世帯（独居），第3位：夫婦のみ

「平成30年　国民生活基礎調査の概況」（厚生労働省）より作成

65歳以上の者のいる世帯の世帯構造

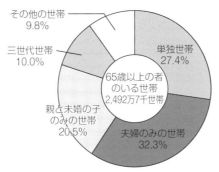

注：「親と未婚の子のみの世帯」とは，「夫婦と未婚の子のみの世帯」及び「ひとり親と未婚の子のみの世帯」をいう。

 平成31年-問題5，平成24年-問題5，平成22年-問題9，平成21年-問題56，平成19年-問題49

12 社会保障制度の概要

ここに注目

- ●社会保障制度…社会保険と社会扶助からなる
- ●社会保険…年金保険，医療保険，介護保険，雇用保険，労働者災害補償保険
- ●社会扶助…公的扶助，社会手当，社会サービス
- ●国民負担率…国民所得に占める租税負担と社会保障負担の割合
- ●応能負担…支払い能力に応じて負担する方法（所得調査）
- ●応益負担…受益の程度に応じて負担する方法（定率負担）

社会保障の体系と概要

社会保障制度は，国民の「安心」や生活の「安全」を支えるセーフティネットである。

社会保障の体系は，狭義と広義に大別され，以下のとおりに分類される。

狭義の社会保障	社会保険 （保険事故を定め，金銭やサービスの給付を行い，リスクを分散する）	年金保険
		医療保険
		労働保険　雇用保険
		〃　　労働者災害補償保険
		介護保険
	社会福祉 （自立が困難な人に対する援助）	高齢者（福祉）
		障害者（福祉）
		児童（福祉）
		母子家庭等
	公的扶助 （健康で文化的な最低限の生活の保障）	生活保護
	医療の基盤整備・公衆衛生	医療サービス，保健事業，母子保健，公衆衛生
広義の社会保障	雇用対策	
	恩給・戦争犠牲者援護	
	医薬品・食品の安全対策	
	住宅（確保と供給）	

過去最高となった社会保障給付費

社会保障給付費は，国や保険者が個人・世帯に払うサービス給付や現金給付の総額。2017（平成29）年度は120兆2,443億円となり過去最高の水準となった。また，国民所得に占める割合は29.75％（前年比0.52ポイント減）となった。内訳は，年金費用が約50％，医療費用が約30％，福祉その他の費用が約20％

🏢 国民生活を生涯にわたって支える社会保障制度

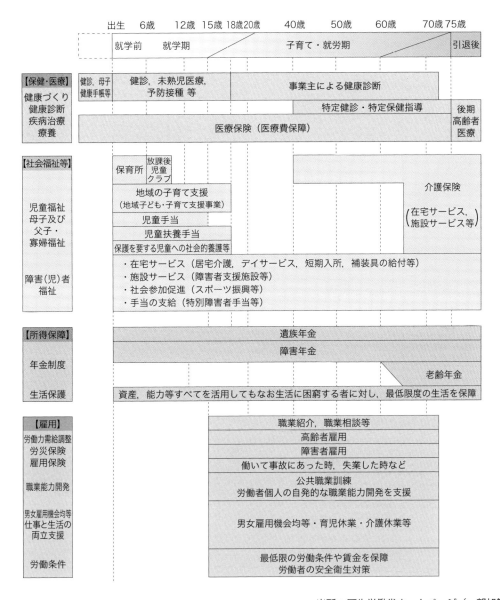

出所：厚生労働省ホームページ（一部加筆）

🏢 社会保障の対象

「地方自治法」第10条において「市町村の区域内に住所を有する者は，当該市町村及びこれを包括する都道府県の住民とする。住民は，法律の定めるところにより，その属する普通地方公共団体の役務の提供をひとしく受ける権利を有し，その負担を分任する義務を負う」と規定されている。役務の提供とは公的サービスを指し，日本国民以外の者であっても，「地方自治法」に基づく市町村に住所を有する者は役務の提供を受ける権利がある。

▶過去問 平成29年-問題7・問題8，平成28年-問題5，平成25年-問題7，平成24年-問題9

13 社会福祉の法体系

ここに注目

- 福祉三法体制…GHQの「社会救済に関する覚書」を受けて，旧生活保護法，児童福祉法，身体障害者福祉法の三法が相次いで制定される
- 福祉サービスの基本的理念…個人の尊厳の保持を旨とし，その内容は，福祉サービスの利用者が心身ともに健やかに育成され，又はその有する能力に応じ自立した日常生活を営むことができるように支援するものとして，良質かつ適切なものでなければならない（社会福祉法3条）
- 福祉関係八法の改正…市町村による在宅福祉サービスという方向へ

我が国の社会福祉の変遷

・1946（昭和21）年 11月3日公布　日本国憲法

憲法25条1項：すべて国民は，健康で文化的な最低限度の生活を営む権利を有する（生存権）

福祉三法体制
・1946年：旧生活保護法
・1947年：児童福祉法
・1949年：身体障害者福祉法

・1960年：精神薄弱者福祉法（現・知的障害者福祉法）
・1963年：老人福祉法
・1964年：母子福祉法（現・母子及び父子並びに寡婦福祉法）

福祉六法体制へ

福祉関係八法の改正による在宅福祉の積極的推進
・1990（平成2）年に社会福祉関係八法（児童福祉法，身体障害者福祉法，精神薄弱者福祉法〔現：知的障害者福祉法〕，老人福祉法，老人保健法〔現：高齢者の医療の確保に関する法律〕，母子及び寡婦福祉法〔現：母子及び父子並びに寡婦福祉法〕，社会福祉事業法〔現：社会福祉法〕，社会福祉・医療事業団法〔現：独立行政法人福祉医療機構法〕）の大規模な改正が行われ，「市町村による在宅福祉サービス」という方向が示された

福祉六法

生活保護法	国の責任で最低限度の生活を保障。扶助の種類は8種類
児童福祉法	児童相談所，児童委員の設置や児童福祉施設の整備等
身体障害者福祉法	我が国初の障害者福祉の法律
知的障害者福祉法	知的障害者の自立と社会経済活動への参加を促進
老人福祉法	老人福祉の総合的法律。施設入所に関する行政措置等も規定
母子及び父子並びに寡婦福祉法	父子家庭・寡婦も母子家庭に準じた保障の対象に

🏛 社会手当制度

・児童手当，特別児童扶養手当，障害児福祉手当，特別障害者手当…一定の要件の該当者に現金給付を行い，生活を支援する

🏛 社会福祉に関する主な法律の変遷

年次	法律名	備考
1946（昭和 21）年	旧生活保護法	
1947（昭和 22）年	児童福祉法	
1949（昭和 24）年	身体障害者福祉法	
1950（昭和 25）年	精神衛生法	現・精神保健及び精神障害者福祉に関する法律
〃	生活保護法	
1951（昭和 26）年	社会福祉事業法	現・社会福祉法
1960（昭和 35）年	精神薄弱者福祉法	現・知的障害者福祉法
1961（昭和 36）年	児童扶養手当法	
1963（昭和 38）年	老人福祉法	
1964（昭和 39）年	母子福祉法	現・母子及び父子並びに寡婦福祉法
1965（昭和 40）年	母子保健法	
1970（昭和 45）年	心身障害者対策基本法	現・障害者基本法
1981（昭和 56）年	母子及び寡婦福祉法	母子福祉法の改正
1987（昭和 62）年	精神保健法	精神衛生法の改正
1990（平成 2）年	福祉関係八法改正	福祉関係八法の一部改正
1993（平成 5）年	障害者基本法	心身障害者対策基本法の改正
1994（平成 6）年	母子保健法改正	
1995（平成 7）年	精神保健及び精神障害者福祉に関する法律	精神保健法の改正
1997（平成 9）年	介護保険法	施行は 2000（平成 12）年
1998（平成 10）年	知的障害者福祉法	精神薄弱者福祉法の改正
2000（平成 12）年	社会福祉法	社会福祉事業法の改正
〃	生活保護法改正	
2001（平成 13）年	高齢者の居住の安定確保に関する法律	
2005（平成 17）年	障害者自立支援法	
〃	介護保険法改正	
2008（平成 20）年	高齢者の医療の確保に関する法律	
2012（平成 24）年	介護保険法等一部改正	
2013（平成 25）年	障害者総合支援法	障害者自立支援法の改正
2014（平成 26）年	母子及び父子並びに寡婦福祉法	母子及び寡婦福祉法の改正
2018（平成 30）年	介護保険法改正	

過去問 平成 26 年-問題 10，平成 24 年-問題 10，平成 21 年-問題 1

14 医療保険・医療機関

ここに注目

- 我が国の医療保険制度…サラリーマン等が加入する被用者保険，自営業者等が加入する国民健康保険，75歳以上（一部65歳以上）が加入する後期高齢者医療制度（長寿医療制度）に大別される
- 被用者保険…一般サラリーマン等が加入する健康保険，船員等が加入する船員保険，公務員や私立学校教職員等が加入する各共済組合による保険に大別される
- 病院等で医療を受けた場合，医療費の自己負担割合は原則として，75歳以上が1割か3割，70～74歳が1～3割，義務教育就学～70歳未満は3割，義務教育就学前は2割と定められている（70歳以上高齢者でも現役並みの収入がある人は3割負担）

我が国の医療保険制度

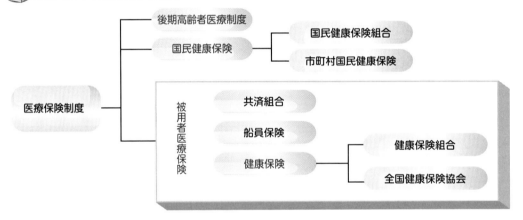

我が国の医療保険制度の概要

制度	保険者	被保険者
健康保険	全国健康保険協会	被用者
	健康保険組合	
船員保険	全国健康保険協会	
共済組合	共済組合・事業団	
国民健康保険	市町村 ※平成30年度以降都道府県が主体	自営業者等
	国民健康保険組合	
後期高齢者（長寿）医療制度	都道府県広域連合	75歳以上（一定の障害者は65歳以上）

保険診療の概念図

厚生労働省資料より作成

医療施設の分類

病院	20床以上の病床（ベッド）を有するもの ※入院上限90日ルールあり
診療所	病床を有さないもの（**無床診療所**）または19床以下の病床を有するもの（有床診療所） ※入院上限90日ルールなし（入院患者の集中）

病床による分類

医療法において，病院の病床は5分類（一般病床・療養病床・精神病床・感染症病床・結核病床）に整備されている。療養病床とは，主として長期にわたり療養を必要とする患者のための病床で，以下のように分類される。

医療療養型病床	慢性期の状態にあって入院医療を必要とする患者に対するサービスを医療保険で提供する病床
介護療養型病床	要介護認定された患者に対するサービスを介護保険で提供する病床。必要に応じて医療も受けられる

病院の機能別による分類

一般病院	
特定機能病院	**高度の医療の提供**，高度の医療技術の開発及び高度の医療に関する研修を実施する能力等を備えた病院について，**厚生労働大臣が個別に承認**するもの
地域医療支援病院	地域医療を担うかかりつけ医等を支援する能力を備え，地域医療の確保を図る病院として相応しい医療機関について，**都道府県知事が個別に承認**するもの
精神科病院	精神病床のみを有する病院。対象：精神病疾患患者
結核病院	結核病床のみを有する病院。対象：結核患者

過去問 平成24年-問題15，平成23年-問題16，平成21年-問題4

15 年金保険

ここに注目

- 我が国の年金制度では，すべての現役世代が国民年金の被保険者となる（1階部分）
- 民間サラリーマン，公務員等は，1階部分に加えて，厚生年金に加入する（2階部分）
- 1階部分，2階部分に加えて，個人や企業の選択により厚生年金基金等に加入できる（3階部分）

年金制度の体系

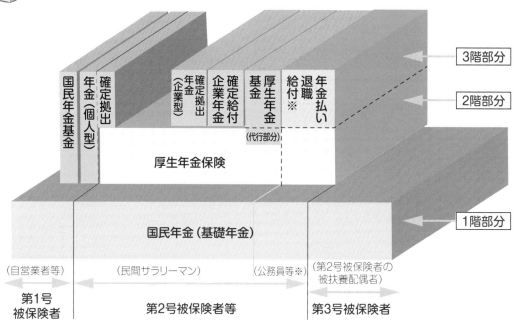

※被用者年金制度の一元化に伴い，平成27年10月1日から公務員および私学教職員も厚生年金に加入。また，共済年金の職域加算部分は廃止され，新たに年金払い退職給付が創設。

年金制度の種類

国民年金	第1号被保険者	日本国内に住む**20歳以上60歳未満の者**（自営業者等）
	第2号被保険者	厚生年金の加入者（民間サラリーマン等）
	第3号被保険者	第2号被保険者に扶養される**20歳以上60歳未満**の**配偶者**
厚生年金	適用事業所に就業している者，公務員，私立学校教職員	

過去問 平成28年-問題23，平成27年-問題23，平成26年-問題11，平成25年-問題8，平成23年-問題7，平成22年-問題16，平成21年-問題2

🗄 年金保険料の流れ

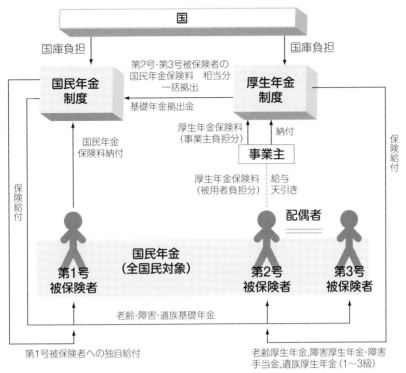

🗄 国民年金の給付の種類（介護保険料等では，一定額以上はすべて特別徴収の対象となる）

年金の種類	支給要件
老齢基礎年金	・ **原則，25年**（保険料滞納対策と財源確保のため2017年10月からは10年でも可）の受給資格期間満了者（支給開始年齢の伸延が検討中）
障害基礎年金（1，2級がある）	・ 年金に加入中の病気やけが等が原因で，障害を有することになった場合 ・ 年金受給権発生後に，結婚や子の出生などで加算要件を満たすようになった場合，届出により加算される ※障害発生までの被保険者期間中に，原則としてその期間の1／3以上の保険料の未納がなかったこと
遺族基礎年金	・ 年金受給権者や被保険者が死亡した場合，その人に生計を維持されていた遺族（子のある妻または夫，もしくは子）に支給 ※被保険者期間中に，原則としてその期間の1／3以上の保険料の未納がなかったこと

●我が国では，<u>1961（昭和36）年に国民皆年金が実現した</u>

●1985（昭和60）年に基礎年金制度が創設され，全国民共通の負担と受給のシステムとなった

●基礎年金の国庫負担割合は，2009（平成21）年度に1／2に引き上げられた

●2015（平成27）年に，共済年金は厚生年金に統合された

16 労災保険　雇用保険

ここに注目

- 労働保険＝労災保険＋雇用保険
- 労災保険は，公務員は適用除外（国家〔地方〕公務員災害補償法の適用を受けるため）
- 雇用保険は，農林水産事業のうち，常時使用労働者数が5人未満の個人経営の事業は，任意適用である

🗄 労災保険（労働者災害補償保険法）

保険者	国（政府）。現業事務を取り扱うのは，都道府県労働局と労働基準監督署
給付対象者	労働者を1人以上使用する事業所で働く労働者（正社員，アルバイト等の雇用形態は問わず）

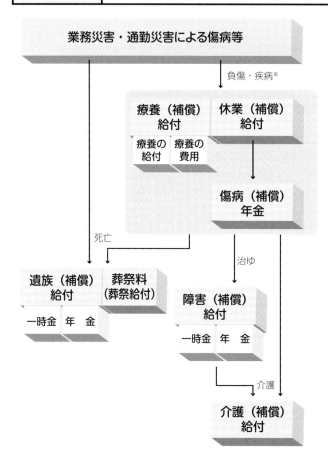

※社会復帰促進等事業として休業特別支給金，傷病特別支給金，障害特別支給金，遺族特別支給金が支給される（休業特別支給金以外は一時金として支給）
また，ボーナス特別支給金として傷病特別年金，障害特別年金，障害特別一時金，遺族特別年金，遺族特別一時金が支給される

🏢 労働関係の法律

●労働基準法は，労働条件の基準を定めることで労働者の生活安定を図ることを目的としている
●労働安全衛生法は，労働者の衛生対策の基本となる
●男女雇用機会均等法は，職場における男女差別の廃止や平等に扱うことを目的としている

労働基準法	労働契約，賃金，労働時間（１週40時間かつ１日８時間[休憩時間を除く]），休暇，補償などについて規定
労働安全衛生法	労働災害（労働者の働く場所の建築物，設備，原材料，ガス，蒸気，粉じん等により，または作業行動その他の業務に起因して労働者が負傷したり，死亡すること）防止に関する総合的計画的な対策を推進し，労働者の安全と健康の確保，快適な職場環境の形成を促進 事業者の責務 ○この法律で定める最低基準を守る ○より快適な職場環境づくりと労働条件の改善を進める ○国の労働災害防止施策に協力する

🏢 産業医の選任

●常時50人以上3,000人以下の従業者を使用するすべての事業場に，産業医を１名以上選任。3,001人以上の事業場は２名以上選任。
●1,000人以上の事業場と，有害事業で500人以上の事業場では産業医を専属で置く。
●常時50人以上使用する事業場に従業者の数に応じて，最大６人の衛生管理者を置く。
●従業員50人以上の事業所では，少なくとも年に１回，従業員に対するストレスチェックを行うことが義務付けられている。ただし，従業員にストレスチェックを受ける義務はない。

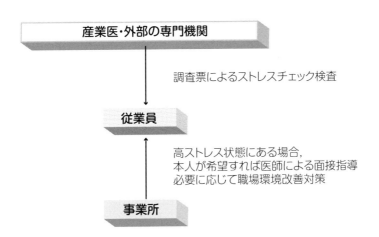

🏢 雇用保険

保険者	国（政府）。現業事務を取り扱うのは，都道府県労働局，公共職業安定所（ハローワーク）
被保険者	31日以上雇用見込みがあり，1週間当たりの所定労働時間が20時間以上である者（パート労働者を含む）

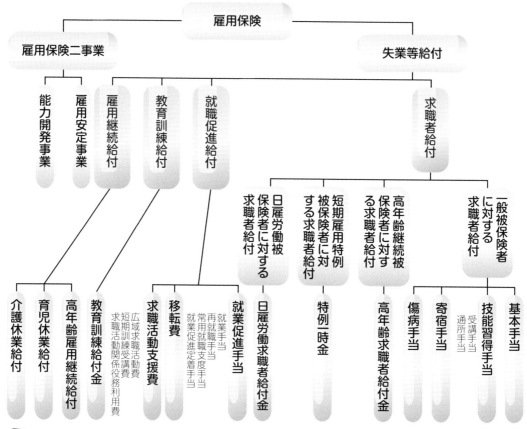

🏢 育児・介護休業制度

育児休業制度	育児休業	原則1歳未満の子どもを養育するための休業…子ども1人に原則1回。父母がともに育児休業を取得した場合，1歳2か月に達するまで取得可能（パパ・ママ育休プラス）
	看護休暇	小学校就学前の子どもが病気，けがをした時の看護または予防接種，健康診断を受けさせるための休暇…1年に5日まで（子が2人以上の場合は10日）。1日または半日（所定労働時間の1／2）単位で取得可能
介護休業制度	介護休業	要介護状態（負傷・疾病・身体上若しくは精神上の障害により，2週間以上にわたって常時介護を必要とする状態）の家族を介護するための休業…1人につき通算93日，3回まで。 対象家族…配偶者，父母，配偶者の父母，孫，同居・扶養の祖父母や兄弟姉妹
	介護休暇	要介護状態の家族の介護・その他の世話（通院等の付添，介護サービス手続代行など）を行うための休暇…1年に5日まで（2人以上の場合は10日）

過去問　平成31年-問題8・問題10，平成30年-問題25，平成28年-問題31，平成26年-問題5，平成23年-問題8，平成21年-問題4，平成20年-問題7

17 介護保険 保険者と被保険者

ここに注目

- 介護保険制度は，高齢者の介護を社会全体（共同連帯）で支えることを目的として創設
- 第1号被保険者の保険料は，市町村が条例で定める
- 第2号被保険者は，要介護（要支援）状態の原因が，特定疾病に起因した場合に限られる
- 第2号被保険者は，40歳以上65歳未満の医療保険加入者であることに注意（生活保護受給者は対象外）

介護保険制度の概要

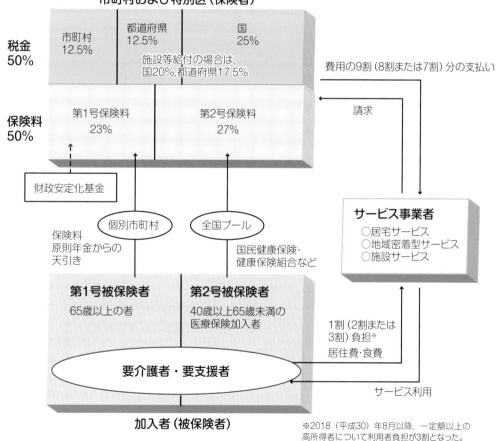

※2018（平成30）年8月以降，一定額以上の高所得者について利用者負担が3割となった。

🏢 介護保険制度の特色

自立支援	単に介護を要する高齢者の身の回りの世話をするということを超えて，高齢者の自立を支援することを理念とする（自立と自律）
利用者本位	利用者の選択（契約）により，多様な主体から保健医療サービス，福祉サービスを総合的に受けられる制度
社会保険方式	給付と負担の関係が明確な社会保険方式を採用（応益負担）

🏢 保険者と被保険者

保険者		市町村と特別区
被保険者 ※所定の要件を満たした外国籍の者，生活保護被保護者を含む	第1号被保険者	市町村の区域内に住所を有する<u>65歳以上</u>の者
	第2号被保険者	市町村の区域内に住所を有する<u>40歳以上65歳未満</u>の<u>医療保険加入者</u>
保険給付の対象者（サービスの利用者）		要支援の状態にある者（要支援1，2）
		要介護の状態にある者（要介護1〜5）

🏢 被保険者と保険料徴収方法

第1号被保険者	特別徴収	年額18万円以上（月額1万5,000円以上）の老齢・退職年金か障害年金もしくは遺族年金を受給している者は年金から天引き　※後期高齢者医療保険料も対象
	普通徴収	特別徴収の対象者以外の者に対しては市町村が個別に徴収
第2号被保険者	加入している医療保険料に上乗せして徴収	

徴収された第2号被保険者の保険料は，介護給付費・地域支援事業支援交付金として，社会保険診療報酬支払基金から一律27%で市町村に交付される。

過去問　令和元年-問題9，平成31年-問題12，平成26年-問題12，平成23年-問題12，平成21年-問題2，平成20年-問題12

18 介護保険　保険給付と財源

ここに注目

- 介護保険は，社会保険制度として税金と加入者（被保険者）の保険料で運営される
- 介護保険料滞納者には，未納の年限により，費用の償還払い化，保険給付の差し止めなどの措置がとられる
- 要介護者等に対してなされる市町村独自の保険給付を，市町村特別給付という

保険給付の手続きの流れ

①市町村への申請	被保険者やその家族等が，市町村に要支援認定・要介護認定の申請を行う。市町村は，申請から 30 日以内に認定を行う

②認定調査などの実施	市町村は，認定調査員による訪問調査と主治医意見書を求める

③審査判定	認定調査の基本調査等をもとにしたコンピュータによる一次判定の結果と，認定調査の特記事項，主治医意見書をもとに介護認定審査会が要介護度の審査判定（二次判定）を行う…テーマ21（P60）参照

④要介護等認定結果の通知	保険者は，介護認定審査会の審査判定結果に基づいて認定を行い，被保険者に通知。認定に不服がある場合は，都道府県に設置された介護保険審査会に対して審査請求ができる

　　　　　　　　　　　　　　→介護保険審査会（P67 参照）

⑤介護サービス利用（保険給付）	介護サービス（保険給付）は「介護給付」と「予防給付」と「市町村特別給付」の３つに大別される。市町村や居宅介護支援事業者，地域包括支援センターなどは，介護サービスに関する情報提供，或いは要支援者等には「介護予防・日常生活支援総合事業」等の利用手続きを行う

🏛 介護保険の給付財源

> 介護保険の給付財源は，利用者の自己負担分（定率原則1割，所得により2割または3割）を除いた費用の50%を保険料，50%を公費で負担する。

🏛 公費負担割合

	居宅給付費	施設等給付費	備考
国	25%	20%	調整交付金（5%）含む
都道府県	12.50%	17.50%	―
市町村	12.50%	12.50%	―

※調整交付金

> 国の定額負担のうち5%相当額は，市町村間の財政力格差を是正するために支給される。後期高齢者比率や第1号被保険者の所得水準の格差による場合には普通調整交付金，災害時の保険料減免などによる保険料減収による場合には特別調整交付金が支給される

🏛 介護給付費の負担割合

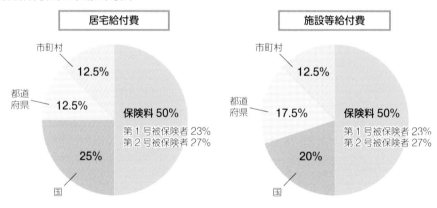

🏛 第1号被保険者段階別保険料額（原則，9段階以上）

> 第1号被保険者の保険料は，低所得者への配慮から従前の区分をさらに細分化し，原則として，9段階以上とし，基準額に料率をかける「定額保険料」で徴収される。

19 介護保険 サービス体系

ここに注目

● 居宅介護（介護予防）サービス費は，費用の7～9割が現物給付（サービスそのものが提供されること）される

● 特例居宅介護（介護予防）サービス費は，費用の7～9割が償還払い（サービス利用時に利用者が費用の全額を支払い，後で払い戻しを受けること）で支給される

● 地域密着型サービスは住民に身近な市町村から提供される

● 居宅介護（介護予防）サービス計画費は，利用者負担はない

 介護保険におけるサービスの種類

	予防給付（要支援1,2）におけるサービス	介護給付（要介護1～5）におけるサービス
都道府県が指定・監督を行うサービス	◎介護予防サービス 【訪問サービス】 ○介護予防訪問入浴介護 ○介護予防訪問看護 ○介護予防訪問リハビリテーション ○介護予防居宅療養管理指導 【通所サービス】 ○介護予防通所リハビリテーション 【短期入所サービス】 ○介護予防短期入所生活介護 ○介護予防短期入所療養介護 ○介護予防特定施設入居者生活介護 ○介護予防福祉用具貸与 ○特定介護予防福祉用具販売 介護予防訪問介護，介護予防通所介護は地域支援事業へ移行	◎居宅サービス 【訪問サービス】 ○訪問介護 ○訪問入浴介護 ○訪問看護 ○訪問リハビリテーション ○居宅療養管理指導 【通所サービス】 ○通所介護 ○通所リハビリテーション 【短期入所サービス】 ○短期入所生活介護 ○短期入所療養介護 ○特定施設入居者生活介護 ○福祉用具貸与 ○特定福祉用具販売 ◎施設サービス ○介護老人福祉施設 ○介護老人保健施設 ○介護療養型医療施設 ○介護医療院
市町村が指定・監督を行うサービス	◎介護予防支援 ◎地域密着型介護予防サービス ○介護予防小規模多機能型居宅介護 ○介護予防認知症対応型通所介護 ○介護予防認知症対応型共同生活介護(グループホーム)	◎地域密着型サービス ○定期巡回・随時対応型訪問介護看護 ○小規模多機能型居宅介護 ○夜間対応型訪問介護 ○認知症対応型通所介護 ○認知症対応型共同生活介護(グループホーム) ○地域密着型特定施設入居者生活介護 ○地域密着型介護老人福祉施設入所者生活介護 ○看護小規模多機能型居宅介護 ○地域密着型通所介護(療養通所介護を含む) ◎居宅介護支援（2018(平成30)年から市町村指定へ）
その他	○住宅改修	○住宅改修

「国民の福祉と介護の動向 2018/2019」（厚生労働統計協会）より作成

介護保険制度における居宅サービス

訪問介護	介護福祉士や訪問介護員（ホームヘルパー）が要介護者等の居宅を訪問し，入浴，排泄，食事などの身体介護，その他家事や生活に関する相談・助言など，日常生活上の世話を行う（定期巡回・随時対応型訪問介護看護〔介護・看護連携型のみ〕，夜間対応型訪問介護に該当するものを除く） 生活援助は，一人暮らしか，同居家族に障害や疾病がある場合，また，同様のやむを得ない事情がある場合のみ利用できる
訪問入浴介護	要介護者等の居宅を訪問し，**浴槽を提供して**入浴の介護を行う
訪問看護	**病状が安定期**にあり，訪問看護を要すると主治医等が認めた要介護者等に対して，看護師などが居宅を訪問し，療養上の世話または必要な診療の補助を行う
訪問リハビリテーション	**病状が安定期**にあり，主治医等が認めた要介護者等に対して，理学療法士や作業療法士などが居宅を訪問し，理学療法や作業療法その他必要なリハビリテーションを行う
居宅療養管理指導	要介護者等に対して，病院・診療所・薬局の医師，歯科医師，薬剤師，歯科衛生士，管理栄養士などが居宅を訪問し，**療養上の管理及び指導を**行う
通所介護・療養通所介護	要介護者等を老人デイサービスセンターなどに通わせ，入浴，排泄，食事等の介護，その他生活相談，助言，健康状態の確認など日常生活上の世話及び機能訓練を行う（認知症対応型通所介護に該当するものを除く）
通所リハビリテーション	**病状が安定期**にあり，主治医等が認めた要介護者等を，介護老人保健施設，病院，診療所などに通わせ，理学療法や作業療法その他必要なリハビリテーションを行う
短期入所生活介護	要介護者等を特別養護老人ホームや老人短期入所施設などに短期間入所させ，施設内で入浴，排泄，食事などの介護その他日常生活上の世話及び機能訓練を行う
短期入所療養介護	**病状が安定期**にある要介護者等を介護老人保健施設，介護療養型医療施設などに短期間入所させ，看護や医学的管理の下における介護及び機能訓練，その他必要な医療ならびに日常生活上の世話を行う
特定施設入居者生活介護	特定施設に入居している要介護者等に対して，その施設での特定施設サービス計画に基づいて，入浴・排泄・食事などの介護その他日常生活上の世話，機能訓練及び療養上の世話を行う（外部サービス利用型も含む）
福祉用具貸与	居宅の要介護者等に対して，日常生活上の便宜を図り，自立を支援するために，以下の厚生労働大臣が定める福祉用具を貸与する **原則として要介護2以上の者に対して貸与** ①車いす，②車いす付属品，③特殊寝台，④特殊寝台付属品，⑤褥瘡（床ずれ）防止用具，⑥体位変換器，⑦手すり，⑧スロープ，⑨歩行器，⑩歩行補助つえ，⑪認知症老人徘徊感知機器（離床センサ一含む），⑫移動用リフト（つり具の部分を除く），⑬自動排泄処理装置（特殊尿器本体部分） 要支援・要介護ともに貸与
特定福祉用具販売	居宅の要介護者等に対し，福祉用具のうち，入浴，排泄などの用具を販売する。原則購入費の9割は居宅介護福祉用具購入費（介護予防福祉用具購入費）として支給されるが，支給限度額は同一年度（4月1日から12か月間）で10万円。福祉用具貸与と同様の条件がある（腰掛便座，自動排泄処理装置の交換可能部品（特殊尿器交換部品），入浴補助用具，簡易浴槽，移動用リフトのつり具部分）

※居宅サービスには訪問介護，通所介護以外各々に介護予防サービスがあります

〈新しい総合事業との関係〉━━━━→ 地域支援事業（P62）参照

・介護予防訪問介護サービスと介護予防通所介護サービスは，「新しい総合事業」が設定するサービス利用に移管された。

・療養通所介護，地域密着型通所介護は2016（平成28）年度より，地域密着型サービスに移行。

介護保険制度における地域密着型サービス

定期巡回・随時対応型訪問介護看護	対象は居宅要介護者。**中重度者をはじめとする要介護高齢者の在宅生活を可能にすること**を目的に，**日中・夜間を通じて**，1日複数回の定期訪問と随時の対応を介護・看護が一体的にまたは密接に連携しながら，介護職員は入浴，排せつその他の日常生活上の世話を，看護職員は療養上の世話，診療の補助といったサービスを提供する
夜間対応型訪問介護	**介護福祉士などが**，**夜間の**定期的な巡回訪問または通報により要介護者の居宅を訪問し，必要な介護や世話を行う
認知症対応型通所介護	認知症の状態にある要介護者に対し，老人デイサービスセンターなどにおいて介護や世話及び機能訓練などを行う
小規模多機能型居宅介護	要介護者の心身の状況や置かれている環境などに応じて，その者の選択に基づき，居宅もしくは一定のサービス拠点に通所または短期間宿泊し，介護や世話及び機能訓練を行う
認知症対応型共同生活介護（認知症グループホーム）	認知症の状態（**急性の状態にある者を除く**）にある要介護者に対し，その共同生活を行う住居（グループホーム）において，介護や世話及び機能訓練を行う。共同生活を営む住居は，**入居定員が1ユニット5人以上9人以下**とされ，**居室については原則1人部屋**とされている
地域密着型特定施設入居者生活介護	**入居定員が29人以下**である有料老人ホームなどの**介護専用型特定施設**に入居している要介護者に対し，介護や世話，機能訓練，療養上の世話を行う
地域密着型介護老人福祉施設入所者生活介護	**入所定員が29人以下の特別養護老人ホーム**である地域密着型老人福祉施設に入所している要介護者に対し，地域密着型施設サービス計画に基づいて，介護や世話，機能訓練，健康管理，及び療養上の世話を行う
看護小規模多機能型居宅介護	対象は居宅要介護者。居宅サービス，**地域密着型サービスを2種類以上組み合わせること**により提供されるサービスのうち，訪問看護及び小規模多機能型居宅介護の組み合わせその他の居宅要介護者について，一体的に提供されることが特に効果的かつ効率的な組み合わせにより提供されるサービス
地域密着型通所介護（療養通所介護を含む）	少人数の生活圏域に密着したサービスとして，前年度1か月あたりの平均利用延人員数が300人以内の小規模型通所介護事業所は，2016（平成28）年4月から地域密着型サービスに移行されたなお，難病やがん末期の要介護者など，医療ニーズと介護ニーズを併せもつ中重度要介護者等の在宅生活継続のための支援強化の通所型事業所が，2016（平成28）年4月から，療養通所介護として新設され，地域密着型通所介護に含まれた

🏢 地域密着型介護予防サービスの概要

介護予防認知症対応型通所介護	認知症の状態にある要支援者に対し，介護や世話及び機能訓練などを行う
介護予防小規模多機能型居宅介護	要支援者を居宅もしくは一定のサービス拠点に通所または短期間宿泊させ，介護や世話及び機能訓練を行う
介護予防認知症対応型共同生活介護	認知症の状態(**急性の状態にある者を除く**)にある**要支援2の者**に対し，グループホームにおいて，介護や機能訓練等を行う

🏢 介護保険法に規定された施設サービス

指定介護老人福祉施設	**老人福祉法**に基づいて設置される「特別養護老人ホーム」のうち都道府県知事が指定した施設で，施設サービス計画に基づいて要介護者に対し，入浴，排泄，食事などの介護そのほかの日常生活上の世話及び機能訓練，健康管理及び療養上の世話を行う
介護老人保健施設 (介護療養型老人保健施設)	**介護保険法**に基づいて設置される施設で，要介護者に対し，施設サービス計画に基づいて看護，医学的管理下における介護及び機能訓練そのほか必要な医療ならびに日常生活上の世話を行う。開設には，都道府県知事の許可が必要である
指定介護療養型医療施設	**医療法**に規定された療養病床を有する病院または診療所，または老人性認知症疾患療養病棟を有する病院のうち，申請により都道府県知事が指定した施設で，入院している要介護者に対し，施設サービス計画に基づいて療養上の管理，看護，医学的管理下における介護そのほかの世話及び機能訓練そのほか必要な医療を行う(**2024(令和6)年3月末までに廃止。延長・新規指定なし。介護医療院に移行**)
介護医療院	主として長期にわたって療養が必要な要介護者に，施設サービス計画に基づいて療養上の管理，看護，医学的管理下における介護，機能訓練，その他必要な医療，日常生活上の世話を行う

🏢 特別養護老人ホームへの市町村による措置入所について

虐待を受けている場合など，やむを得ない事情で居宅生活が困難な者には，老人福祉法上の特別養護老人ホームとして市町村の措置による入所を受け入れている

🗄 介護保険制度における居宅介護支援サービス

居宅介護支援	都道府県の指示を受け，居宅要介護者を対象に，要介護認定の申請の代行や介護サービス計画（ケアプラン）の作成，サービス事業者との連絡調整などを行う。介護支援専門員（ケアマネジャー）が配置される

※ 2018（平成30）年4月から，指定は市町村に移管
※居宅要支援者に対しては，介護予防支援が提供される

🗄 近年の我が国の介護保険制度の動向について

● 2008（平成20）年	
5月	介護保険法及び老人福祉法一部改正法成立 ●不正事業者による処分逃れ防止対策等
● 2009（平成21）年	
4月	介護報酬改定。第4期事業計画期間開始（〜 2011年度）
5月	平成21年度補正予算成立 ●介護職員の処遇改善，介護拠点整備等
● 2011（平成23）年	
6月	介護サービスの基盤強化のための介護保険法等の一部改正法成立 ●医療と介護の連携の強化等 ●介護人材の確保とサービスの質の向上 ●高齢者の住まいの整備等 ●認知症対策の推進等
● 2012（平成24）年	
4月	介護報酬と診療報酬同時改定。第5期事業計画開始（〜 2014年度）
● 2014（平成26）年	
6月	地域における医療及び介護の総合的な確保を推進するための関係法律の整備等に関する法律（医療介護総合確保推進法）成立 ●一定以上所得者の自己負担を2割に引上げ ●特別養護老人ホームを要介護3以上に重点化 ●予防給付の一部（介護予防訪問介護・介護予防通所介護）を地域支援事業に移行し，多様化 ●「補足給付」の要件に資産などを追加等
● 2015（平成27）年	
4月	介護報酬改定。第6期事業計画開始（〜 2017年度）
● 2018（平成30）年	
4月	介護保険法一部改正。介護報酬・診療報酬同時改定 第7期事業計画開始（〜 2020年度）

 過去問　令和元年-問題22，平成31年-問題21，平成30年-問題21，平成29年-問題9・問題77，平成27年-問題24，平成26年-問題25・問題26，平成25年-問題9・問題23・問題27・問題28・問題29・問題43・問題77・問題78・問題115・問題120，平成24年-問題26・問題116，平成23年-問題13・問題14・問題78，平成22年-問題12・問題56・問題83，平成21年-問題12・問題22・問題73，平成20年-問題10・問題80，平成19年-問題73，平成16年-問題94（事）・問題97（事）・問題114（事）

20 介護保険　住宅改修　福祉用具貸与，購入

ここに注目

- ●介護保険法における福祉用具の定義…心身の機能が低下し日常生活を営むのに支障がある要介護者等の日常生活上の便宜を図るための用具及び要介護者等の機能訓練のための用具であって，要介護者等の日常生活の自立を助けるためのもの
- ●福祉用具の貸与と販売…入浴や排泄等に用いる貸与になじまない福祉用具（特定福祉用具）は販売となる（購入費の7〜9割が介護給付費から支給。支給限度額は同一年度10万円）

🏠 居宅介護住宅改修費（介護予防住宅改修費）の対象

①手すりの取り付け
②段差の解消
③滑りの防止及び移動の円滑化等のための床または通路面の材料の変更
④引き戸等への扉の取り替え
⑤洋式便器等への便器の取り替え（温水便座等への変更不可。和式→洋式は可）
⑥その他（上記①〜⑤の住宅改修に付帯して必要な改修）

●住宅改修…在宅の要介護者が，一定の住宅改修を行ったときに，居宅介護住宅改修費として改修費用の7〜9割が償還払いで支給される

- ●住宅改修費の支給限度基準額…20万円（7〜9割が償還払い）
- ●再支給…要介護状態区分等が原則として3段階以上重くなった場合（ただし，1回限り）
- ●転居時…改めて支給される

●福祉用具とは…心身の機能が低下し日常生活を営むのに支障のある老人又は心身障害者の日常生活上の便宜を図るための用具及びこれらの者の機能訓練のための用具並びに補装具（福祉用具の研究開発及び普及の促進に関する法律第2条）

介護保険制度における福祉用具貸与と特定福祉用具販売

福祉用具貸与（介護予防福祉用具貸与）	特定福祉用具販売（特定介護予防福祉用具販売）
①車いす※	①腰掛便座
②車いす付属品※	②自動排泄処理装置の交換可能部品(特殊尿器交換部品)
③特殊寝台※	③入浴補助用具
④特殊寝台付属品※	④簡易浴槽
⑤床ずれ（褥瘡）防止用具※	⑤移動用リフトのつり具部分
⑥体位変換器※	
⑦手すり	
⑧スロープ	
⑨歩行器	
⑩歩行補助杖	
⑪認知症老人徘徊感知機器※	
⑫移動用リフト（つり具の部分を除く）※	
⑬自動排泄処理装置（特殊尿器本体部分）	

※原則として，要支援者と要介護1に対しては，特別な状態にある者を除き貸与されない

福祉用具JISマーク制度

JISマークは「工業標準化法」に基づいて，日本工業標準化調査会(JISC)で審議され，経済産業大臣が制定する日本工業規格に適合する製品であることを証明するマークである。福祉用具分野では車いすと在宅用電動介護用ベッドに福祉用具JISマーク表示が認められている。

2018（平成30）年10月より、福祉用具貸与について全国貸与価格の公表、貸与価格の上限が設定された。福祉用具専門相談員は品目の特徴、価格、全国平均貸与価格を利用者に説明する義務を負う。

過去問　平成28年-問題28，平成25年-問題42，平成23年-問題84，平成22年-問題4・問題56・問題83，平成19年-問題77

21 介護保険 介護保険制度の利用の流れ 要介護認定・要支援認定

ここに注目

- ●要介護認定…介護保険サービスの利用を希望する者について，必要なサービス量を市町村が客観的に判断すること。認定結果は，①非該当（自立しており介護サービスが不要），②要支援（1，2），③要介護（1～5），のいずれかに分類される
- ●第2号被保険者が介護保険の給付対象となるのは，要介護状態（要支援状態）となった原因が，以下の特定疾病に起因した場合に限られる
- ●介護認定審査会…市町村に設置される要介護認定の二次判定を行う機関

🗄 特定疾病（16疾病）

- ・がん（医師が一般に認められている医学的知見に基づき回復の見込みがない状態に至ったと判断したものに限る）
- ・関節リウマチ（悪性関節リウマチを含む）
- ・筋萎縮性側索硬化症
- ・後縦靱帯骨化症
- ・骨折を伴う骨粗鬆症
- ・初老期における認知症
- ・進行性核上性麻痺，大脳皮質基底核変性症及びパーキンソン病
- ・脊髄小脳変性症
- ・脊柱管狭窄症
- ・早老症
- ・多系統萎縮症
- ・糖尿病性神経障害，糖尿病性腎症及び糖尿病性網膜症
- ・脳血管疾患
- ・閉塞性動脈硬化症
- ・慢性閉塞性肺疾患
- ・両側の膝関節又は股関節に著しい変形を伴う変形性関節症

- ●介護保険の被保険者…第1号被保険者は，市町村の区域内に住所を有する65歳以上の者。第2号被保険者は，市町村の区域内に住所を有する40歳以上65歳未満の医療保険加入者
- ●要介護認定等に関する不服への対応…都道府県に設置された介護保険審査会が被保険者等から寄せられた不服の審査を行う
- ●要介護等認定の有効期間…新規申請は原則6か月，更新認定は原則12か月，短縮3か月，最長36か月

要介護等認定の流れ

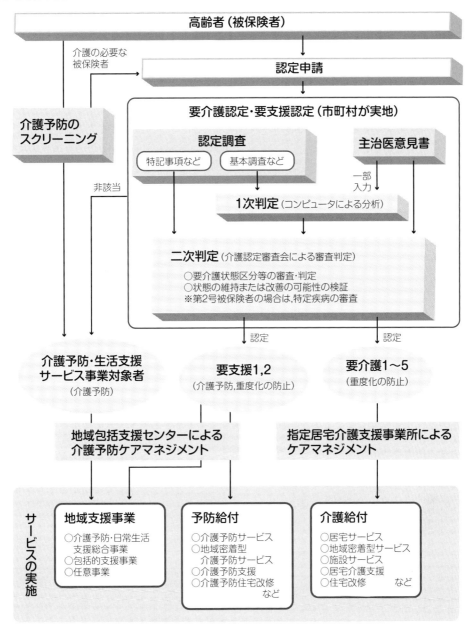

22 介護保険
地域支援事業の概要

ここに注目

● 地域支援事業…高齢者が要介護状態となることを予防し，また仮に要介護状態等となった場合でも，可能な限り地域において自立した生活が送れるように市町村が実施するもの。介護予防・日常生活支援総合事業，包括的支援事業，任意事業の3事業がある

地域支援事業の全体像

地域支援事業は，被保険者が要介護状態等となることを予防し，あるいは要介護状態等となった場合も，できるだけ地域において自立した日常生活を営むことができるよう，介護給付，予防給付とは別に市町村が実施する事業である。

●介護予防・日常生活支援総合事業 対象者：第1号被保険者，第2号被保険者（要支援者のみ）	①介護予防・生活支援サービス事業 ・訪問型サービス…要支援者等の居宅において，掃除，洗濯などの日常生活上の支援。（旧介護予防訪問介護に相当するサービス） ・通所型サービス…施設等に通って，日常生活上の支援や機能訓練。（旧介護予防通所介護に相当するサービス） ・その他生活支援サービス…介護予防サービスや訪問型・通所型サービスと一体的に行われる場合に効果があると認められる，次の生活支援サービス。（・栄養改善などを目的とした配食。・定期的な安否確認と緊急時の対応。・その他介護予防と自立した日常生活の支援のための市町村が定めるもの） ・介護予防ケアマネジメント…総合事業のサービスを適切に提供できるよう，地域包括支援センターが介護予防ケアマネジメントを実施。 ※総合事業のみを利用する要支援者等を対象。予防給付を併用する要支援者には，本事業ではなく予防給付の介護予防支援。 ②一般介護予防事業 ・介護予防把握事業・介護予防普及啓発事業・地域介護予防活動支援事業・一般介護予防事業評価事業・地域リハビリテーション活動支援事業
●包括的支援事業（地域包括支援センターが一体的に実施する）	・介護予防ケアマネジメント…要支援者以外の介護予防・生活支援サービス事業対象者に介護予防ケアマネジメントを実施（介護予防支援を除く）。 ・総合相談支援業務…保健医療の向上や福祉の増進を図るため，地域ネットワーク構築など総合的な支援。 ・権利擁護業務　虐待の防止や早期発見のための業務，権利擁護のための必要な援助。 ・包括的・継続的ケアマネジメント支援業務…保健医療・福祉の専門家が居宅サービス計画や施設サービス計画を検証し，定期的に協議するなどにより，被保険者が地域で自立した生活を送ることができるように包括的・継続的な支援（地域ケア会議の推進※や介護支援専門員への相談対応，支援困難事例についての指導や助言など）。 ・在宅医療・介護連携推進事業…医療の専門家が，関係者の連携を推進するものとして，厚生労働省令で定める事業。 ・生活支援体制整備事業…被保険者の地域での自立した日常生活の支援や介護予防のための体制整備・促進のための事業。市町村が中心となり生活支援コーディネーター（地域支え合い推進員）や協議体の設置などを通じて，生活支援サービスの開発や創出などに取り組む。 ・認知症総合支援事業…新オレンジプランを推進するため，認知症初期集中支援チームの関与による認知症の早期診断・早期対応の支援や，認知症地域支援推進員による相談対応など。 ※地域ケア会議の推進は，2015（平成27）年度より，「包括的・継続的ケアマネジメント支援業務」に追加された。ただし，その費用については「地域ケア会議推進事業」として計上される。
●任意事業	介護給付等費用適正化事業，家族介護支援事業，その他の事業

23 介護保険 地域包括支援センター

- 地域包括支援センター…2005年の介護保険法改正で設置された
- 地域包括ケアシステムは、おおむね通報を受けてから30分以内に必要なサービスが提供される日常生活圏内に24時間対応のサービスを位置づけることを目標としている
- 地域ケア会議の機能には、地域課題の把握や政策作成がある

地域包括支援センター（地域包括ケアシステム）のイメージ

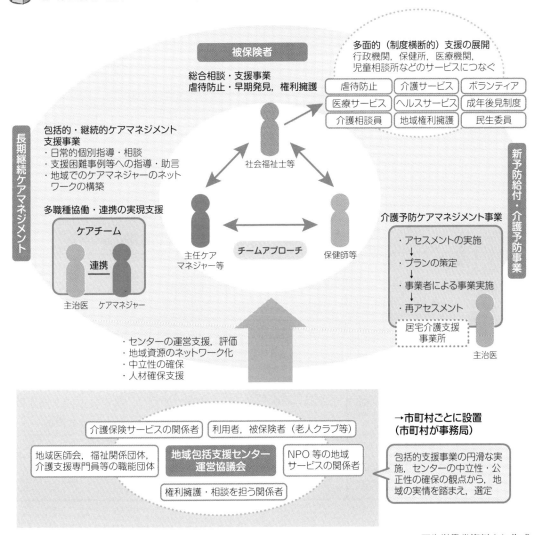

厚生労働省資料より作成

🏢 入院病棟など在宅療養支援診療所

利用者ができる限り在宅での生活を続けていけるようにするため，24時間体制で訪問診療・訪問看護ができる体制を整え，患者に文書で担当医師や連絡先を示している診療所をいう。ケアマネジャーや訪問看護ステーションなどとの連携をとりながら在宅医療を提供する。

🏢 地域包括支援センター

> **地域包括支援センター**は，地域住民への介護支援を行う中核機関として市町村が設置する施設（委託も可）。**保健師，社会福祉士，主任介護支援専門員の3専門職**が配置され，①介護予防ケアマネジメント事業，②総合相談・支援事業，③権利擁護事業，④包括的・継続的ケアマネジメント支援事業などを実施する。

🏢 地域包括ケアシステム

地域包括ケアシステムとは，利用者のニーズに応じた住宅提供を基本とし，医療・介護・福祉サービスなどのさまざまな生活支援サービスが，日常生活圏域（おおむね30分で駆けつけられる範囲）内で適切に提供できるような「地域におけるケア体制」のことをいう。

地域包括ケアシステムの構築を実現するためには，次の①〜⑤の視点での取組みが包括的（利用者のニーズに応じた適切な組み合わせでサービスを提供），継続的（入院，退院，在宅復帰を通じて切れ目ないサービスを提供）に行われることを目指している。

①医療との連携強化	・**24時間対応**の在宅医療，訪問看護やリハビリテーションの充実強化 ・**介護職員によるたんの吸引などの医療行為の実施**
②介護サービスの充実強化	・特養などの介護拠点の緊急整備 ・**24時間対応**の定期巡回・随時対応サービスの創設など在宅サービスの強化
③予防の推進	・**できる限り要介護状態とならない**ための予防の取組みや自立支援型の介護の推進
④見守り，配食，買い物など，多様な生活支援サービスの確保や権利擁護など	・**一人暮らし**，高齢夫婦のみ世帯の増加，**認知症**の増加を踏まえ，さまざまな**生活支援**（見守り，配食などの生活支援や財産管理などの権利擁護サービス）サービスを推進
⑤高齢期になっても住み続けることのできる高齢者住まいの整備（厚労省と国交省が連携）	・一定の基準を満たした有料老人ホーム等を，「サービス付き高齢者向け住宅」として高齢者住まい法に位置づけ

🏢 地域包括ケアシステムと自助・互助・共助と公助の関係

区　分	区分ごとに求められる特徴
自　助	自分のことを自分でセルフケアを行う。市場サービスを購入する
互　助	ボランティア活動や住民組織の活動を活用する
共　助	介護保険に代表される社会保険制度及びサービスを利用する
公　助	一般財源による高齢者福祉事業等，生活保護，人権擁護，虐待防止など

🏢 地域ケア会議

地域ケア会議は，市町村（地域ケア推進会議）または地域包括支援センター（地域ケア個別会議）が開催するもので，専門家が個別ケースについて検討し，地域の資源開発や政策形成に反映していくという役割があります。

●地域ケア会議の機能

①地域課題の発見	地域の支援者を含めた多職種が多角的視点から検討を行い，個別課題の解決を行う機能のほか，地域包括支援センターの職員や介護支援専門員等の課題解決力向上を図る機能。
②地域包括支援ネットワークの構築	地域の支援者などの相互の連携を高める機能。住民や地区組織の参加により，住民同士のネットワークを構築する機能。
③地域課題の把握	個別ケースの背後に潜在している同様のニーズを抱えた住民やその予備群を見出し，解決すべき地域課題と優先度を明らかにする機能。
④個別課題の解決	インフォーマルサービスや地域の見守りネットワークなど，必要な資源を地域で開発していく機能。
⑤政策形成	市町村を中心に，現状の施策等では解決しにくい場合に，解決へ向けた新たな施策の立案や実行につなげていく機能。

●地域ケア会議のイメージ

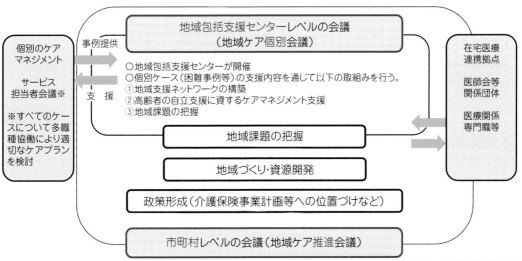

出典：「厚生労働省資料」

 過去問　令和元年-問題5，平成30年-問題7・問題11，平成28年-問題76，平成27年-問題9，平成26年-問題2・問題14・問題27，平成25年-問題9，平成24年-問題11・問題86，平成23年-問題15，平成22年-問題79，平成21年-問題14，平成20年-問題13

24 介護保険 介護保険事業計画

ここに注目

● 介護保険における事業計画等
・国…基本指針の策定
・都道府県…都道府県介護保険事業支援計画（3年を1期）
・市町村…市町村介護保険事業計画（3年を1期）

🏛 介護保険における事業計画等

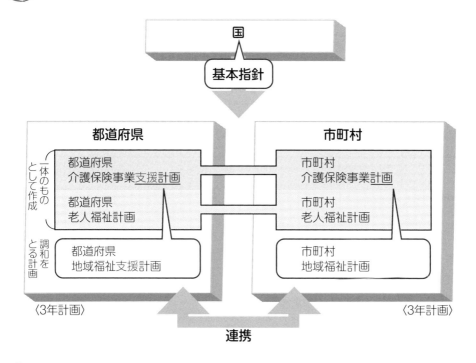

🏛 介護保険事業計画と他の計画との関係

	都道府県介護保険事業支援計画	市町村介護保険事業計画
一体的に作成するべき計画	都道府県**老人福祉**計画	市町村**老人福祉**計画
調和をとるべき計画	都道府県地域福祉支援計画 都道府県高齢者居住安定確保計画	市町村地域福祉計画 市町村高齢者居住安定確保計画
整合性の確保を図るべき計画	都道府県計画及び医療計画	市町村計画

※計画の内容には「定めるべき事項」と「定めるよう努める事項」がある

障害者計画，地域福祉計画，障害福祉計画等

●障害者計画
・障害者基本法で市町村に策定が義務づけられている「障害者計画」の対象は，同法の定義に従い，障害者と障害児の両方となる
●地域福祉計画
・都道府県地域福祉支援計画（社会福祉法第108条に規定）
・市町村地域福祉計画（社会福祉法第107条に規定）
●障害福祉計画
・市町村が策定する障害福祉計画で，各年度における障害福祉サービス・相談支援の種類ごとの必要な量の見込みについて定める
●その他の計画
・高齢者居住安定確保計画（高齢者の居住の安定確保に関する法律第4条に規定）
・都道府県計画（地域における医療及び介護の総合的な確保の促進に関する法律第4条に規定）
・市町村計画（地域における医療及び介護の総合的な確保の促進に関する法律第5条に規定）
・医療計画（医療法第30条の4に規定）

介護保険審査会の主な役割

介護保険審査会は，要介護認定等に関する審査判定等に対する不服に対応する機関で，都道府県に設置される。**被保険者を代表**する委員，**市町村を代表**する委員，両者の間に立つ**公益代表**委員の三者構成。

国保連の主な役割

都道府県ごとに設置される国民健康保険団体連合会（国保連）の主な役割
●介護サービス利用者からの苦情・相談の受付け［必須］
●居宅介護サービス費（介護報酬）等の請求に関する審査・支払い［市町村から委託］
●介護保険施設等に対する指導・助言［市町村から委託］
●第三者求償事務［必須］
●居宅サービス事業者，介護保険施設の開設，運営

過去問 平成26年-問題9，平成25年-問題10，平成23年-問題77，平成22年-問題13，平成21年-問題14，平成20年-問題17

☑ チェックテスト2

11 家族制度

家族の類型として，自分が結婚してつくった家族を「生殖家族」とよぶことがあり，これに対して，自分が生まれ育ち，社会化された家族を「（ **1** ）」とよぶ。 ▶ P36

家族の主な機能として，欲求を充足させる生命維持機能，生活に必要なものを充足させる生活維持機能，くつろぎや安らぎをもたらす（ **2** ）機能，加齢や疾病，けがなどによる介護が必要なときに支えるケア機能の4つが挙げられる。 ▶ P36

世帯構造別にみた構成割合の年次推移をみると，2007年〜2018年では「夫婦と未婚の子のみの世帯」が30％程度を占めて最も多く，次いで「（ **3** ）世帯」が多くなっていることがわかる。 ▶ P37

12 社会保障制度の概要

医療，介護などからサービスを受けた場合の利用者負担の方法には，支払い能力に応じて負担する応能負担と，受益の程度に応じて負担する（ **4** ）負担がある。 ▶ P38

社会保障制度は，社会保険と（ **5** ）からなり，国民の「安心」や生活の「安全」を支えるセーフティネットとなっている。 ▶ P38

我が国の社会保険は，年金保険，医療保険，（ **6** ），雇用保険，（ **7** ）の5つである。 ▶ P38

13 社会福祉の法体系

福祉サービスの基本理念は（ **8** ）3条に規定され，個人の（ **9** ）の保持を旨とし，内容は，福祉サービス利用者が心身ともに健やかに育成され，又はその有する能力に応じ自立した日常生活を営むことができるように支援するものとして，良質かつ適切なものでなければならないとされている。 ▶ P40

児童手当や障害児福祉手当などの社会手当は，一定の要件の該当者に（ **10** ）給付を行い，生活を支援するものである。 ▶ P41

解答

1 定位家族 **2** パーソナリティの安定化 **3** 単独 **4** 応益 **5** 社会扶助 **6 7** 労働者災害補償保険，介護保険（順不同） **8** 社会福祉法 **9** 尊厳 **10** 現金

14　医療保険・医療機関

医療保険は，健康保険や共済組合などの被用者保険と，自営業者等を対象とする
（　　**1**　　），2008（平成20）年度から始まった後期高齢者医療制度の3つに大
別することができる。　　　　　　　　　　　　　　　　　　　▶P42

病院とは，（　　**2**　　）床以上の病床を有するものをいい，診療所は，病床を有し
ないか19床以下の病床を有するものをいう。　　　　　　　　▶P43

病院等で医療を受けた場合，医療費の自己負担割合は原則として，75歳以上が
（　　**3**　　）割か3割，70～74歳が1～3割，義務教育就学～70歳未満は3割，
義務教育就学前は（　　**4**　　）割と定められている。　　　▶P42

15　年金保険

我が国の年金制度では，原則としてすべての国民に（　　**5**　　）が支給され，厚
生年金が2階部分として加入期間に応じて上乗せされる仕組みになっている。　▶P44

国民年金法では，（　　**6**　　）を第2号被保険者とし，第2号被保険者に扶養され
ている20歳以上60歳未満の配偶者を第3号被保険者としている。　▶P44

障害基礎年金を受ける権利が発生した後，加算要件を満たすようになった場合，
（　　**7**　　）により加算される。　　　　　　　　　　　　　▶P45

16　労災保険　雇用保険

雇用保険制度は失業等給付と雇用保険二事業に分かれ，失業等給付には，求職者
給付，就職促進給付，（　　**8**　　）のほか，雇用継続給付がある。　▶P48

労災保険の給付対象者は，労働者を1人以上使用する事業所で働く労働者であり，
正社員，アルバイト等の（　　**9**　　）を問わず対象となる。　▶P46

従業員50人以上の事業所では，少なくとも年に1回，従業員に対する（　　**10**　　）
を行うことが義務付けられている。　　　　　　　　　　　　　▶P47

解答
1 国民健康保険 **2** 20 **3** 1 **4** 2 **5** 国民年金（基礎年金） **6** 厚生年金の加入者
7 届出 **8** 教育訓練給付 **9** 雇用形態 **10** ストレスチェック

17　介護保険　保険者と被保険者

介護保険制度は，高齢者の介護を（　　**1**　　）で支えることを目的として創設された。　　　　　　　　　　　　　　　　　　　　　　　　　　　　　　　　　　　　▶P49

介護保険制度では，市町村の区域内に住所を有する，65歳以上の者を第1号被保険者，（　　**2**　　）歳以上65歳未満の（　　**3**　　）加入者を第2号被保険者と定めている。　　　　　　　　　　　　　　　　　　　　　　　　　　　　　　　　　　　▶P50

第1号被保険者の保険料徴収方法には特別徴収と普通徴収とがあり，年金から天引きする方法を特別徴収という。また，第2号被保険者の保険料は，加入している（　　**4**　　）に上乗せして徴収される。　　　　　　　　　　　　　　　　　　　▶P50

介護保険の給付対象となっているサービスについては，自己負担割合は（　　**5**　　）であるが，施設サービスなどを利用した場合の居住費や（　　**6**　　）は全額自己負担とされている。　　　　　　　　　　　　　　　　　　　　　　　　　　　　　　　　　▶P49

18　介護保険　保険給付と財源

介護サービス（保険給付）のうち，「市町村特別給付」は，要介護者等に対してなされる市町村（　　**7**　　）の保険給付のことである。　　　　　　　　　　　　　　　▶P51

保険者は審査判定（二次判定）の結果に基づいて要介護認定を行い，被保険者に通知するが，認定に不服がある被保険者は，都道府県に設置された（　　**8**　　）に対して審査請求ができる。　　　　　　　　　　　　　　　　　　　　　　　　　　　　　▶P51

介護保険の給付財源については利用者自己負担分を除いた費用の（　　**9**　　）％を保険料，（　　**10**　　）％を公費（国・都道府県・市町村）で負担することになっている。　　　　　　　　　　　　　　　　　　　　　　　　　　　　　　　　　　　　　▶P52

第（　　**11**　　）号被保険者の保険料は，低所得者への配慮から原則として9段階以上とし，基準額に保険料率をかける（　　**12**　　）で徴収される。　　　　　　　▶P52

解答

1　社会全体（共同連帯）　**2**　40　**3**　医療保険　**4**　医療保険料　**5**　1割（2割または3割）
6　食費　**7**　独自　**8**　介護保険審査会　**9**　50　**10**　50　**11**　1　**12**　定額保険料

19　介護保険　サービス体系

介護給付とは，要介護認定を受けた被保険者に対する法定給付であり，居宅サービス，地域密着型サービス，施設サービス，住宅改修のほか，（　**1**　）が含まれる。　▶P53

地域密着型サービスのうち，（　**2**　），認知症対応型通所介護，認知症対応型共同生活介護（グループホーム）は，予防給付と介護給付の両方に含まれるサービスである。　▶P53

（　**3**　）は，主として長期にわたって療養が必要な要介護者に，施設サービス計画に基づいて療養上の管理，看護，医学的管理下における介護，機能訓練，その他必要な医療，日常生活上の世話を行う。　▶P56

20　介護保険　住宅改修　福祉用具貸与，購入

居宅介護住宅改修費は，手すりの取り付けや段差の解消等（　**4**　）種類の住宅改修とそれに付帯して必要な改修について，改修費用の7～9割（支給限度額20万円）が償還払いで支給される。　▶P58

福祉用具のうち，車いすや特殊寝台等は（　**5**　）の対象で，腰掛便座や自動排泄処理装置の交換可能部品，移動用リフトの（　**6**　）の部分等は特定福祉用具販売の対象とされている。　▶P59

福祉用具分野では，車いすと在宅用電動介護用ベッドに日本工業規格に適合する製品であることを証明するマークである（　**7**　）の表示が認められている。　▶P59

21　介護保険　介護保険制度の利用の流れ　要介護認定・要支援認定

要介護認定とは，介護保険サービスを希望する者について必要なサービス量を（　**8**　）が客観的に判断することをいい，認定結果は要介護・要支援・（　**9**　）のいずれかに分類される。　▶P60

要介護等認定の有効期間は，新規申請では原則6か月，更新認定は原則12か月で最長（　**10**　）か月となっている。　▶P60

要介護認定を受けた者は居宅介護支援事業所によるケアマネジメントを受け，要支援認定を受けた者は（　**11**　）による介護予防ケアマネジメントを受ける。　▶P61

解答

1　居宅介護支援　**2**　小規模多機能型居宅介護　**3**　介護医療院　**4**　5　**5**　福祉用具貸与
6　つり具　**7**　福祉用具JISマーク　**8**　市町村　**9**　非該当　**10**　36　**11**　地域包括支援センター

22　介護保険　地域支援事業の概要

地域支援事業とは，高齢者が要介護状態等となることを予防するとともに，仮に要介護状態等となった場合でも可能な限り地域において自立した生活が送れるように，（　　1　　）が実施する事業である。　　　　　　　　　▶P62

地域支援事業には介護予防・日常生活支援総合事業や包括的支援事業などがあり，このうち包括的支援事業の３業務は，（　　2　　），権利擁護業務，包括的・継続的ケアマネジメント業務である。　　　　　　　　　　　　　　　▶P62

23　介護保険　地域包括支援センター

地域ケア会議は市町村が設置し，運営は市町村または（　　3　　）が行う。　　　　　　　　　　　　　　　　　　　　　　　　　　　　　　▶P65

地域ケア会議の機能は，地域課題の発見，（　　4　　），地域課題の把握，個別課題の解決，政策形成などである。　　　　　　　　　　　　　　　▶P65

地域包括ケアシステムは，医療・介護・福祉サービスなどのさまざまな生活支援サービスが，日常生活圏域（おおむね（　　5　　）分で駆けつけられる範囲）内で適切に提供できるような「地域におけるケア体制」をいう。　　　　　　　　▶P64

在宅療養支援診療所は，利用者ができる限り在宅での生活を続けていけるようにするため，24時間体制で訪問診療・（　　6　　）ができる体制を整え，患者に（　　7　　）で担当医師や連絡先を示している。　　　　　　　　　　　▶P64

24　介護保険　介護保険事業計画

市町村介護保険事業計画は，市町村老人福祉計画と一体のものとして作成されなければならない。また，調和をとるべき計画は（　　8　　）である。　　　　▶P66

介護保険審査会の主な役割として，要介護認定等に関する審査判定に対する不服への対応があり，被保険者を代表する委員，市町村を代表する委員，両者の間に立つ（　　9　　）委員の三者で構成される。　　　　　　　　　　　　　　　▶P67

解答

1　市町村　**2**　総合相談支援業務　**3**　地域包括支援センター　**4**　地域包括支援ネットワークの構築
5　30　**6**　訪問看護　**7**　文書　**8**　市町村地域福祉計画（市町村高齢者居住安定確保計画）　**9**　公益代表

25 障害者施策の流れ

リンク　こころとからだのしくみ ▶ 障害の理解

ここに注目

- 傷痍軍人を含む身体障害者の救済からスタート
- 支援費制度によるサービス利用者の拡大と財政の逼迫
- 障害者自立支援法による身体，知的，精神の３障害の統合
- 障害者自立支援法の改正・改称による障害者総合支援法の施行，及び新たな法律整備へ向けた議論スタート

近年の障害者福祉施策の流れと我が国の主な障害者施策の歴史

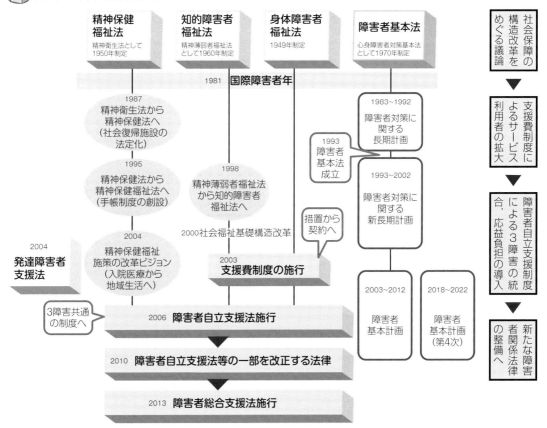

🏛 障害者福祉年表

1949（昭和24）年	**身体障害者**福祉法制定	我が国初の障害者福祉の法律
1950（昭和25）年	**精神衛生**法制定（現：精神保健福祉法）	公立精神科病院の設置を義務付け
1993（平成5）年	障害者基本法成立（旧：心身障害者対策基本法）	障害を身体，知的，精神に分類
1995（平成7）年	精神保健及び精神障害者保健福祉に関する法律（旧：精神保健法）	精神障害者の社会復帰を明記
	障害者プラン〜ノーマライゼーション7か年戦略（1996〜2002年）	障害者サービスの具体的数値目標等
1998（平成10）年	精神薄弱の用語の整理のための関係法律の一部を改正する法律	「精神薄弱」を「知的障害」に変更
2002（平成14）年	新障害者プラン（**重点施策実施5か年計画**）	5年間の目標等を定めた計画
2003（平成15）年	支援費制度施行	障害者自身が契約に基づいてサービスを利用できる制度
2004（平成16）年	障害者基本法改正	障害を理由とした差別の禁止
	発達障害者支援法	児童の発達障害の早期発見，発達障害者の社会参加の支援等
2006（平成18）年	障害者自立支援法施行	身体，知的，精神の三障害の施策を**一元化**
2007（平成19）年	障害者の権利に関する条約に署名	我が国は署名のみ（2014年批准）
	新たな重点施策実施5か年計画	8分野で120の施策項目と57の数値目標等を設定
2009（平成21）年	国が障害者自立支援法の廃止を表明	新たな法律整備に向けた議論へ
2010（平成22）年	障がい者制度改革推進本部等における検討を踏まえて障害保健福祉施策を見直すまでの間において障害者等の地域生活を支援するための関係法律の整備に関する法律（障害者自立支援法等の一部を改正する法律）	障害保健福祉施策を見直すまでの間における関係法律の整備について定める
2013（平成25）年	障害者自立支援法を改正・**改称して障害者総合支援法が施行**	基本理念が創設され，障害者（障害児も含めて）の範囲に難病等が加わる

🏛 障害者差別解消法

2006（平成18）年に国連で採択された「障害者の権利に関する条約」を批准するために2013（平成25）年に制定され，2016（平成28）年から施行されている。障害者手帳所持者だけでなく，難病等のある人や障害児も「障害者」として対象とし，行政や事業者，ボランティアなどが障害者に対して不当な差別的取り扱いの禁止，障害者がバリア除去対応を求めている際の合理的配慮などを規定し，共生社会の実現を目指している。

26 障害者総合支援法　自立支援給付の体系　自立支援システム

ここに注目

- 障害者総合支援法のポイント…身体・知的・精神・発達障害のほか障害者の範囲に難病等（関節リウマチ含む）の者が加えられた
- 障害者総合支援法のサービス体系…自立支援給付と地域生活支援事業が柱
- 障害者総合支援法の目的…法の目的に「基本的人権を享有する個人としての尊厳にふさわしい」という文言が加えられるとともに，基本的理念が掲げられた

障害者総合支援法の基本理念

- すべての国民が，障害の有無にかかわらず，等しく基本的人権を享有するかけがえのない個人として尊重される（日本国憲法）
- すべての国民が，障害の有無によって分け隔てられることなく，相互に人格と個性を尊重し合いながら共生する社会を実現する（ノーマライゼーション）
- 可能な限りその身近な場所において必要な日常生活又は社会生活を営むための支援を受けられる（地域包括ケア）
- 社会参加の機会の確保
- どこで誰と生活するかについての選択の機会が確保され，地域社会において他の人々と共生することを妨げられない
- 社会的障壁の除去（例：バリアフリー）

障害があっても，個人として尊重され，地域で生活しながら社会に参加していける共生社会を目指している

- 入所施設サービスを昼と夜のサービスに分けることで，サービスの組み合わせが選択可能に
- サービス選択時に個別支援計画が作成され，利用目的にかなったサービスが提供される

📖 障害者の人権尊重

> ●知的障害者は，実際上可能な限りにおいて，他の人間と同等の権利を有する（知的障害者の権利宣言）
> ●すべての障害者によるあらゆる人権及び基本的自由の完全かつ平等な享有を促進し，保護し，及び確保すること並びに障害者の固有の尊厳の尊重を促進することを目的とする（障害者の権利に関する条約）
> ●障害者及び障害児が基本的人権を享有する個人としての尊厳にふさわしい日常生活又は社会生活を営むことができるよう，必要な障害福祉サービスに係る給付，地域生活支援事業その他の支援を総合的に行い，もって障害者及び障害児の福祉の増進を図るとともに，障害の有無にかかわらず国民が相互に人格と個性を尊重し安心して暮らすことのできる地域社会の実現に寄与することを目的とする（障害者総合支援法）

📖 障害福祉計画について

国　障害保険福祉サービスの基盤整備に関する基本指針　　　　第87条第1項

市町村（市町村障害福祉計画）

●障害福祉サービス，相談支援及び地域生活支援事業の提供体制の確保に係る目標に関する事項
　　　　　　　　　　　　　　　　　　　　　　　　　　　　　　　　第88条第1項，第2項
●各年度における指定障害福祉サービス・指定地域相談支援又は指定計画相談支援の種類ごとの必要な量の見込み
●地域生活支援事業の種類ごとの実施に関する事項
●障害福祉サービス・相談支援の種類ごとの必要な見込量の確保のための方策
●指定障害福祉サービス，指定地域相談支援又は指定計画相談支援及び地域生活支援事業の提供体制の確保に係る医療機関，教育機関，公共職業安定所その他職業リハビリテーションの措置を実施する機関その他の関係機関との連携に関する事項　　　　　　　　　　　　　　　　　　　　　　　　　等

都道府県（都道府県障害福祉計画）

●障害福祉リービス，相談支援及び地域生活支援事業の提供体制の確保に係る目標に関する事項
　　　　　　　　　　　　　　　　　　　　　　　　　　　　　　　　第89条第1項，第2項
●区域ごとの各年度の障害福祉サービス・相談支援の種類ごとの必要な量の見込み
●区域ごとの障害福祉サービス・相談支援の種類ごとの必要な見込量の確保のための方策
●区域ごとの障害福祉サービス・相談支援に従事する者の確保又は資質向上のために講ずる措置に関する事項
●各年度の障害者支援施設の必要入所定員総数
●施設障害福祉サービスの質の向上のために講ずる措置に関する事項
●地域生活支援事業の種類ごとの実施に関する事項　　　　　　　　　　　　　　　　　等

国の障害者プラン

厚生労働省資料より作成

 過去問　令和元年-問題11，平成26年-問題15，平成25年-問題12・問題13・問題29，平成24年-問題12，平成21年-問題22，平成20年-問題20

27 障害者総合支援法　自立支援給付で利用可能な障害福祉サービス

ここに注目

- 介護給付…障害の程度が一定以上の者に生活上・療養上の必要な介護を行うサービス
- 訓練等給付…施設等で身体的・社会的リハビリテーションや就労につながる支援を行うサービス
- 地域生活支援事業…市町村が実施主体となり，地域の実情に応じて実施するサービス

自立支援給付

介護給付	●**居宅介護（ホームヘルプ）**…自宅で，入浴，排せつ，食事の介護等を行う ●**重度訪問介護**…重度の肢体不自由者・知的障害者・精神障害者で常に介護を必要とする人に，自宅で，入浴，排せつ，食事の介護，外出時における移動支援などを総合的に行う ●**同行援護**…視覚障害で移動が著しく困難な障害者等が外出する時に同行し，移動に必要な情報を提供するとともに，移動の援護などを行う ●**行動援護**…知的障害または精神障害のため自己判断能力が制限されている人が行動するときに，危険を回避するために必要な支援，外出支援を行う ●**重度障害者等包括支援**…常時介護を必要とし，その必要の程度が著しく高い人に，居宅介護等複数のサービスを包括的に行う ●**短期入所（ショートステイ）**…自宅で介護する人が病気の場合などに，短期間，夜間も含め施設で，入浴，排せつ，食事の介護等を行う ●**療養介護**[*]…医療を必要とし，かつ常に介護を必要とする人に，主に昼間，機能訓練，療養上の管理，看護，医学的管理の下における介護などを提供する ●**生活介護**[*]…常に介護を必要とする人に，主に昼間，入浴，排せつ，食事の介護等を行うとともに，創作的活動又は生産活動の機会を提供する ●**施設入所支援**[*]…施設に入所する人に，主に夜間，入浴，排せつ，食事の介護等を行う
訓練等給付	●**自立訓練（機能訓練・生活訓練）**[*]…自立した日常生活又は社会生活ができるよう，一定期間，身体機能又は生活能力の向上のために必要な訓練を行う ●**就労移行支援**[*]…一般企業等への就労を希望する人に，一定期間，就労に必要な知識及び能力の向上のために必要な訓練を行う ●**就労継続支援（A型＝雇用型，B型＝非雇用型）**[*]…一般企業等での就労が困難な人に，働く場を提供するとともに，知識及び能力の向上のために必要な訓練を行う ●**共同生活援助（グループホーム）**[*]…主に夜間，共同生活を行う住居で，相談や入浴，排せつ，食事の介護その他日常生活上の援助を行う
自立支援医療	障害者等が，その心身の障害の状態の軽減を図り，自立した日常生活や社会生活を営むために必要な医療
補装具	障害者等の身体機能を補完・代替し，長期間にわたり継続して使用される「補装具」の購入・修理の費用（補装具費）が支給される

※昼のサービス（日中活動事業），＊夜のサービス（居住支援事業）

 過去問 平成25年-問題120，平成24年-問題113，平成21年-問題22，平成20年-問題8・問題35

28 障害者総合支援法 介護給付・訓練等給付の利用手続き

ここに注目

- ●利用者に対する福祉サービスの必要性を総合的に判断する
- ●サービスの支給決定におけるポイントは
  - ・障害者の心身の状況…障害支援区分
  - ・社会活動や介護者，居宅等の状況
  - ・サービスの利用意向
  - ・訓練・就労に関する評価　など

支給決定までの手続き

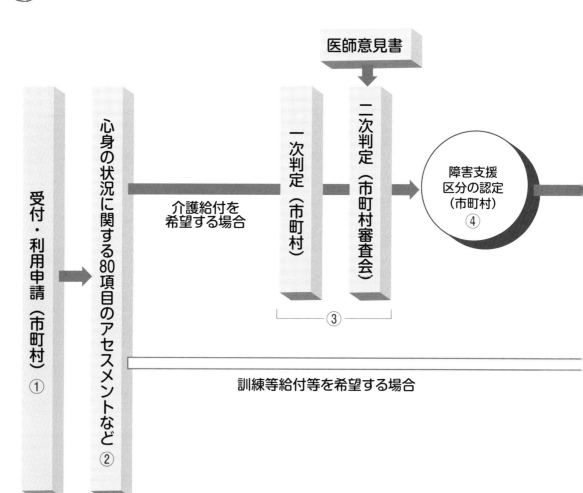

①**市町村**へのサービス利用申請

②障害者・障害児の心身の状況等についてのアセスメント（80項目）など

③介護給付を希望する場合のみ，アセスメントに基づき，**障害支援区分**について一次判定（市町村），二次判定（**市町村審査会**）が行われる

④市町村による障害支援区分認定（6段階の区分）

⑤サービス等利用計画案の作成

⑥市町村による**勘案事項調査**（地域生活・就労・日中活動・介護者・居住など），**サービスの利用意向の聴取**など

⑦市町村による支給の決定

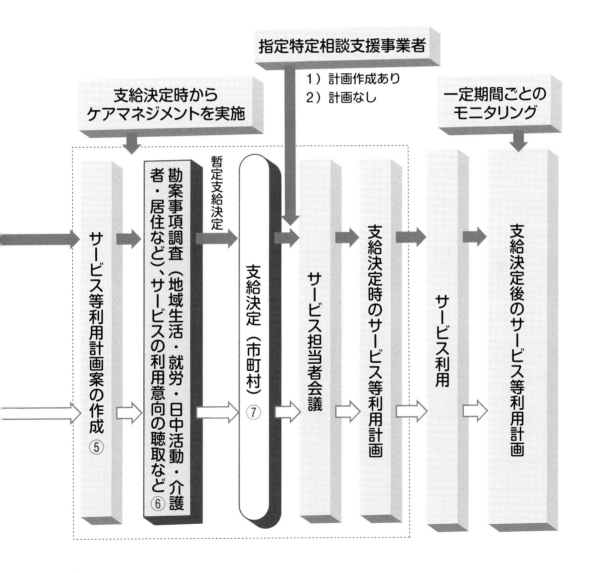

過去問 令和元年-問題12，平成25年-問題13・問題95，平成24年-問題12，平成20年-問題20，平成19年-問題20

29 障害者総合支援法　施設体系・事業体系の見直し

ここに注目

- 入所施設のサービスを，昼のサービス（日中活動事業）と夜のサービス（居住支援事業）に分けることにより，サービスの組み合わせを選択できる
- 障害の種別や年齢により，制度が複雑に組み合わさっていたサービスについて，市町村をサービス提供主体として一元化

障害者の相談支援体系

相談支援

一般相談支援事業	特定相談支援事業
※両方の支援を担う事業	※両方の支援を担う事業

地域相談支援	基本相談支援	計画相談支援

地域移行支援	地域定着支援		サービスの利用支援	サービスの継続的利用支援
施設に入所している障害者または精神科病院に入院している精神障害者を対象に，住居の確保その他の地域に移行するための活動に関する相談などを行う。	地域で一人暮らしをしている障害者を対象に，常時の連絡体制を確保し，緊急時の相談などを行う。	障害者等からの相談を主とし，必要な情報提供や助言，関係機関との連絡調整などを行う。	障害者の心身の状況や置かれている環境を勘案し，サービス利用のために内容を定めたサービス等利用計画を作成。	計画の見直しや変更（サービス等利用計画が適切であるかどうかを一定期間ごとに検証）。

地域相談支援給付費の支給	地方交付税交付	計画相談支援給付費の支給
※都道府県知事が指定する一般相談支援事業者から支援を受けた場合		※市町村が指定する特定相談支援事業者から支援を受けた場合

障害者自立支援法から障害者総合支援法へ

法の理念・目的・範囲	●障害者基本法改正 ●障害者自立支援法の目的の改正…新たに「基本的人権を享有する個人としての尊厳」を明記 　基本理念の創設
障害（者）の範囲	●障害福祉サービス等の対象に新たに難病の者等（リウマチ＋130疾患）を追加（令和元年7月から361疾患）
選択と決定（支給決定）	★障害支援区分を含めた支給の在り方について検討（原則応能負担で，定率1割の低い方）
支援（サービス）体系	▲ケアホームのグループホームへの一元化（ケアホームを廃止） ▲重度訪問介護の対象拡大 ●地域生活支援事業の追加 　障害者に対する理解を深めるための研修や啓発を行う事業，意思疎通支援を行う者を養成する事業等 ★常時介護を要する障害者等に対する支援，障害者等の移動支援，障害者の就労の支援その他の障害福祉サービスの在り方，手話通訳等を行う者の派遣その他の聴覚，言語機能，音声機能その他の障害のための意思疎通を図ることに支障がある障害者等に対する支援の在り方，精神障害者及び高齢の障害者に対する支援の在り方について検討
相談支援・権利擁護	●知的障害者福祉法に市町村の成年後見等の体制整備の努力義務を規定 ★障害者の意思決定支援の在り方，障害福祉サービスの利用の観点からの成年後見制度の利用促進の在り方について検討

★は法律の施行後3年を目途として検討を加える。　▲は2014（平成26）年度から開始

身体障害者更生相談所，知的障害者更生相談所

身体障害者更生相談所・知的障害者更生相談所は，障害に関して医学的判定・心理学的判定を行い，また各種の相談に応じる機関である

養護者による虐待への対応

家族などの養護者による虐待への対応は，通報を受理した市町村が行う（障害者虐待の防止，障害者の養護者に対する支援等に関する法律第9条）

🏢 障害者総合支援法における相談支援専門員

介護保険制度上で，ケアプラン作成等を担う専門職として「介護支援専門員」を置いたことに合わせ，障害者総合支援法に基づき，市町村が相談支援事業を実施する場合は，「相談支援専門員」を配置しなければならない。

共生型サービスの導入に伴い，介護支援専門員と相談支援専門員の十分な連携が求められている。

なお，相談支援専門員は，障害者等の相談に応じ，助言や連絡調整等の必要な支援を行うほか，障害者の障害支援区分によるサービス利用計画を作成する者で，実務経験と研修を修了した者である。相談支援専門員に従事する者は，5年に1回以上の現任研修の受講が必要となる。

主任介護支援専門員と同様に，主任相談支援専門員もある。

🏢 地域共生社会の実現と共生型サービスについて

「地域包括ケアシステムの強化のための介護保険法等の一部を改正する法律」により，2018（平成30）年度より，以下のとおりとした。

①市町村における地域住民と行政等との協働による包括的支援体制を作り，福祉分野の共通事項を記載した地域福祉計画を作成するよう努めなければならない。

　関係法令として，社会福祉法，介護保険法，障害者総合支援法，児童福祉法を横断する。

②高齢者と障害者（児）が同一事業所でサービスを受けやすくするため，介護保険と障害者福祉制度に，新たに共生型サービスを位置付けることとした。

　なお，当面，認められる共生型サービスは，共生型訪問介護，共生型通所介護，共生型療養通所介護，共生型短期入所生活介護および共生型（看護）小規模多機能型居宅介護としている。

　介護保険サービス事業所が障害福祉事業所としての指定を受ける場合，新たな人員配置や設備整備は必要でない。

30 障害者総合支援法 補装具・日常生活用具

ここに注目

- 補装具とは…「障害者等の身体機能を補完し，又は代替し，かつ，長期間にわたり継続して使用されるもの」（障害者総合支援法）
- 日常生活用具とは…障害者等が日常生活において，その障害を軽減し，自立した生活を支援・実現するための用具
- 介護保険の福祉用具と重複する項目では，障害者に特有のものは補装具が優先

自立支援給付の対象となる補装具

義肢
装具
座位保持装置
盲人安全つえ（普通用）
盲人安全つえ（携帯用）
義眼
眼鏡（矯正眼鏡）
眼鏡（遮光眼鏡）
眼鏡（コンタクトレンズ）
眼鏡（弱視眼鏡）
補聴器
車いす
電動車いす
歩行器
歩行補助つえ（1本つえを除く）
重度障害者用意思伝達装置

・座位保持いす
・起立保持具
・頭部保持具
・排便補助具
は**障害児に適用**される

義肢

車いす

●補装具の定義

①身体の欠損又は損なわれた身体機能を補完，代替するもので，障害個別に対応して設計・加工されたもの

②身体に装着（装用）して日常生活又は就学・就労に用いるもので，同一製品を継続して使用するもの

③給付に際して専門的な知見（医師の判定書又は意見書）を要するもの

日常生活用具給付等事業…市町村地域生活支援事業の必須事業(P85)のひとつ

種目	主な日常生活用具
介護・訓練支援用具	特殊寝台，体位変換器など
自立生活支援用具	入浴補助用具，移動・移乗支援用具など
在宅療養等支援用具	透析液加湿器，電気式たん吸引器など
情報・意思疎通支援用具	携帯用会話補助装置，点字器など
排泄管理支援用具	ストーマ装具，収尿器など
居宅生活動作補助用具（住宅改修費）	手すりの取り付け，段差の解消など

点字器，頭部保護帽，人工喉頭，１本つえ，収尿器，ストーマ装具は補装具から日常生活用具へ移行。色めがねは廃止

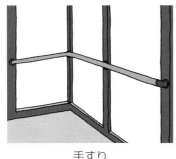

手すり

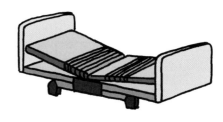

特殊寝台

●日常生活用具の要件

①安全かつ容易に使用できるもので，実用性が認められるもの

②日常生活上の困難を改善し，自立を支援し社会参加を促進するもの

③製作や改良，開発に当たって障害に関する専門的な知識や技術を要するもので，日常生活品として一般的に普及していないもの

過去問 平成30年-問題13，平成23年-問題22

31 障害者総合支援法 地域生活支援事業

ここに注目

- 地域生活支援事業…障害児・者が自立した日常生活または社会生活を営むことができるよう，地域の特性や利用者の状況に応じた柔軟な事業形態により効果的・効率的に実施される事業
- 地域生活支援事業は，必須事業と任意事業とに大別され，利用者負担は実施主体の判断による
- 地域の実情に応じて，柔軟に実施されることが好ましい各般の事業について，地域生活支援事業として法定化

🏛 地域生活支援事業の実施主体

市町村地域生活支援事業

市町村

※指定都市，中核市，特別区を含む

※事業の全部または一部を団体等に委託可

※都道府県が事業の一部を代行可

都道府県地域生活支援事業

都道府県

※指定都市，中核市に事業の全部または一部を委託可

※事業の全部または一部を団体等に委託可

🏛 地域生活支援事業の概要

市町村地域生活支援事業

必須事業		任意事業
理解促進研修・啓発事業		日常生活支援
自発的活動支援事業		社会参加支援
相談支援事業	障害者相談支援事業	**権利擁護**支援
	基幹相談支援センター等機能強化事業	**就業・就労支援**
	住宅入居等支援事業（居住サポート事業）	障害支援区分認定等事務
成年後見制度利用支援事業		
成年後見制度法人後見支援事業		
意思疎通支援事業		
日常生活用具給付等事業		
手話奉仕員養成研修事業		
移動支援事業		
地域活動支援センター機能強化事業		

※赤字は出題頻度の高い項目

都道府県地域生活支援事業

必須事業		任意事業
専門性の高い相談支援事業		日常生活支援
	発達障害者支援センター運営事業	社会参加支援
	高次脳機能障害及びその関連障害に対する支援普及事業	**権利擁護**支援
	障害児等療育支援事業	**就業・就労支援**
	障害者就業・生活支援センター事業	
専門性の高い意思疎通支援を行う者の養成研修事業		
専門性の高い意思疎通支援を行う者の派遣事業		
意思疎通支援者の派遣に係る市町村相互間の連絡調整事業		
広域的な支援事業		

※赤字は出題頻度の高い項目

※都道府県では上記の他,「サービス・相談支援者,指導者育成事業」も実施されています。

📘 障害者総合支援法における地域生活支援事業の概要

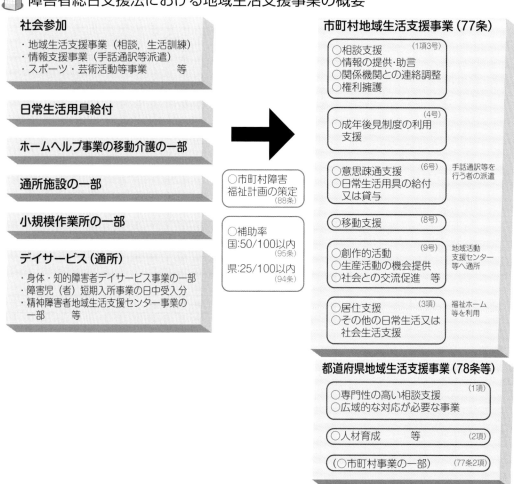

社会参加
・地域生活支援事業（相談，生活訓練）
・情報支援事業（手話通訳等派遣）
・スポーツ・芸術活動等事業　　　等

日常生活用具給付

ホームヘルプ事業の移動介護の一部

通所施設の一部

小規模作業所の一部

デイサービス（通所）
・身体・知的障害者デイサービス事業の一部
・障害児（者）短期入所事業の日中受入分
・精神障害者地域生活支援センター事業の
　一部　　　等

○市町村障害
福祉計画の策定
（88条）

○補助率
国:50/100以内
（95条）
県:25/100以内
（94条）

市町村地域生活支援事業（77条）

○相談支援 （1項3号）
○情報の提供・助言
○関係機関との連絡調整
○権利擁護

○成年後見制度の利用 （4号）
　支援

○意思疎通支援 （6号）　手話通訳等を
○日常生活用具の給付　行う者の派遣
　又は貸与

○移動支援 （8号）

○創作的活動 （9号）　地域活動
○生産活動の機会提供　支援センター
○社会との交流促進　等　等へ通所

○居住支援 （3項）　福祉ホーム
○その他の日常生活又は　等を利用
　社会生活支援

都道府県地域生活支援事業（78条等）

○専門性の高い相談支援 （1項）
○広域的な対応が必要な事業

○人材育成　　　等 （2項）

（○市町村事業の一部） （77条2項）

32 生活保護法　生活扶助　介護扶助

ここに注目

- 生活保護の目的…資産や能力等すべてを活用してもなお生活に困窮する者に対し，①健康で文化的な最低限度の生活を保障，②その自立を助長すること
- 生活保護制度の財源は，すべて公費でまかなわれる
- 扶助の種類は，生活を営む上で必要な8種類
- 生活保護の保護費は国が4分の3，保護の実施機関が4分の1
- 生活保護制度は，介護保険制度など他法・他施策を優先的に適用

📦 支給される保護費

【保護が受けられる場合】

最低生活費	
収入	不足分

支給される保護費

【保護が受けられない場合】

最低生活費
収入

📦 国家責任による最低生活保障と自立助長の4つの原理

国家責任の原理	国が最低限度の生活を保障し，その自立を助長する
無差別平等の原理	生活保護法の要件を満たす限り無差別平等に保護を支給
最低生活の原理	保護は健康で文化的な生活水準を維持
保護の補足性の原理	他法・他施策を活用して不足分を保護

📦 生活保護実施上の4つの原則

申請保護の原則	保護は要保護者や扶養義務者等の**申請が原則**（保護が急迫の時は申請待たず）
基準及び程度の原則	**厚生労働大臣の定める**基準により保護の程度を決定
必要即応の原則	保護は要保護者の年齢別，性別，健康状態等に即して行う
世帯単位の原則	保護は**世帯単位を原則**とする（世帯分離あり）

🏢 生活保護申請から決定・不服申立てまでの流れ

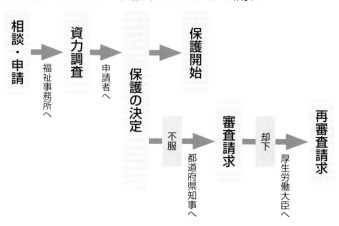

🏢 生活保護の扶助（8種類）

扶助の種類	給付方法	内容
生活扶助	金銭給付（原則）	基準生活費（第1類：衣食等の個人費用，第2類：光熱費等の世帯費用），各種加算，一時扶助，期末一時扶助など，第1号被保険者の介護保険料
住宅扶助	金銭給付（原則）	住宅費・間代・地代，住宅維持費（住居のある被保護者が対象）
教育扶助	金銭給付（原則）	義務教育に必要な教科書，その他学用品や通学用品，学校給食費など
医療扶助	現物給付（原則）	診察，薬剤，治療材料，医学的処置，手術，その他の治療や施術（鍼・灸など），移送など
介護扶助	現物給付（原則）	居宅介護，福祉用具，住宅改修，施設介護，介護予防など（介護保険と同一内容），介護保険利用時の利用者定率負担分（1割負担分）
出産扶助	金銭給付（原則）	分べん介助，分べん前及び分べん後の処置，その他衛生材料費など
生業扶助	金銭給付（原則）	生業に必要な資金，器具または資料，技能の修得や就労資金など
葬祭扶助	金銭給付（原則）	検案，死体の運搬，火葬または埋葬，納骨，その他葬祭に最低限必要な経費など

🏢 生活保護（介護扶助）と介護保険の関係

	要介護または要支援の状態にある被保護者		
	40歳以上65歳未満		65歳以上
	医療保険未加入者	医療保険加入者	
介護保険の適用	介護保険の被保険者ではない	介護保険の被保険者	
	被保険者外の者	第2号被保険者	第1号被保険者
要介護認定	生活保護法による要介護認定	介護保険法による要介護認定	

※不正支給への罰則強化，対応等，生活保護法が一部改正された。

33 個人情報保護法　成年後見制度　消費者保護法

ここに注目

- ●個人情報保護法の個人情報…個人の氏名や生年月日，住所等の情報であり，福祉サービス等の利用者の心身の状況やその置かれている環境等の記録も対象となる
- ●成年後見制度…判断力が不十分な者の権利を擁護し，援助する制度（介護保険制度に合わせて2000〔平成12〕年4月1日からスタート）
- ●成年後見制度…法定後見と任意後見に大別され，法定後見はさらに成年後見，保佐，補助に分けられる
- ●養成機関を経た「市民後見人」を活用する制度推進

個人情報保護法

・個人情報の範囲は，個人の氏名や生年月日，住所等の情報であり，福祉サービス等の利用者の心身の状況やその置かれている環境等の記録も対象となる。

・「個人情報保護法」では，本人の生命の保護に必要がある場合には，本人の同意を得ることなく個人情報を第三者に提供することができる。

・「福祉分野におけるガイドライン」では，利用者の死後も情報の漏えい等の防止を図ることが期待されている。

窓口の利用に伴う患者・利用者等への配慮

①相談窓口について院内掲示等により広報し，医療・介護関係事業者として患者・利用者等からの相談や苦情を受け付けていることを広く周知すること
②専用の相談スペースを確保するなど相談しやすい環境や雰囲気をつくること
③担当職員に個人情報に関する知識や事業者内の規則を十分理解させるとともに，相談内容の守秘義務を徹底する（退職後も同様）

後見制度の概要

成年後見制度	認知症や精神障害等で判断力が不十分な者の権利を擁護し，援助する制度。法的に権限を与えられた者が法律行為等を代行する
未成年後見制度	親権者の死亡等による親権喪失により親権者がいない場合に，未成年後見人が未成年者を保護する制度

法定後見制度	**法律の定めによる後見**制度。家庭裁判所が判断力の程度により成年後見人，保佐人，補助人を選任する
任意後見制度	**契約による後見**制度。本人の判断能力が低下する前に自分で任意後見人や援助内容を決めておく

🏛 法定後見制度の概要

	後見	保佐	補助
対象となる者	判断能力を喪失した者	判断能力が著しく不十分な者	判断能力が不十分な者
開始の審判の申立て	本人，配偶者等の申立権者（請求権者）が本人の住所地を所管している家庭裁判所に対して行う（補助には，開始の審判に本人の同意が必要）		
開始の審判	成年被後見人（本人）に保護者として成年後見人が選任される	被保佐人（本人）に保護者として保佐人が選任される	被補助人（本人）に保護者として補助人が選任される
成年後見人等に与えられる権限	財産の管理権，財産に関するすべての法律行為についての代理権，日常生活に関する行為以外の行為について取消権あり	所定の行為（民法13条1項）について同意権と取消権あり。特定の法律行為についてのみ代理権付与の場合あり	特定の法律行為についてのみ同意権・取消権，代理権付与の場合あり

🏛 成年後見制度の流れ（法定後見）

申立て ▶ 審理 ▶ 審判 ▶ 告知・通知（後見開始） ▶ 登記

法務局

家庭裁判所

🏛 任意後見制度の流れ（法定後見）

公正証書にて契約 ▶ 登記 ▶ 任意後見監督人選任 ▶ 任意後見開始

公証人役場　　　　法務局

🏛 市民後見制度の流れ（社会貢献型後見）

候補者研修 ▶ 登録 ▶ 申立て ▶（以下，成年後見制度と同じ）

└── 市町村 ──┘

🏛 消費者保護に関する主な法律

消費者契約法	事業者に対して情報量や交渉力が劣る消費者の利益擁護等を目的とした法律。事業者が重要事項について事実と異なる説明をした場合等は消費者が契約を取り消すことができることなどを明記
特定商取引法（特定商取引に関する法律）	訪問販売や通信販売，電話勧誘販売などに関する購入者等の利益保護を目的とした法律。クーリングオフについて明記（8日以内）
消費者基本法	消費者の利益擁護に関する基本法。消費者への情報提供や被害救済，**国民生活センター**の役割などを明記
消費者安全法	消費者の消費生活における被害防止等を目的とする法律。地方自治体への**消費生活センター**の設置などを明記
個人情報保護法（個人情報の保護に関する法律）	個人情報を取り扱う事業者の遵守すべき義務等を定めることで，個人の権利利益を保護することを目的とする法律。個人情報の適正な取扱いに関する**国及び地方公共団体の責務等**を明記

🗄 クーリングオフ制度

> 　一定期間内であれば，無条件で契約を解除できる制度。訪問販売や電話勧誘販売，特定継続的役務提供，訪問購入は法定書面を受け取った日から8日間以内，連鎖販売取引，業務提供誘因販売取引は20日間以内

対象となる取引	訪問販売
	電話勧誘販売
	連鎖販売取引（マルチ商法など）
	特定継続的役務提供（エステティックサロン〔期間が1か月を超えるもの〕，語学教室・家庭教師・学習塾・パソコン教室・結婚相手紹介サービス〔期間が2か月を超えるもの〕いずれも5万円を超えるもの）
	業務提供誘因販売取引（内職商法など）
	訪問購入

🗄 悪質商法（消費者保護）

> アポイントメントセールス，キャッチセールス，催眠（SF）商法，資格商法，点検商法，送り付け商法（ネガティブオプション）などがある
> ●催眠（SF）商法…空き店舗等に人を集め，閉めきった会場で商品の無料配布などを行って場を盛り上げ，冷静な判断力を失った頃に高額な商品を売りつける
> ●送り付け商法（ネガティブオプション）…注文していない商品などを一方的に送り付け，受け取った人が代金を支払わなければならないと勘違いして支払うことを狙った商法。家族全員が申し込んでいない場合，14日間保存した後処分することができる

過去問　令和元年-問題15・問題55，平成28年-問題56，平成26年-問題55，平成25年-問題15，平成24年-問題78，平成22年-問題49，平成20年-問題18・問題49，平成19年-問題50

34 健康日本21（第2次）

リンク こころとからだのしくみ ▶ 発達と老化の理解

ここに注目

- 21世紀における国民健康づくり運動（健康日本21）…国民一人ひとりの健康寿命の延伸や生活の質の向上を目的に2000（平成12）年度から2012（平成24）年度まで実施され，栄養，たばこ，アルコールなど9分野について目標値を設定し，それぞれ取り組むべき内容等を示した
- 健康日本21（第2次）…健康日本21が2012（平成24）年度末で終了するのを受けて，2012年7月に21世紀における第2次国民健康づくり運動（健康日本21〔第2次〕）が策定され，期間は2013（平成25）年度から2022（令和4）年度とされた。改善されるべき目標として掲げられた主なものに健康寿命・健康格差，がん，循環器疾患，糖尿病，COPD（慢性閉塞性肺疾患）がある

🧊 健康日本21の流れ

| 2000（平成12）年度スタート | ▶ | 2005（平成17）年度に中間評価 | ▶ | 2012（平成24）年度終了 | ▶ | 2013（平成25）年度 健康日本21（第2次）スタート |

🧊 「健康日本21（第2次）」が掲げる5つの基本的な方向

① 健康寿命の延伸と健康格差の縮小
生活習慣病の予防，社会生活を営むために必要な機能の維持・向上等により健康寿命の延伸を実現。あらゆる世代の健やかな暮らしを支える良好な社会環境を構築することで健康格差の縮小を実現

 わが国において実現されるべき最終的な目標

② 生活習慣病の発症予防と重症化予防の徹底（NCD〔非感染性疾患〕の予防）

③ 社会生活を営むために必要な機能の維持及び向上

④ 健康を支え，守るための社会環境の整備

⑤ 栄養・食生活，身体活動・運動，休養，飲酒，喫煙及び歯・口腔の健康に関する生活習慣及び社会環境の改善

 基本的な方向を実現するために重要な基本要素

健康寿命…余命の中で，健康上の問題で日常生活が制限されることなく生活できる期間
健康格差…地域や社会経済状況の違いによる集団間の健康状態の差

 過去問 ▶ 平成19年-問題58

35 高齢者住まい法

リンク ▶ こころとからだのしくみ ▶ 発達と老化の理解

ここに注目

- 2011（平成23）年より高齢者住まい法は改正された
- 背景として，高齢者の居住の安定を確保するため，バリアフリー構造等を有し，介護・医療と連携して，高齢者を支援するサービスを提供する「サービス付き高齢者向け住宅」の登録制度の創設等を行うことにあり，急増している
- 高専賃，高円賃，高優賃は，原則として「サービス付き高齢者向け住宅」に一本化され，一定条件下では有料老人ホームと同視

サービス付き高齢者向け住宅とは

高齢者にふさわしいハード
- バリアフリー構造
- 一定の面積，設備

安心できる見守りサービス
ケアの専門家による
- 安否確認サービス
- 生活相談サービス ） 必須

1 登録は，都道府県・政令市・中核市が行い，事業者へ指導・監督を行う。

2 家賃やサービスなどの住宅に関する情報が開示されることにより，自らのニーズに合った住まいの選択が可能。

（サービス付き高齢者向け住宅では，安否確認・生活相談サービス以外の介護・医療・生活支援サービス提供・連携方法について様々なタイプがある）

国土交通省・厚生労働省が所管する「高齢者住まい法」の改正により，2011（平成23）年から登録がスタート。60歳以上の者，60歳未満の要介護者・要支援者，その家族等同居する者対象。2017年より住所地特例の適用対象に含まれた。

サービス付き高齢者向け住宅の登録制度の概要

登録基準	・住宅：床面積（原則25㎡以上），便所・洗面設備等の設置，バリアフリー ・サービス：サービスを提供すること（少なくとも安否確認・生活相談サービスを提供） ・契約：高齢者の居住の安定が図られた契約であること ・前払家賃等の返還ルール及び保全措置が講じられていること（利用者保護），権利金受領不可
事業者の義務	・入居契約に係る措置（提供するサービス等の登録事項の情報開示，入居者に対する契約前の説明） ・誇大広告の禁止
指導監督	・住宅管理やサービスに関する行政の指導監督（報告徴収・立入検査・指示等）

 過去問 平成25年-問題27

☑ チェックテスト3

25 障害者施策の流れ

2013（平成25）年に制定された「障害者差別解消法」では，不当な差別的取り扱いの禁止，（　**1**　）配慮などが規定されている。 ▶P74

1993（平成5）年，10年間におよぶ障害者施策の基本的方向を示す「障害者対策に関する新長期計画」が策定され，1995（平成7）年にはこの計画の重点施策実施計画として「（　**2**　）」が策定された。 ▶P73
▶P74

2004（平成16）年には，「障害者基本法」が障害を理由とした（　**3**　）の禁止を盛り込んで改正され，児童の発達障害等の（　**4**　），発達障害者の社会参加の支援等を盛り込んだ「発達障害者支援法」が制定された。 ▶P74

2013（平成25）年に施行された障害者総合支援法では，基本理念が創設されたほか，障害者（障害児を含む）の範囲に（　**5**　）が加えられた。 ▶P74

26 障害者総合支援法　自立支援給付の体系　自立支援システム

障害者総合支援法では，障害の種別にかかわらず必要なサービスが利用できるように仕組みが一元化され，自立支援給付と（　**6**　）の2本柱でサービス体系が構成されている。 ▶P75

障害者総合支援法では，障害者（児）が基本的人権を（　**7**　）する個人としての尊厳にふさわしい日常生活や社会生活を営むことができるよう総合的な支援を行うとしている。 ▶P76

27 障害者総合支援法　自立支援給付で利用可能な障害福祉サービス

介護給付のうち，療養介護と（　**8**　）は昼のサービス（日中活動事業）であり，施設入所支援は夜のサービス（居住支援事業）である。 ▶P77

訓練等給付のうち，一般企業等への就労を希望する人に，一定期間，就労に必要な知識及び能力の向上のために必要な訓練を行うことを（　**9**　）という。 ▶P77

重度障害者等包括支援は，（　**10**　）を必要とし，その必要の程度が著しく高い人に，居宅介護等複数のサービスを包括的に行うものである。 ▶P77

解答
1 合理的　**2** 障害者プラン〜ノーマライゼーション7か年戦略　**3** 差別　**4** 早期発見　**5** 難病等
6 地域生活支援事業　**7** 享有　**8** 生活介護　**9** 就労移行支援　**10** 常時介護

28　障害者総合支援法　介護給付・訓練等給付の利用手続き

利用者が介護給付を希望する場合，障害支援区分の一次判定，（　**1**　）を反映する二次判定を経て，市町村による障害支援区分認定が行われる。　▶ P78

訓練等給付を希望する場合，サービス等利用計画案を作成した後，勘案事項調査や（　**2**　）の聴取などを経て，市町村により支給が決定される。　▶ P79

29　障害者総合支援法　施設体系・事業体系の見直し

障害者総合支援法では，従来，（　**3**　）や年齢によって制度が複雑に組み合わさっていたサービスに関して，市町村を提供主体として一元化した。　▶ P80

障害者総合支援法では，法の目的に，「（　**4**　）を享有する個人としての尊厳」が明記されている。　▶ P81

30　障害者総合支援法　補装具・日常生活用具

補装具とは，障害者等の身体機能を補完または代替し，かつ長期間にわたり継続して使用されるものをいい，義肢や装具，車いすなどのほか，重度障害者用（　**5**　）も補装具に含まれる。　▶ P83

特殊寝台，体位変換器などは介護・訓練支援用具に分類される日常生活用具であり，ストーマ装具，収尿器などは（　**6**　）に分類される日常生活用具である。　▶ P84

31　障害者総合支援法　地域生活支援事業

地域生活支援事業とは，地域の特性や利用者の状況に応じた柔軟な事業形態によって実施される事業であり，市町村あるいは（　**7**　）が実施主体となる。　▶ P85

市町村が実施主体となる地域生活支援事業のうち，（　**8**　）事業では，聴覚，言語機能，音声機能，視覚の障害者に対して手話通訳者などの派遣を行う。　▶ P85　▶ P86

都道府県地域生活支援事業の必須事業には，専門性の高い相談支援事業として，（　**9**　）及びその関連障害に対する支援普及事業が含まれる。　▶ P86

地域生活支援事業は，必須事業と任意事業に大別され，利用者負担の有無等は，（　**10**　）の判断による。　▶ P85

解答

1　医師意見書　**2**　サービスの利用意向　**3**　障害の種別　**4**　基本的人権　**5**　意思伝達装置
6　排泄管理支援用具　**7**　都道府県　**8**　意思疎通支援　**9**　高次脳機能障害　**10**　実施主体

32　生活保護法　生活扶助　介護扶助

生活保護は，資産や能力等のすべてを活用してもなお生活に困窮する者に対し，健康で文化的な最低限度の生活を保障するとともに，その（　　**1**　　）を助長することを目的とした公的扶助制度である。　▶P87

生活保護実施上の4つの原則とは，申請保護の原則，基準及び程度の原則，必要即応の原則，（　　**2**　　）の原則をいう。　▶P87

要介護または要支援の状態にある生活保護制度の被保護者で，40歳以上65歳未満の（　　**3**　　）加入者は，（　　**4**　　）による要介護認定が行われる。　▶P88

生活保護の8種類の扶助のうち，生活扶助，住宅扶助，教育扶助，出産扶助，生業扶助，葬祭扶助の6つは原則として（　　**5**　　）であるが，医療扶助と（　　**6**　　）の2つは現物給付を原則とする。　▶P88

33　個人情報保護法　成年後見制度　消費者保護法

成年後見制度には法定後見と任意後見があり，法定後見の場合には（　　**7**　　）が成年後見人等を選任するが，任意後見の場合は本人が判断能力のあるうちに自分自身で任意後見人を決めておく。　▶P89

消費者の消費生活における被害防止等を目的とする法律は，（　　**8**　　）である。　▶P90

（　　**9**　　）とは，注文していない商品などを一方的に送り付け，受け取った人が代金を支払わなければならないと勘違いして支払うことを狙った悪質商法である。　▶P91

34　健康日本21（第2次）

「健康日本21（第2次）」では，①健康寿命の延伸と（　　**10**　　）の縮小，②生活習慣病の発症予防と重症化予防の徹底，③社会生活を営むために必要な機能の維持および向上，④健康を支え，守るための社会環境の整備，⑤栄養・食生活，身体活動・運動，休養，飲酒，喫煙および歯・口腔の健康に関する生活習慣および社会環境の改善を掲げ，このうち①を最終的な目標としている。　▶P92

35　高齢者住まい法

（　　**11**　　）とは，バリアフリー構造等を有し，介護・医療と連携して，高齢者を支援するサービスを提供する住宅である。　▶P93

解答

1 自立　**2** 世帯単位　**3** 医療保険　**4** 介護保険法　**5** 金銭給付　**6** 介護扶助　**7** 家庭裁判所　**8** 消費者安全法　**9** 送り付け商法　**10** 健康格差　**11** サービス付き高齢者向け住宅

被介護者の理解（医学総論）

36 発達と発達段階説

ここに注目

- 発達…受胎から死に至るまでの間に，心身の形態や構造，機能が質的・量的に変化していく現象
- フロイト…フロイトは児童の発達を，性愛エネルギー（性欲動，リビドー）の発現過程においてとらえた
- ピアジェ…認識や思考の発達には，4つの段階があることを明らかにした
- エリクソンは人格発達の8つの段階において，自我同一性の形成の理論を挙げて，各段階には特有の危機とその克服があると指摘した

♥ 発達における遺伝と環境の影響

生得説	人の発達過程を，個人のなかに潜在している可能性が，出生以後，時間の経過とともに顕現するという考え
経験説	遺伝の影響は最小限ととらえ，個人の発達過程は，育つ環境から得られる経験によって，かなりの部分が規定されるという考え
輻輳説（ふくそう）	独立した遺伝的要因と環境的要因が，それぞれ寄り集まって，一つの発達として現れるという考え
相互作用説	人間の発達は遺伝と環境の相互の作用によって影響を受けるという考え

♥ フロイト（Freud, S. 1856年 ～ 1939年）の発達段階（5段階）

口唇期	～1歳半頃	口唇を通じて外界との関係を確かめ，欲求を満たしていく時期
肛門期	～3,4歳頃	トイレトレーニングの時期。排便習慣を身に付けることで自我が発達していく
男根期	～5歳頃	性別を意識するようになる時期。同性の親への同一視を行い，超自我及び性役割を獲得する
潜伏期	～11歳頃	規律，規範などを学習し，リビドーが抑圧される時期
性器期	12歳以降	身体的な成熟とともに，性器性欲が出現する時期

♥ ピアジェ（Piaget, Jean. 1896年 ～ 1980年）の発達段階（4段階）

感覚運動期	～2歳頃	反射的行動から象徴的思考へと，認知の基礎となる**感覚運動的シェマ（スキーマ）を形成**していく時期
前操作期	～6,7歳頃	記号化の機能によって，概念作用や思考が可能となる時期。**自己中心的思考**
具体的操作期	～11,12歳頃	具体的事物に対する分類・順序づけ・対応づけに必要な操作が発達する時期。7～8歳頃には長さ・物質量・数などの保存の概念が生じ，9～10歳を過ぎると面積や重さなどの**保存の概念**をもつようになる
形式的操作期	11,12歳以降	**抽象的な推理，仮説演繹的思考**が可能になる時期

♥ エリクソン（Erikson, E. H. 1902年 ～ 1994年）の発達段階と発達課題（8段階※）

乳児期	～1歳頃	「基本的信頼感」対「不信感」
幼児前期	～3歳頃	「自律性」対「恥・疑惑」
幼児後期	～6歳頃	「自発性」対「罪悪感」
学童期	～11,12歳頃	「勤勉性」対「劣等感」
思春期・青年期	～20歳頃	「自我同一性」対「自我同一性拡散」
成人期初期	～30歳頃	「親密性」対「孤独感」
成人期	～65歳頃	「生殖性」対「停滞」
成人期後期（円熟期）	65歳以降	「統合性」対「絶望感」

※【エリクソンの9段階説】…平均寿命の延びにより，老年期の中でもとりわけ長寿な高齢者は，9段階目の発達段階にあるとする考え方（トレンスタムが提唱）

過去問 ▶ 令和元年-問題69，平成29年-問題69，平成25年-問題69，平成22年-問題41，平成21年-問題45，平成20年-問題41，平成19年-問題41

37 老化に伴う心身の変化の特徴

ここに注目

- 老化…成熟期移行の過程で，加齢とともに各臓器の機能が低下し，固体の恒常性を維持することが困難になる現象
- 生理的老化…記憶力の低下など，疾病に関係なく加齢によって現れる心身機能の低下
- 「結晶性知能」は加齢の影響を受けにくいが，「流動性知能」は加齢とともに低下する

各法における高齢者の年齢規定

- 高齢者の医療の確保に関する法律：65歳以上〜75歳未満までを前期高齢者，75歳以上を後期高齢者
- 高年齢者等の雇用の安定等に関する法律：55歳以上
- 道路交通法：75歳以上の高齢者の運転免許更新時に認知機能検査を実施
- 後期高齢者医療制度：被保険者は75歳以上，65歳以上の障害認定者
- 高齢者虐待防止法：65歳以上の者で被虐待者

身体的と生理的老化（4つの低下）

予備力の低下	いざというときに身体が動かず，十分な力を発揮しにくくなる。反応低下
免疫力の低下	インフルエンザなどにかかりやすくなったり，すぐに肺炎を引き起こしたりする
適応力の低下	転居や退職など ご環境が変化すると，閉じこもりがちになったり，抑うつ的になったりする
回復力の低下	骨折などの治癒に時間がかかり，入院が長引いたりしやすくなる

知的機能の変化（定義）

結晶性知能	学習や経験などによって獲得された能力に関連する知能。加齢による影響が少ない
流動性知能	新しい環境に適応するために情報を獲得し，処理していく知能。加齢の影響を受けて低下しやすい

老年期の知的機能は，低下しやすい機能と保持される機能がある。例えばウェクスラー式知能検査では，一般的に高齢者は，言語性検査と比較して動作性検査での得点の低下が著しい。

🩶 身体的機能の変化の特徴

加齢によって体内に吸収されるカルシウム量が減少＝身体全体の骨量が減少	骨折リスクの高まり＝寝たきりや要介護状態へ
加齢による関節軟骨の変性・摩耗によって弾力性が徐々に消失	関節可動域の縮小
加齢による血管の変性と筋力低下	心臓に戻ってくる血液（静脈血）の循環が滞る場合がある
加齢とともに血管壁が厚くなり，弾力性が低下	動脈硬化を起こしやすい＝高血圧，狭心症，心筋梗塞などの要因に
加齢に伴う水晶体の弾力性の低下，毛様体筋の萎縮による調整力の低下	近くのものがぼやけて見える老視（老眼）が生じる

🩶 感覚器系の「身体的老化と生理的老化」のサイン

○視力…40歳代から低下し始める。また，視野狭窄が起こりやすくなる
○色覚…手元で物を見るかぎり，加齢に伴う色彩の感覚の低下は少ない
○聴力…加齢に伴い高音域が聞き取りにくくなる（例：感音性難聴）
○味覚…味蕾や舌乳頭の減少・萎縮に伴い，味覚の閾値が上昇して（味覚に対して鈍感になって）薄味を感じにくくなる

🩶 フレイル

体重の減少、主観的疲労感（易疲労）、日常生活活動量の減少、筋力（握力）の低下、身体能力（歩行速度）の減弱の5つの項目のうち、3項目以上該当した場合をフレイル、1〜2項目該当した場合を前フレイル（プレフレイル）と定義する。

過去問 平成31年-問題71，平成29年-問題70，平成25年-問題72・問題73・問題75，平成24年-問題71・問題73，平成23年-問題86，平成22年-問題42，平成20年-問題74，平成19年-問題60・問題101

38 老化と適応機制

- 適応機制は，欲求不満を満足させるため無意識に行う行動で，逃避機制，自我防衛機制，攻撃機制に大別される
- 喪失体験とは，人生の過程で大切な人物・事物を失う，人生の危機となるような体験をいう
- 老年期は，喪失の時期であると同時に新たな自分とそれを取り巻く環境に適応していけるかどうかという時期でもある
- ライチャードやニューガーテンは定年後の高齢男性の性格を適応という面から分類している

♥ 適応機制

逃避機制	逃避	不安から逃げる
	抑圧	欲求を押さえつける
	退行	未熟な行動で周囲の気をひく
	拒否	周囲を拒絶する
自我防衛機制	合理化（正当化）	失敗にもっともらしい理由をつける
	同一化（同一視）	欲求を実現できそうな他人に自分を重ね合わせる
	固着	失敗しても何度も同じ行動を繰り返す
	注意獲得	周囲と異なった行動で気を引く
	置き換え（代償）	別のもので欲求を満たそうとする
	反動形成	欲求達成と正反対の行動をとる
	投影（投射）	自分の欲求を他人のものと考える
	補償	劣等感を他分野の優越感で補う
	昇華	直ちに実現できない欲求を，価値ある行為に置き換えようとする
攻撃機制	欲求を満足させるために他者や物を傷つけるなどする	

♥ 喪失体験

老年期の喪失の特徴は，次の4つに代表される。

| 心身の健康の不安 | 経済的自立の崩壊 | 家族・社会とのつながりの断絶等 | 生きる目的を見失う |

💜 ライチャード（Reichard, S.）による定年後の高齢男性の５つの性格類型

適応タイプ	円熟型	自分の過去を受容し，人生に建設的な態度をもつ。積極的な社会活動を維持し，そこに満足を見いだす。高齢であっても，さらに未来に対する視野をもち，社会と一体になって生きていける
	安楽いす型（ロッキングチェア型）	現実に満足し，不満を感じても自分を抑えて周囲に適応し，安楽を求める。万事に消極的で，高齢者としていたわられ，依存的欲求の充足に満足する
	自己防衛型（甲冑型・装甲型・防衛型）	老化への不安に対して強い防衛的態度で臨み，積極的な活動を維持し，若者と張りあおうとする
不適応タイプ	外罰型（他罰憤慨型）	自分の過去や老化の事実を受容できず，その態度は攻撃的で，相手に敵意を向ける
	内罰型（自責型・自己嫌悪型）	自分の過去を悔やみ，自分を責める

※ライチャードはライカードと表記されることもある

💜 ニューガーテン（Neugarten, B.）による高齢男性の適応パターン

統合型	再統合型（再組織型）	多くの役割をこなし，さまざまな活動を行うことによって老後の生活に満足を得ている
	集中型	１つか２つの活動領域にエネルギーを注ぎ，そこから主な満足を得る
	離脱型	老いるにしたがって役割から離れていくなど活動性は低いが，人生の満足感は高い
防衛型	固執型	できるだけ中年期の活動状態を維持しようとする
	緊縮型	高齢になるとともに自分の役割や活動範囲を減らし，対人関係も少なくしていくが満足感が高い
受身・依存型	依存型	周囲の援助を受けながらも中程度の活動や満足感を維持していく
	鈍麻型	生きることに積極的になれず，期待ももたない
不統合型		社会の中でかろうじて自分自身を維持している

💜 プロダクティブ・エイジング

バトラー（Butler,R.N）によって提唱された考え方で，生産的な高齢者を意味する。高齢者に自立を求め，さらにさまざまな生産的なものに寄与すべきであるという概念が含まれている。

過去問　平成31年-問題97，平成30年-問題94，平成29年-問題73，平成27年-問題70・問題93，平成25年-問題70・問題71，平成24年-問題98，平成22年-問題42，平成21年-問題41，平成20年-問題43

39 記憶

- 記憶は，記銘→保持→再生→忘却のプロセスをたどる
- 感覚記憶と短期記憶は加齢による変化がみられる
- 認知作業を伴うワーキングメモリーとなると年齢差が顕著
- 長期記憶では，一般的な知識である意味的記憶は加齢による変化はあまりみられない

♥ 記憶のプロセス

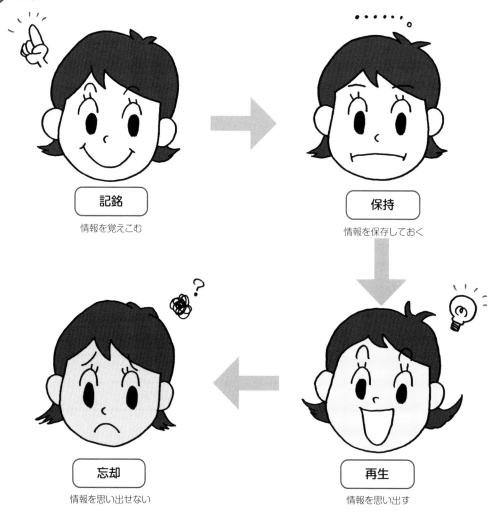

記銘
情報を覚えこむ

保持
情報を保存しておく

忘却
情報を思い出せない

再生
情報を思い出す

💜 記憶される時間の長さによる分類（定義）

感覚記憶	最大1〜2秒ほど
短期記憶	数秒間保持される記憶
長期記憶	忘却しない限り，死ぬまで保持される記憶

➡ ワーキングメモリー

> ワーキングメモリー…あることを短い時間記憶にとどめておくのと同時に，認知的作業を頭の中で行う記憶。作業記憶ともいう。

💜 記憶の分類モデル

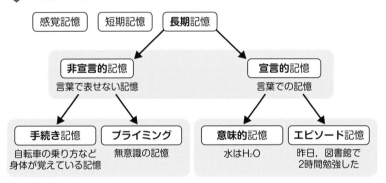

💜 エビングハウス（Ebbinghaus, H.）の忘却曲線

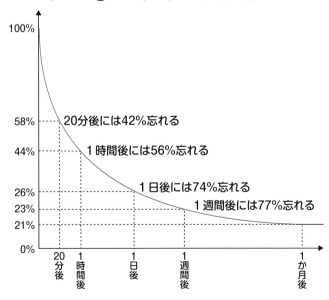

過去問 ➡ 令和元年-問題72，平成30年-問題97，平成29年-問題72，平成26年-問題70，平成25年-問題98，平成23年-問題41，平成20年-問題44

40 高齢者に多い疾患とその症状

ここに注目

- 高齢者は複数の疾患を合併していることが多く，疾患ごとの典型的な症状が現れにくい
- 疾患は存在しないのに高血圧となるものを本態性高血圧，血圧を上昇させる疾患により起こるものを二次性高血圧という
- 主な脳血管疾患（脳卒中）は，脳出血，くも膜下出血，脳血栓，脳塞栓など

♥ 高齢者に多くみられる症状

○発熱

急な高熱	一般に**感染症**が疑われる。リウマチや関節炎に関連する発熱もある
高熱を繰り返す	**誤嚥性肺炎**，**膀胱炎**などの疾患が疑われる
微熱が続く場合	**炎症性**のもの，脱水，アレルギー，甲状腺の疾患などが考えられる

○浮腫（むくみ）＝ 通常は体外に排出される水分が組織の間隙に溜まった状態

〈高齢者の浮腫の原因〉
・腎機能低下…たんぱく尿の排出による体内のナトリウムの増加　　　・薬の副作用
・血流障害…心臓機能の低下，筋肉の収縮による静脈血が心臓へ戻る力の低下
・低栄養…血中アルブミン濃度の低下による血液中に水分を保持する力の低下

○咳

急性の咳	感染症が疑われる（レジオネラ菌による肺炎，静菌化していた菌が再燃して発症する肺結核など）
慢性の咳	慢性閉塞性肺疾患（COPD）のうち閉塞性換気障害が最も多くみられる（喫煙，空気の悪い場所での生活が原因）

♥ 血圧

○血圧の分類

単位（mmHg）

140/90 を基準とするのが一般的

「高血圧治療ガイドライン 2019」（日本高血圧学会）より作成

○**本態性高血圧**（essential hypertension）

本態性高血圧とは	要因	症状
疾患は存在しないのに高血圧となるもの。一般的に高血圧といわれる	体質，加齢，塩分のとりすぎ，寒冷，肥満，性格的要因など	血圧が急に上昇すると頭痛や肩こり，耳鳴り，めまいなどの症状が現れる，徐々に上昇しているとはっきりとした症状は感じない。生活習慣の改善が治療の中心となる

※加齢による高血圧の場合，最高血圧が高くなり，最低血圧はほとんど高くならないのが特徴

○**二次性高血圧**の原因となる疾患

- ○**腎臓の疾患**　　○**心血管の疾患**
- ○ホルモンの分泌異常　○妊娠高血圧症候群
- ○**脳・神経の疾患**

※「白衣高血圧」は，医師の診察時等に精神的・心理的緊張等で一時的に血圧が上昇するもの

♥ 脳血管疾患の分類

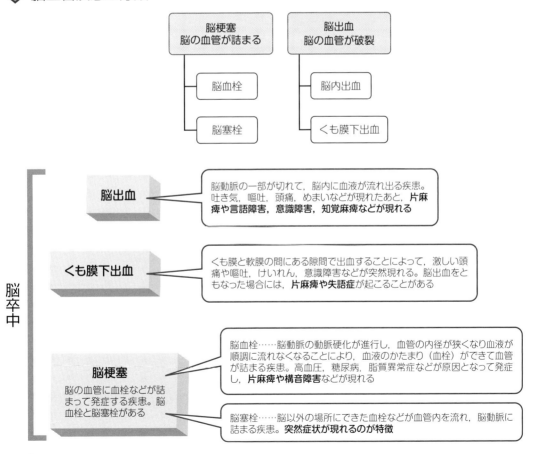

平成31年-問題74，平成26年-問題72，平成23年-問題74

41 神経系の仕組みと疾患

リンク　こころとからだのしくみ ▶ こころとからだのしくみ ▶ からだのしくみの理解

ここに注目

- 神経系は，中枢神経と末梢神経に分類され，中枢神経系は脳と脊髄とに分類される
- 脳は，解剖学的には大脳・小脳・間脳・脳幹に大別される
- 前頭葉，頭頂葉，側頭葉，後頭葉の機能について押さえる
- 小脳に腫瘍ができたり出血が生じたりすると，身体の平衡機能が乱れ，運動失調症を起こす
- 延髄は，生命維持にとって最も重要な器官のひとつ

♥ 神経系

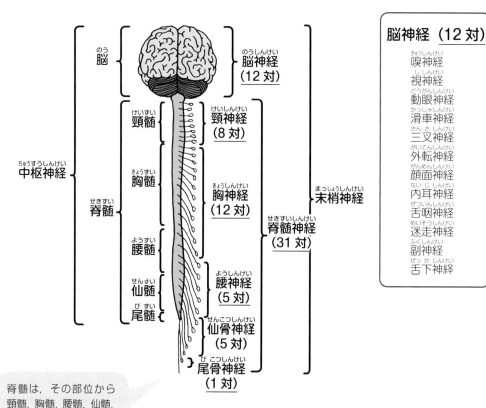

脳（のう）
脳神経（のうしんけい）（12対）

中枢神経（ちゅうすうしんけい）

脊髄（せきずい）
頸髄（けいずい）
胸髄（きょうずい）
腰髄（ようずい）
仙髄（せんずい）
尾髄（びずい）

頸神経（けいしんけい）（8対）
胸神経（きょうしんけい）（12対）
腰神経（ようしんけい）（5対）
仙骨神経（せんこつしんけい）（5対）
尾骨神経（びこつしんけい）（1対）

末梢神経（まっしょうしんけい）

脊髄神経（せきずいしんけい）（31対）

脳神経（12対）

嗅神経（きゅうしんけい）
視神経（ししんけい）
動眼神経（どうがんしんけい）
滑車神経（かっしゃしんけい）
三叉神経（さんさしんけい）
外転神経（がいてんしんけい）
顔面神経（がんめんしんけい）
内耳神経（ないじしんけい）
舌咽神経（ぜついんしんけい）
迷走神経（めいそうしんけい）
副神経（ふくしんけい）
舌下神経（ぜっかしんけい）

脊髄は，その部位から頸髄，胸髄，腰髄，仙髄，尾髄に区分される。

💜 神経系の分類

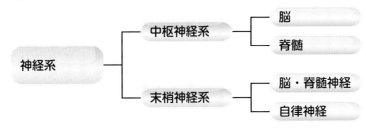

神経系
- 中枢神経系
  - 脳
  - 脊髄
- 末梢神経系
  - 脳・脊髄神経
  - 自律神経

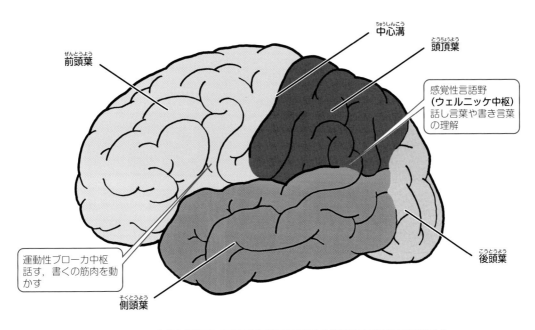

前頭葉	思考や創造に関する活動，身体を動かす運動野がある
頭頂葉	主に皮膚知覚に関する活動
側頭葉	音，情報，感情，記憶に関する活動
後頭葉	主に視覚に関する活動
大脳皮質	高次機能をつかさどる新皮質と，原始的機能をつかさどる古皮質

💜 高次脳機能障害（定義）

外傷や脳血管障害などによって脳に損傷を受けて，**後遺症として記憶障害，注意障害，遂行機能障害，社会的行動障害などの認知障害が生じた状態**を高次脳機能障害という。物の置き場所や約束を忘れる，同時に2つ以上のことをすると混乱するなど日常生活を送るうえで大きな支障となる。遂行機能障害が生じると，状況に応じた判断ができなくなる（**近年増加傾向にあり，介護負担増も問題となっている**）。

💙 脳の構造と機能

脳はその機能から，大脳，間脳（視床，視床下部），小脳，脳幹（中脳，橋，延髄）に区分される。

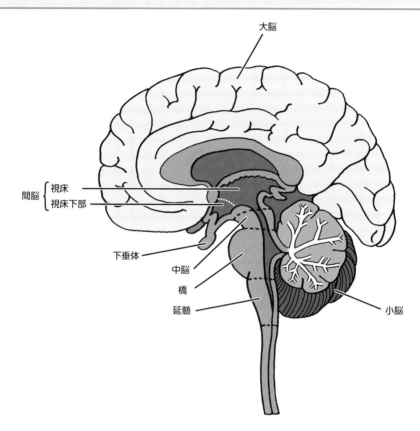

間脳	視床，視床下部などで構成され，皮膚感覚を大脳へ伝達する，体温・睡眠の調節，ホルモンの分泌などを担う
小脳	平衡機能，姿勢反射，脳下垂体などをつかさどる
中脳	視覚，聴覚，眼球の運動の反射中枢などをつかさどる
橋	顔，眼球を動かすことに関係する
延髄	呼吸・循環器系器官の調節作用，嘔吐・咳などの中枢機能を有する

💙 末梢神経の解剖学的分類

  令和元年-問題38・問題98，平成30年-問題75，平成29年-問題98，平成27年-問題90，平成26年-問題74・問題102，平成24年-問題102，平成22年-問題24・問題57，平成21年-問題24・問題65，平成20年-問題60

💗 末梢神経の生理学的分類

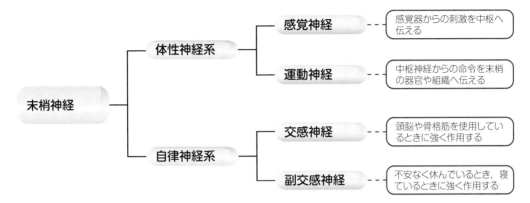

💗 交感神経と副交感神経のはたらき

	交感神経がはたらくと	副交感神経がはたらくと
瞳孔	散大（光が入りやすくなる）	縮小
気管支	拡張	収縮
末梢血管	収縮	拡張
心機能	亢進	抑制（拍動数減少）
消化管運動	抑制	亢進
膀胱（排尿）	排尿を妨げる	排尿促進

💗 主な神経疾患　※下記の神経疾患は，介護保険の特定疾病に含まれる

筋萎縮性側索硬化症 （amyotrophic lateral sclerosis：ALS）	大脳から末梢運動神経までの全運動神経系である上位及び下位の運動ニューロンに退行変性を起こす進行性の疾患。原因は不明。嚥下障害や筋力低下がみられる。**知的障害はみられない**
パーキンソン病 （parkinson disease： PD）	ドパミンの産生低下を伴う原因不明の疾患。主として中年から初老期にかけて発症がみられる疾患で，**①振戦，②無動・寡動，③固縮，④姿勢反射異常の4大症状**が特徴。表情が乏しく，歩行は小またで，前傾または前屈姿勢を呈す。多くの場合，強度の便秘がみられる。治療のひとつに，**L−ドパの投与**がある
脊髄小脳変性症 （spinocerebellar degeneration：SCD）	小脳または脳幹・脊髄が変性を起こす一連の疾患。多くは原因不明。主な症状として，運動失調がみられる。**小脳型，脊髄小脳型，脊髄型の3つ**に大別される
シャイ・ドレーガー症候群 （shy-drager syndrome：SDS）	小脳などが変性するため，起立性低血圧によるめまいや失神が起こるほか，発汗減少，性欲減退，膀胱・直腸障害など，自律神経に異常をきたす。また，夜間の無呼吸発作や喘息も多くみられる。介護保険法施行令上では，線条体黒質変性症，オリーブ橋小脳萎縮症と合わせて，**「多系統萎縮症」**に含まれる

42 循環器系の仕組みと疾患

リンク　こころとからだのしくみ ▶ こころとからだのしくみ ▶ からだのしくみの理解

ここに注目

- 心臓が収縮して血液を押し出した瞬間は，血管にいちばん強く圧力がかかる（収縮期血圧〔最高血圧〕）
- 収縮した後に心臓がひろがる（拡張する）ときに，圧力がいちばん低くなる（拡張期血圧〔最低血圧〕）
- 収縮期血圧と拡張期血圧のどちらが高くても，高血圧と診断される

💙 心臓の構造

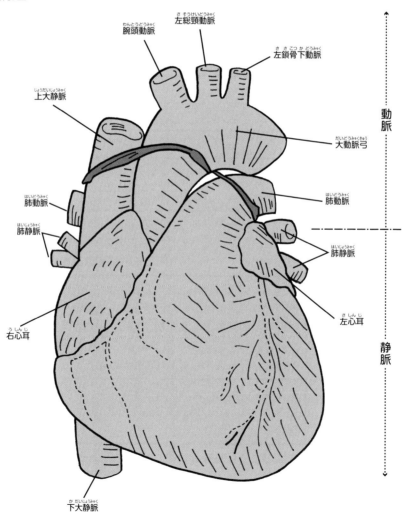

腕頭動脈
左総頸動脈
左鎖骨下動脈
上大静脈
大動脈弓
肺動脈
肺動脈
肺静脈
肺静脈
右心耳
左心耳
下大静脈

動脈
静脈

❤ 血液の循環

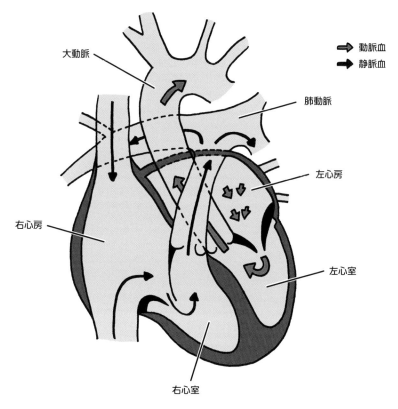

⇨	動脈血
⇨	静脈血

大動脈

肺動脈

左心房

右心房

左心室

右心室

全身

右心房	全身の静脈血が最初に流れ込む
右心室	右心室口から流入した血液を肺動脈口から肺へ送り出す
左心房	肺静脈から血液が流入する
左心室	左心房から左心室口を経て流入した血液を，大動脈口から上行大動脈へと送り出す

❤ 肺循環（小循環）と体循環（大循環）

肺循環	右心室を出た静脈血が肺動脈を通って左右の肺に分布し，動脈血となって左心房に戻るまでの経路（酸素）
体循環	左心室を出た血液が大動脈から全身の毛細血管に至り，その近くの組織細胞との間で物質交換を行い，静脈に移り，最後に上下の大静脈を経て右心房に戻る経路

> 肺循環では，肺動脈を流れる血液が静脈血で，肺静脈を流れる血液が動脈血。肺動脈は，人体で動脈と呼ばれる血管の中を静脈血が流れる唯一の箇所。

♥ 主な循環器系疾患

狭心症（angina pectoris）	心臓の血管が細くなることが原因。胸痛・胸部圧迫感などが主症状。発作時にはニトログリセリンの舌下投与が著効。動脈硬化による冠状動脈の狭窄による**労作狭心症**，冠状動脈攣縮を主な原因とする**安静狭心症**（異型狭心症）などがある
心筋梗塞（myocardial infarction：MI）	冠状動脈内に生じた血栓が主な原因。心臓の筋肉の一部が壊死する。治療法のひとつとして冠動脈バイパス術（カテーテルによるステント，バルーン治療）がある **ニトログリセリンの効果はない**
うっ血性心不全（Congestive Heart Failure）	心臓は全身に必要とする血液を送り出すポンプで，このはたらきが低下して肺や末梢の組織がむくみ，息苦しく感じるのがうっ血性心不全。我が国の罹病者は50〜100万人と推定され，**加齢に伴い増加**傾向にある
不整脈（Arrhythmia）	心臓の右上に弱い電気を出す洞結節というところがあり，そこから出る電気が心臓のなかを流れることで，心臓が収縮し全身に血液を送っている。1分間に50〜100回くらい規則正しく電気を出し続けるが，この電気に乱れが生じ脈拍が不規則になることを**不整脈**という
心房細動（atrial fibrillation）	洞結節による心房波ではない不規則な興奮波が心房内を旋回することで，全く不規則な頻脈が現れる。まれに徐脈が起こる場合もある 加齢とともに起こりやすくなり，日本循環器学会の疫学調査によると，80歳以上の有病率は男性で4.4%，女性で2.2%となっている 心臓でできた血栓が剥がれて脳血管を塞ぎ，脳梗塞を合併することがある 心房細動などの不整脈は，動脈硬化や高血圧症など，さまざまな生活習慣病を背景に生じることが多いとされる。AED適応
高血圧（hypertension：HT）	平常時でも，常に血圧が正常より高い状態。日本人の高血圧の大部分は原因が特定できない**本態性高血圧**。原因が分かる高血圧を二次性高血圧という
脳血管障害（cerebrovascular disorder：CVD）	脳の血管が詰まったり，破れたりして，その先の細胞に栄養が届かなくなって，細胞が死んでしまう状態。脳の血管が詰まるタイプが脳梗塞。脳の血管が破れるタイプが脳出血。くも膜と脳の空間にある血液が切れて起こるのがくも膜下出血。脳血管の閉塞によって生じる病変が脳梗塞（血栓性，塞栓性，血行力学性に分けられる）。血栓が詰まることなどで生じる**一過性脳虚血発作（TIA）**など

脳は，外側（頭蓋骨側）から順に，硬膜，くも膜，軟膜という3層からなる膜に保護されている

 令和元年-問題73，平成26年-問題75，平成25年-問題100，平成24年-問題75，平成23年-問題59，平成21年-問題63・問題64，平成20年-問題64・問題67，平成19年-問題67

43 血管・血液

リンク　こころとからだのしくみ ▶ こころとからだのしくみ ▶ からだのしくみの理解

ここに注目

- 血液…血漿（液体成分：55%）と血球（細胞成分：45%）からなる
- 血球…赤血球，白血球，血小板があり，赤血球が約95%を占める
- 血管…血液が流れる管で，動脈，静脈，毛細血管に大別される
- 血圧…血液が血管壁に及ぼす圧力で，通常mmHgで表す
- 動脈血…圧↑　O_2と栄養素を多く含む
- 静脈血…圧↓　CO_2と老廃物を多く含む

💗 血液

血液	55%…血漿（90%の水とたんぱく質等の有機物で構成）
	45%…血球（赤血球，白血球，血小板）

💗 血管

動脈	心臓から拍出された血管を送る管
静脈	心臓へ戻る血液を送る管
毛細血管	身体中に張り巡らされている動脈と静脈をつなぐ管

> 高血圧は放置すると動脈硬化や，脳卒中などの発作を引き起こすおそれもある。食塩量を減らし，食塩を排出するカリウムを摂ることも有効な高血圧対策

💗 高血圧

> WHOの基準で，収縮期血圧（最高血圧）140mmHg以上または拡張期血圧（最低血圧）90mmHg以上を高血圧と診断する。

💗 高血圧とリスク

血圧分類／リスク層（血圧以外のリスク要因）	正常・正常高値血圧 120-139/85-89 mmHg	Ⅰ度高血圧 140-159/90-99 mmHg	Ⅱ度高血圧 160-179/100-109 mmHg	Ⅲ度高血圧 ≧180/≧110 mmHg
リスク第一層（予後影響因子がない）	低リスク	低リスク	中等リスク	高リスク
リスク第二層（年齢（65歳以上），男性，脂質異常症，喫煙のいずれかがある）	中等リスク	中等リスク	高リスク	高リスク
リスク第三層（脳心血管病既往，非弁膜症性心房細動，糖尿病，蛋白尿のあるCKDのいずれか，または，リスク第二層の危険因子が3つ以上ある）	高リスク	高リスク	高リスク	高リスク

「高血圧治療ガイドライン2019」（日本高血圧学会）より作成

過去問　平成25年-問題75・問題76，平成24年-問題99，平成23年-問題58，平成20年-問題61

44 消化器系の仕組みと疾患

リンク こころとからだのしくみ ▶ こころとからだのしくみ ▶ からだのしくみの理解

ここに注目

- 小腸の主な機能は食物の消化と消化物の吸収であり，大腸の主な機能は水分の吸収である
- 嚥下の中枢は延髄にあり，一連の動きは3つの相に分類される
- S状結腸ストーマのある人の便は有形であるため，定時排便が得られやすく介護計画も立てやすくなる
- 排泄物が皮膚に付着すると皮膚炎を起こしやすいので，ストーマ用装具は清潔保持が必要

♥ 消化器系器官の構造

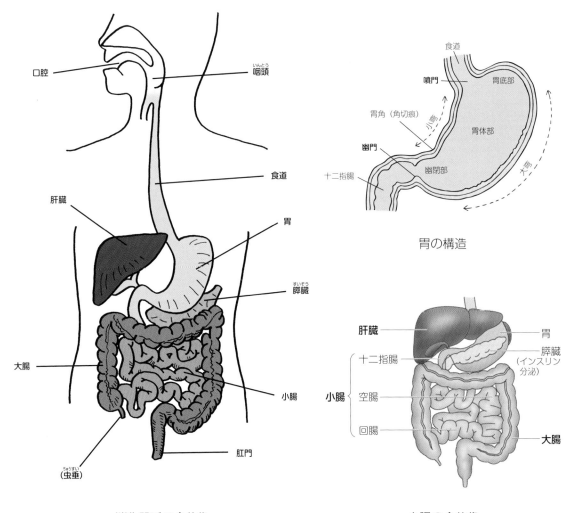

胃の構造

消化器系の全体像

小腸の全体像

💙 消化器系器官の役割

名称	主なはたらき
胃	食物を消化。入り口を噴門，出口を幽門という
小腸	食物・栄養素の消化・吸収を行う。十二指腸，空腸，回腸に区分
大腸	主に水分を吸収。盲腸，結腸，直腸に区分
肝臓	栄養素の貯蔵，毒性物質の解毒，胆汁の分泌など
膵臓	ホルモン，消化酵素を分泌

主な消化酵素とはたらき	
胃液	ペプシンなどの消化酵素からなる。主としてたんぱく質を消化
胆汁	肝臓から分泌される液。消化酵素は含まないが消化酵素を活発化
膵液	各種消化酵素と電解質で構成。栄養素の消化と胃内容物の pH を中性に

○嚥下の順序

- 口腔咽頭期（第１相）…口腔では歯による咀嚼で食物を砕き，舌によって食物を口腔の奥にもっていく
- 咽頭食道相（第２相）…咽頭粘膜に食物が触れて嚥下反射が起こり，咽頭から食道へ飲み込まれる
- 食道相（第３相）…食道から胃に至るまでの過程をさす
- 第２相の嚥下反射のとき，鼻腔と咽頭の間が軟口蓋によって区切られ，咽頭と喉頭の間は喉頭蓋によって塞がれる

💙 主な消化器系疾患

消化性潰瘍（peptic ulcer）（胃・十二指腸潰瘍）	胃や十二指腸の壁が傷つき，部分的に欠損した状態である潰瘍が胃にできた場合を胃潰瘍，十二指腸にできた場合を十二指腸潰瘍という。**ヘリコバクター・ピロリ菌**も原因のひとつ
肝炎（hepatitis）	何らかの原因で肝臓に炎症が起こった状態。B 型，C 型肝炎などウイルスが原因のものもあれば，薬剤，アルコール，アレルギー等が原因の肝炎もある。C 型**肝炎ウイルスは，肝がんの発生に関与**する。E 型は主に汚染された飲料水により感染する急性肝炎。大半は輸入感染症→肝硬変
肝硬変（liver cirrhosis）	肝炎などによって肝臓に傷が生じ，その傷を修復するときにできる線維（コラーゲン）というたんぱく質が増加して肝臓全体に広がった状態。肝硬変になると，肝臓が硬いために起こる腹水や食道静脈瘤と，肝機能が低下するために起こる**肝性脳症や黄疸**が問題となる→肝がん
胆石症（cholelithiasis）	胆道に結石ができる病気の総称。**男性より女性に多く**，加齢とともに頻度は増加する。**コレステロール結石が約 7 割**。胆管が結石で閉塞し，胆汁が十二指腸へ排出されなければ黄疸が起こる

💙 消化器系ストーマ（人工肛門）

結腸ストーマ	上行結腸ストーマ	便は水様〜泥状
	横行結腸ストーマ	便は泥状〜軟便
	下行・S状結腸ストーマ	便は軟便〜固形
回腸ストーマ	—	便は水様

 令和元年-問題102，平成29年-問題103，平成26年-問題73・問題98，平成25年-問題102，平成24年-問題105，平成23年-問題60・問題61，平成22年-問題59，平成20年-問題57・問題106

45 呼吸器系の仕組みと疾患

リンク こころとからだのしくみ ▶ こころとからだのしくみ ▶ からだのしくみの理解

ここに注目

- 呼吸器系…外呼吸を行う器官。気道（鼻腔，咽頭，喉頭，気管，気管支）と肺をいう
- 呼吸運動は横隔膜と外肋間筋により行われる

〜呼吸器機能障害者の介護〜

- 食事は，少量ずつ何度かに分けてゆっくり食べるように助言する
- 掃除は，こまめに行い，掃除機の排気に留意するように助言する
- 室内が乾燥している場合，加湿して適度な湿度にするように助言する

💙 呼吸器系器官の構造

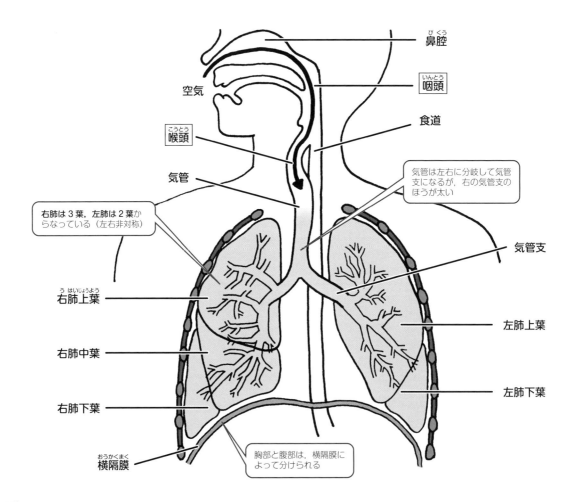

💜 主な呼吸器系器官のはたらき

喉頭	咽頭と気道の間にある，軟骨に囲まれた円筒状の器官 声帯：喉頭上部に存在。呼気を振動させて声をつくる 　　　⇒声帯に過度な負担がかかると，声がかすれる（嗄声（させい））
気管	喉頭から左右の肺に分岐するまでの気道の部分。気管は左右の気管支に分かれ，さらに葉気管支，区域気管支，細気管支へと分かれていく。空気の通り道になるほか，粘膜から出た粘液が気道内面を保護している
気管支	気管から肺のなかで複数に枝分かれしている気道の部分。右気管支は左気管支に比べて太く，短く，傾斜も垂直に近い。空気の通り道になるほか，粘膜から出た粘液が気道内面を保護している

💜 呼吸

呼吸	生物が周囲から酸素を摂取し，炭酸ガスを排出するまでの全過程。呼吸運動は横隔膜と外肋間筋により行われ，吸息運動では横隔膜と外肋間筋は収縮する
内呼吸	血液と組織細胞間におけるガスの交換をいう
外呼吸	肺胞内の空気と血液との間のガスの交換をいう
ガス交換	2つの組織間におけるガスの移動をいう

💜 主な呼吸器疾患

気管支炎 (bronchitis)	ウイルスや細菌による感染，アレルギー，粉塵等の吸引などによる気管支粘膜の炎症
慢性気管支炎 (chronic bronchitis)	長期間にわたり慢性的に喀痰が認められる。多くが肺気腫を伴う。喫煙が発症に大きくかかわる
肺気腫 (pulmonary emphysema)	肺胞の断裂等により十分な呼吸が困難となる。長期にわたる喫煙が発症にかかわる。風邪による悪化にも注意 酸素ボンベ適応
肺血栓塞栓症 (pulmonary thromboembolism)	血栓が肺動脈に詰まり，肺への血流が悪くなる疾患。呼吸困難，胸痛のほか急性右心不全から突然死に至る場合もある
気管支喘息 (bronchial asthma：BA)	気道の慢性炎症，気道過敏性等が主な症状。小児の場合はほとんどがアトピー型（外因型）
誤嚥性肺炎 (aspiration pneumonia)	気管に入った食べ物や唾液が肺に入ることが原因。鎮静剤の服用も原因となり得る。むせこみがなくても発症する場合がある。 **口腔ケアは，発症予防に効果がある**

☆慢性閉塞性肺疾患（COPD）…慢性気管支炎および肺気腫（急性・可逆性の気道閉塞を主な症状とする気管支喘息を除く）を総称して慢性閉塞性肺疾患（COPD）という。

過去問　平成26年-問題93，平成22年-問題89，平成21年-問題103，平成20年-問題65・問題105

46 腎・泌尿器系の仕組みと疾患

リンク こころとからだのしくみ ▶ こころとからだのしくみ ▶ からだのしくみの理解

ここに注目

- 腎臓の最大の役割は尿の生成
- 腎小体と尿細管とで腎臓の基本的な機能単位（ネフロン）を構成
- 腎臓機能障害者の食事管理では，カリウムの制限とともに塩分の制限が必要
- 腎臓機能障害者の食事は，水分・塩分・たんぱく質の摂取制限があるが，カロリー制限は必要ない
- 血液透析をしている人の食事管理は，医師の指示に従って，たんぱく質，塩分，水分，カロリーの摂取について留意する

腎・泌尿器系器官の構造と尿路の仕組み

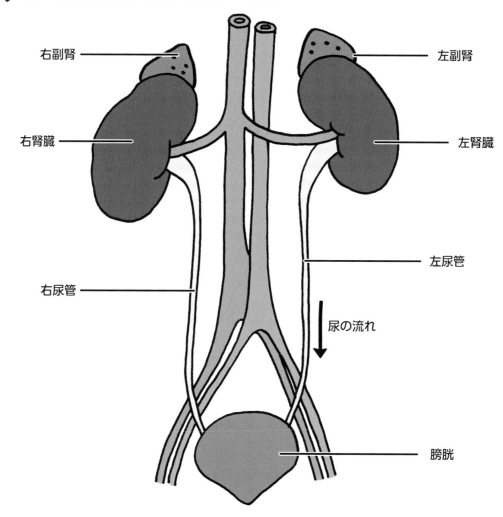

右副腎　左副腎　右腎臓　左腎臓　左尿管　右尿管　尿の流れ　膀胱

💜 尿の生成

- 腎臓に入る動脈は細かく枝分かれして糸球体を形成し，その外側を袋状のボウマン嚢が包み込んでいる（腎小体）。
- 腎小体では，肝臓でアミノ酸が分解されて生成する尿素など，血液中の老廃物が濾過され，原尿として尿細管へ入る。
- そのほか，血球やたんぱく質以外の血漿成分も，腎小体で濾過され，その結果，老廃物が濃縮されて余分な水分，電解質とともに最終的に尿となる。

💜 性別・加齢による尿道の違い

女性の尿道	尿道口が肛門に近く，さらに尿道が短いため，細菌が侵入しやすく膀胱まで感染を生じやすい（膀胱炎）
男性の尿道	膀胱の真下に尿道を取り囲むように前立腺がある 加齢とともに前立腺が肥大し，尿道を圧迫，排尿困難を生じる（前立腺肥大症）
高齢者の尿道	膀胱や尿道の括約筋の収縮力の低下や膀胱容量の減少から，尿失禁を起こしやすくなる

💜 主な腎・泌尿器系疾患

前立腺肥大症 (prostatic hyperplasia)	加齢とともに前立腺が肥大し，尿道を圧迫するために起こる。初期には，膀胱刺激症状としての頻尿がみられることが多い
前立腺がん (prostatic cancer)	我が国では増加傾向。男性の高齢者に多い。診断には，腫瘍マーカー（PSA）が有用
尿失禁 (urinary incontinence)	尿を不随意に漏らしてしまう状態。**切迫性尿失禁，反射性尿失禁，溢流性尿失禁，腹圧性尿失禁，機能性尿失禁**などに分類される
尿路感染症 (urinary tract infection：UTI)	尿路（腎盂，尿管，膀胱，尿道）で細菌が増殖して炎症を起こす症状。排尿痛，残尿感，頻尿，排尿困難などがある。高齢者に多く，長期臥床者には注意が必要

※尿失禁については P228 参照

過去問 平成26年-問題50・平成25年-問題54・問題74・問題103・問題107，平成22年-問題61・問題109，平成21年-問題91

47 内分泌系の仕組みと疾患

リンク こころとからだのしくみ ▶ こころとからだのしくみ ▶ からだのしくみの理解

ここに注目

- ●ホルモン…身体の機能を調整する物質
- ●内分泌器…ホメオスタシス（恒常性）にかかわるホルモンが，内分泌器（内分泌腺）から，直接血液中に分泌される
- ●主な内分泌器…視床下部，下垂体，甲状腺，副甲状腺，副腎，膵臓など，身体の各所に分布する

ホルモン…特定の臓器で生産される生体機能調整物質。血液への分泌，運搬を介して作用する。ホルモン分泌器官を内分泌器官（内分泌腺）という。

💟 主な内分泌腺の分布

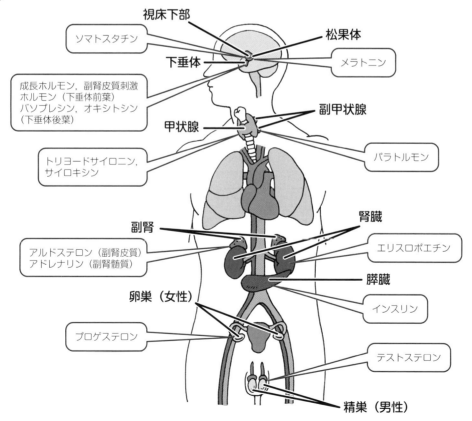

過去問 令和元年-問題76，平成31年-問題102，平成29年-問題74，平成25年-問題110，平成22年-問題62，平成21年-問題58，平成19年-問題59・問題68

🖤 主なホルモンのはたらき

アドレナリン	心拍促進作用と血糖値上昇作用
ノルアドレナリン	末梢血管の収縮による血圧上昇作用
インスリン	血糖の消費を促進させ血糖値を下げる作用
グルカゴン	肝臓からのブドウ糖放出による血糖値上昇作用

🖤 主な内分泌腺（内分泌器）

視床下部	下垂体から各種ホルモンを分泌させる放出刺激ホルモンと分泌を抑制するホルモンを分泌
下垂体	成長ホルモン，副腎皮質刺激ホルモン，**バソプレシン**（抗利尿ホルモン）などを分泌
甲状腺	糖質，たんぱく質の代謝に関与する**サイロキシン，トリヨードサイロニン**などを分泌
副甲状腺	血液中のカルシウム代謝を調節
副腎	中央部の髄質とその周囲にある副腎皮質からなる。副腎皮質ホルモン（コルチゾール，アルドステロン），副腎髄質ホルモン（アドレナリン，ノルアドレナリン）を分泌
膵臓	**ランゲルハンス島**でインスリン，グルカゴンを分泌
精巣	男性ホルモン（男性器の発達，精子の製造など）を分泌
卵巣	女性ホルモン（**エストロゲン，プロゲステロン**）を分泌

🖤 内分泌の異常に関係する主な疾病

糖尿病（diabetes mellitus：DM）	血糖を下げるホルモンであるインスリンが不足したり細胞に対して作用しなくなることで発症する。三大合併症の「糖尿病網膜症」「糖尿病腎症」「糖尿病神経障害」は，いずれも糖尿病発症後10年前後の経過を経て出現すると考えられる
甲状腺機能低下症（hypothyroidism）	甲状腺ホルモンの合成・分泌が低下した病態。主な症状は，疲れやすい，集中力の低下，寒がる，便秘，浮腫など。代表疾患は橋本病（慢性甲状腺炎）
甲状腺機能亢進症（hyperthyroidism）	甲状腺ホルモンの多量分泌による病態。動悸，頻拍，汗かき，体重減，手指振戦，眼球突出などがみられる。女性に多い。代表疾患はバセドウ病
副腎皮質機能亢進症（adrenal cortical hyperfunction）	血液中の糖質コルチコイド（特にコルチゾール）が増加した結果起こる。また，副腎皮質ステロイドの過剰投与によっても起こり，原因としては最も多い。代表疾患はクッシング症候群
副腎皮質機能低下症（adrenal cortical insufficiency）	糖質コルチコイド（特にコルチゾール）が欠乏することが多く，ナトリウム不足となるため，低血圧となる。また，皮膚の色素沈着が起こる。代表疾患は慢性副腎皮質機能低下症（アジソン病）
更年期障害（climacteric disturbance）	更年期に現れる多種多様な症状の総称。性腺機能の低下がさまざまな生体変化を引き起こすと考えられている

48 感覚器系の仕組みと疾患

リンク　こころとからだのしくみ ▶ こころとからだのしくみ ▶ からだのしくみの理解

ここに注目

●感覚器…目（視覚），耳（聴覚），鼻（嗅覚），舌（味覚），皮膚（触覚）をいう
●視覚…眼球壁の最も内側の層である網膜に映った像が，視神経から脳に伝達される
●聴覚…耳は，外耳・中耳・内耳に分かれる。音声が空気を伝わって鼓膜から蝸牛，そして聴覚中枢に信号として伝達される

♥ 眼球の構造

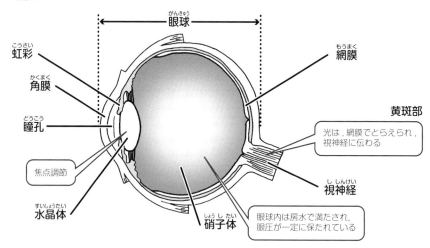

眼球

虹彩（こうさい）
角膜（かくまく）
瞳孔（どうこう）
焦点調節
水晶体（すいしょうたい）
硝子体（しょうしたい）

網膜（もうまく）
黄斑部
光は，網膜でとらえられ，視神経に伝わる
視神経（ししんけい）
眼球内は房水で満たされ，眼圧が一定に保たれている

♥ 耳の構造

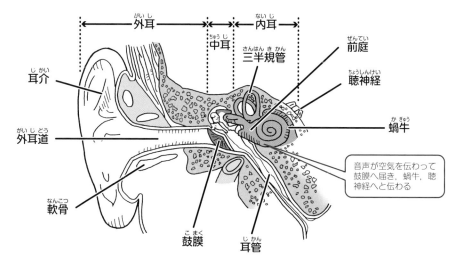

外耳（がいじ）
中耳（ちゅうじ）
内耳（ないじ）
三半規管（さんはんきかん）
前庭（ぜんてい）
聴神経（ちょうしんけい）
蝸牛（かぎゅう）
耳介（じかい）
外耳道（がいじどう）
軟骨（なんこつ）
鼓膜（こまく）
耳管（じかん）
音声が空気を伝わって鼓膜へ届き，蝸牛，聴神経へと伝わる

💜 主な感覚器系疾患

眼疾患	
白内障 (cataract)	目の中の水晶体が濁った状態。かすみ目などの症状を呈する。眼内レンズの挿入など手術により視力の改善が期待できる
緑内障 (glaucoma)	眼圧の上昇により視神経が障害され，視野が欠けてくる。薬を使って眼圧を下げたり，手術やレーザー治療を行う。一度障害を受けた視神経は，再生することがないため，**失明の危険**を伴う
糖尿病性網膜症 (diabetic retinopathy : DR)	糖尿病で血糖値が高い状態で，血管に多くの負担がかかり，細かい血管が密集している網膜に影響をきたす。視力低下が主な症状。レーザー光凝固療法，硝子体切除術を行う
網膜色素変性症 (retinitis pigmentosa)	網膜に異常な色素沈着が起こる状態。代表的な症状は夜盲，視野狭窄，視力低下，羞明など。治療は困難で，ビタミンA，E，血管拡張薬などを投与して進行を遅らせる
夜盲 (night blindness)	暗いところでものが見えにくい状態。先天性と後天性（ビタミンAの欠乏などが原因）に分けられる。治療は，ビタミンA欠乏によるものに対してはビタミンA投与。ただし先天性をはじめ，ほとんどの夜盲症には，確実な治療法はない
聴覚疾患	
伝音性難聴 (conductive hearing loss)	外耳，鼓膜，中耳など音の伝達機構の異常・障害で生じる難聴。**補聴器の使用が有効**であることが多い
感音性難聴 (sensorineural hearing loss)	内耳から聴覚神経にかけて障害がある難聴。高齢者の難聴で多く，高音域から聞きとりにくくなる。音がひずんで聞こえるので，どのような音か聞き分けることが難しい。**補聴器をつけても効果は低い**
メニエール病 (ménière disease)	内耳からくる回転性のめまい，難聴，耳鳴りなどを引き起こす疾患。治療には，浸透圧利尿薬，ステロイド薬などが用いられるほか，重度の発作が頻発し，他の治療法に反応しない場合は手術が行われる

過去問 ➡ 平成30年-問題100，平成25年-問題73，平成23年-問題66・問題104，平成22年-問題105・問題106，平成21年-問題59

49 筋・骨格の仕組みと疾患

リンク　こころとからだのしくみ ▶ こころとからだのしくみ ▶ からだのしくみの理解

ここに注目

- 筋肉は，エネルギーの貯蔵庫であり，骨はカルシウムの貯蔵庫である
- 骨の表面は関節軟骨面を除いて骨膜で覆われ，骨をつくるはたらきのもとになる骨芽細胞が存在し，その内側には皮質骨，海綿骨があり，中心に骨髄がある
- 骨の主な疾患は，変形性膝関節症，変形性股関節症，変形性肘関節症，関節炎，頭部外傷，骨折，骨粗鬆症などである

💜 骨の役割

○骨は全身に約206個あり，人体の基幹を形成するとともに臓器を保護する。
○カルシウムを貯蔵する。
○血液中のカルシウム濃度が低下すると，副甲状腺ホルモンやカルシトニンが分泌されて骨中のカルシウムが放出され血中濃度を一定に保つ。
○血液をつくる。骨の中にある骨髄でつくられる。

💜 骨の分類

長骨	腕や脚の骨のように長い骨
短骨	指の骨のように短い骨
扁平骨	頭蓋骨や肩甲骨のように平べったい骨
含気骨	上顎骨など，中に空気の入った空洞のある骨
混合骨	扁平骨でありながら，厚い部分に空洞をもつ骨

💜 骨折の種類

開放骨折	皮膚や筋肉などの組織も損傷を受けて，骨折部が体外に出ている状態。複雑骨折ともいう
閉鎖骨折	骨折部が体外に出ていない状態。単純骨折ともいう

💜 高齢者に多い骨折箇所

脊椎，大腿骨頸部，橈骨遠位端，上腕骨頸部，肋骨

🖤 筋肉の役割

体内に摂取され吸収されたブドウ糖のうち，すぐに利用されないものは肝臓や筋肉でグリコーゲンとして蓄えられ，必要時にはまたブドウ糖に分解されて利用される。

🖤 筋肉の分類

骨格筋	腕や脚の筋肉，腹筋，背筋など，身体の運動や姿勢保持に関係。横紋筋で構成され，自分の意思で動かせる随意筋である
平滑筋	消化管壁，気道壁，血管壁などに分布。内臓筋ともよばれ，自分の意思で動かせない不随意筋である
心筋	心臓の筋肉。横紋筋で構成され，不随意筋である

🖤 骨・筋肉の主な疾患

筋萎縮性側索硬化症 (amyotrophic lateral sclerosis：ALS)	徐々に全身の筋肉の萎縮が進行する原因不明の難病。有病率は10万人に2〜7人。一側上肢の筋力低下に始まり，手に力が入らないといった症状が出る。その後徐々に下肢がつっぱって歩きにくくなり，嚥下障害，構音障害が現れ，やがて全身の筋萎縮が出現する。呼吸筋が障害されるため，人工呼吸器を着けなければ，発症から3〜5年で死亡する。ALSでは運動系のみ選択的に障害され，知覚障害は出現しない
変形性関節症 (osteoarthritis：OA)	主な変形性関節症には，変形性膝関節症と変形性股関節症，変形性肘関節症がある。関節の老化によって起こる
関節炎 (arthritis)	外傷により細菌が関節に入り込んだり，ほかの感染源から血液を通して細菌が関節まで流れ込んだりして関節の中が化膿して起こる
骨粗鬆症 (osteoporosis)	骨の密度が減少し，もろくなり，骨折しやすくなる。高齢者や閉経後の**女性に多く**みられる 骨量低下。測定できるので予防可
筋ジストロフィー (muscular dystrophy)	徐々に筋力が低下する遺伝性の疾患で，いくつかの病型に分類されるが，多いのはデュシェンヌ型である。5歳以下の男児に発症し，体幹に障害が生じる。ふくらはぎ等の仮性肥大（筋力は弱っているのに筋肉は大きくなる）が現れるのもデュシェンヌ型の特徴である

❤ 人体の骨格

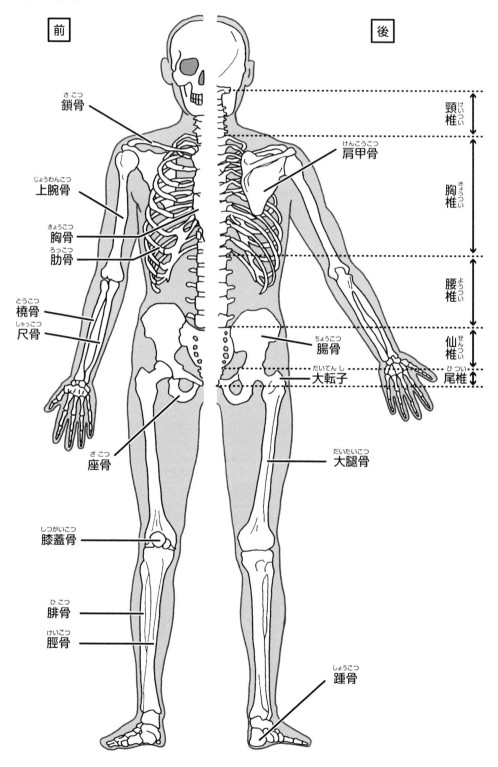

前

後

鎖骨（さこつ）

肩甲骨（けんこうこつ）

上腕骨（じょうわんこつ）

胸骨（きょうこつ）

肋骨（ろっこつ）

橈骨（とうこつ）

尺骨（しゃっこつ）

腸骨（ちょうこつ）

大転子（だいてんし）

座骨（ざこつ）

大腿骨（だいたいこつ）

膝蓋骨（しつがいこつ）

腓骨（ひこつ）

脛骨（けいこつ）

踵骨（しょうこつ）

頸椎（けいつい）

胸椎（きょうつい）

腰椎（ようつい）

仙椎（せんつい）

尾椎（びつい）

50 メタボリックシンドローム 生活習慣病

| リンク | 人間と社会 ▶ 社会の理解 |

ここに注目

- 内臓脂肪型肥満に加え，血清脂質異常，高血圧（血圧高値），高血糖の3項目のうち，2項目以上が当てはまる場合をメタボリックシンドロームという
- 生活習慣病の原因は，栄養バランスの偏った食生活及び運動不足，飲酒や喫煙などの生活習慣，ストレスなどの環境要因などである

💜 メタボリックシンドローム（内臓脂肪症候群）

○該当要件…腹囲が男性85cm以上，女性90cm以上あること。これに加えて，以下の3項目中，2項目以上当てはまる場合

①高血圧　収縮期血圧130mmHg以上かつ/または拡張期血圧85mmHg以上

②高血糖　空腹時血糖値が110mg/dℓ以上

③脂質異常　中性脂肪150mg/dℓ以上かつ/またはHDLコレステロール40mg/dℓ以下

○危険が高まるとされている疾患…動脈硬化性疾患（狭心症，心筋梗塞，脳血管障害など）

○予防法…適度な運動，食事の改善，禁煙。糖尿病や高血圧症，脂質異常症などに罹患している場合には，これらに加えて薬物治療が行われる

💜 生活習慣病

主要因	栄養バランスの偏った食生活及び運動不足，飲酒や喫煙などの生活習慣，ストレスなどの環境
代表的疾患	糖尿病（diabetes mellitus：DM），脳卒中（cerebral apoplexy），心臓病（heart disease），脂質異常症（dyslipidemia），高血圧症（hypertension：HT）
予防法	適切な栄養摂取，適度な運動，規則正しい生活，ストレスの解消，飲酒・喫煙の制限

2008（平成20）年4月より「高齢者医療確保法」に基づき，40～74歳の医療保険の被保険者・被扶養者に対して，メタボリックシンドロームに着目した生活習慣病予防のための特定健康診査・特定保健指導（メタボ健診）が実施されている

 過去問 ▶ 平成21年-問題49・問題62，平成20年-問題54・問題58

51 がん（悪性新生物）

リンク　こころとからだのしくみ ▶ こころとからだのしくみ ▶ からだのしくみの理解

ここに注目

- がん（悪性新生物）は，男女ともに日本における死因の1位
- 死亡数が多いがんの部位は，男性が1位：肺，2位：胃，3位：大腸，女性が1位：大腸，2位：肺，3位：膵臓（2018年のデータより）
- 死亡率（人口10万対）を部位別にみると男女ともに「胃」は横ばいか減少傾向にあるが，「肺」「大腸」は増加傾向（2018年のデータより）

悪性腫瘍と良性腫瘍

悪性
・腫瘍が急速に増殖する
・他の器官等へ転移する
・正常な組織内へ浸潤する
など

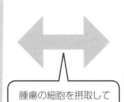
腫瘍の細胞を摂取しての病理学的検査

良性
・増殖が遅い
・他への転移がみられない
・周辺の正常な組織と明瞭な境界をもつ
など

がんの主な部位別死亡率（人口10万対）の年次推移

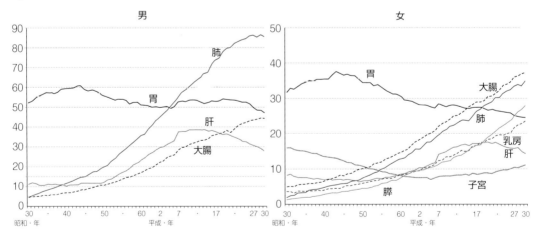

「平成30年人口動態統計（確定数）の概況」（厚生労働省）より作成

💜 死亡数が多いがんの部位（2018年）

	1位	2位	3位
男性	肺	胃	大腸
女性	大腸	肺	膵臓
男女計	肺	大腸	胃

平成30年人口動態統計より作成

💜 主ながんとその概要

胃がん（gastric cancer）	胃に発生する悪性新生物。ヘリコバクター・ピロリ菌が胃がんの原因のひとつとされる。男女ともに減少傾向。進行すると痛みや出血も
肝がん（liver cancer）	肝臓に発生する悪性腫瘍のすべてを指す。肝臓は肺とともに転移しやすい臓器で，転移性肝がんが原発性肝がんの8倍
膵がん（pancreatic cancer）	上皮性と非上皮性に分類されるが上皮性がほとんどで，膵管がんが98％。近年増加傾向にあり，8：5で男性に多い
肺がん（lung cancer）	気管支肺胞系の上皮細胞から発生するがん。腺がん，扁平上皮がん，小細胞がん，大細胞がんに分類される。
大腸がん（colorectal cancer）	大腸に発生した悪性腫瘍の総称。症状では血便，便通異常が最も多い。食事の欧米化により日本でも増加傾向にある
子宮がん（uterine cancer）	子宮頸がんと子宮体がんの総称。前者は初期には無症状の場合が多いが進行すると接触出血を訴える。後者は初期より出血がみられる。下肢リンパ浮腫が手術後にみられることがある
前立腺がん（prostatic cancer）	前立腺に発生する腺がん。初期は前立腺肥大症と比較して排尿障害は少なく，血尿もあまりみられない。高齢者に多く，高齢化に伴い増加傾向にある
乳がん（breast cancer）	乳腺にできる悪性腫瘍。女性の悪性腫瘍では肺がん，大腸がん，膵がんとならんで多い。平均発症年齢は50歳前後だが，高齢化に伴い80歳以上にもみられるようになっている。上肢リンパ浮腫が手術後にみられることがある

■リンパ浮腫…リンパが血液中に戻らず細胞と細胞の間にリンパ液がたまった状態。その結果，腕や足に腫れや浮腫（むくみ）が現れる

過去問　平成29年-問題5，平成27年-問題94，平成25年-問題74，平成20年-問題54，平成19年-問題65

☑ チェックテスト4

36 発達

発達における遺伝と環境の影響に関する学説のうち，個人の発達過程において遺伝の影響は最小限であり，育つ環境から得られる経験によってかなりの部分が規定されるという説は，（　**1**　）説である。 ▶P98

ピアジェによると，子どもの認識や思考は，①0～2歳頃の（　**2**　），②2～6，7歳頃の前操作期，③6，7～11，12歳頃の（　**3**　），④11，12歳以降の形式的操作期，という4段階を経て発達する。 ▶P99

エリクソンは，人格の発達段階を8段階に分け，思春期・青年期の発達課題を「（　**4**　）の確立」とし，65歳以降の成人期後期の発達課題を「（　**5**　）」とした。 ▶P99

37 老化に伴う心身の変化の特徴

「高齢者の医療の確保に関する法律」では，65～74歳までを前期高齢者，75歳以上を（　**6**　）高齢者，「高年齢者等の雇用の安定等に関する法律」では55歳以上を高年齢者と定義している。 ▶P100

身体的・生理的老化には，予備力の低下，免疫力の低下，適応力の低下，（　**7**　）の低下がある。 ▶P100

学習や経験によって獲得された能力に関連する知能を（　**8**　）といい，新しい環境に適応するために情報を獲得し処理していく知能を（　**9**　）という。 ▶P100

38 老化と適応機制

適応機制は，欲求不満を満足させるため無意識に行う行動で，逃避機制，（　**10**　）機制，攻撃機制に大別される。 ▶P102

高齢者に（　**11**　）を求め，様々な生産的なものに寄与するべきであるという概念を（　**12**　）・エイジングという。 ▶P103

解答

| 1 | 経験 | 2 | 感覚運動期 | 3 | 具体的操作期 | 4 | 自我同一性 | 5 | 統合性 | 6 | 後期 | 7 | 回復力 |

8 結晶性知能　9 流動性知能　10 自我防衛　11 自立　12 プロダクティブ

39　記憶

記憶は，①情報を覚えこむ「（　**1**　）」，②情報を保存する「保持」，③情報を
思い出す「（　**2**　）」，④情報を思い出せない「忘却」というプロセスをたどる。 ▶ P104

あることを短時間記憶にとどめておくと同時に，認知的作業を行う（　**3**　）は，
年齢差が顕著である。 ▶ P104
▶ P105

長期記憶のうち，一般的な知識などについての記憶を「（　**4**　）」，物事を行う
ときの手続きについての記憶を「手続き記憶」，ある特定の時間・場所でのできごと
についての記憶を「（　**5**　）」という。 ▶ P104
▶ P105

40　高齢者に多い疾患とその症状

高齢者の疾患の特徴としては，咳などの症状に乏しい肺炎，無痛の心筋梗塞など，
疾患ごとの（　**6**　）な症状が現れにくいことや，複数の疾患を（　**7**　）
していることが多いことなどが挙げられる。 ▶ P106

加齢による高血圧の特徴として，（　**8**　）血圧が高くなり，（　**9**　）血
圧はほとんど高くならないことが挙げられる。 ▶ P107

血流障害のほか，たんぱく尿の排出により体内の（　**10**　）が増加したり，
血中アルブミン濃度が低下して血液中に（　**11**　）を保持する力が弱まった
りすることなどが，浮腫（むくみ）の原因となる。 ▶ P106

脳血管疾患は，脳出血と脳梗塞に分かれ，脳梗塞のうち，脳以外の場所にできた血
栓などが血管内を流れてきて脳動脈に詰まる疾患を（　**12**　）という。 ▶ P107

解答
1　記銘	**2**　再生	**3**　ワーキングメモリー	**4**　意味的記憶	**5**　エピソード記憶	**6**　典型的
7　合併	**8**　最高	**9**　最低	**10**　ナトリウム	**11**　水分	**12**　脳塞栓

41　神経系の仕組みと疾患

脳は，大脳，小脳，（　　1　　）及び脳幹からできており，このうち，小脳に腫瘍ができたり出血が生じたりすると，身体の（　　2　　）機能が乱れ，運動失調症を起こす。

▷ P108

外傷や脳血管障害などにより，（　　3　　）障害が生じた状態を高次脳機能障害といい，物の置き場所や約束を忘れる，同時に2つ以上のことをすると混乱するなど日常生活を送る上で大きな支障となる。

▷ P109

瞳孔が散大する，気管支が拡張する，末梢神経が収縮する，心機能が亢進する，消化管運動が（　　4　　）される，排尿が妨げられるなどは（　　5　　）神経がはたらくことで生じる。

▷ P111

脳幹に含まれる（　　6　　）には，呼吸・循環器系器官の調節作用，嘔吐・咳などの中枢機能があり，生命維持にとって最も重要な器官の一つとされている。

▷ P110

脊髄小脳変性症は小脳または（　　7　　）・脊髄が変性を起こす一連の疾患で，主な症状として（　　8　　）がみられる。

▷ P111

42　循環器系の仕組みと疾患

心房細動の場合，心臓でできた血栓が剥がれて脳血管を塞ぎ，（　　9　　）を合併することがある。また，不整脈は，動脈硬化や高血圧症など，さまざまな（　　10　　）を背景として生じることが多いとされている。

▷ P114

心臓が収縮後にひろがったときの血圧を（　　11　　）期血圧といい，血管にかかる圧力がいちばん低くなる。

▷ P112

心臓を出た血液が肺動脈を通って肺に至り，肺静脈を通って心臓に戻ってくる肺循環においては，肺動脈を流れる血液が（　　12　　）血であり，肺静脈を流れる血液が（　　13　　）血である。

▷ P113

虚血性心疾患のうち狭心症は心臓の血管が（　　14　　）なることが原因で起こり，胸痛・胸部圧迫感などが主症状であり，心筋梗塞は（　　15　　）内に生じた血栓が主な原因である。

▷ P114

解答

1　間脳　2　平衡　3　認知　4　抑制　5　交感　6　延髄　7　脳幹　8　運動失調　9　脳梗塞　10　生活習慣病　11　拡張　12　静脈　13　動脈　14　細く　15　冠状動脈

43 血管・血液

血液は，液体成分である血漿〔55%〕と，細胞成分である（　**1**　）〔45%〕からなる。血球には，赤血球，白血球，血小板があり，（　**2**　）が約95%を占める。身体中に張り巡らされている動脈と静脈をつなぐ管を（　**3**　）という。　▶P115

44 消化器系の仕組みと疾患

軟口蓋が拳上して鼻腔と咽頭部が閉じ，次に（　**4**　）が拳上して喉頭蓋が閉じ，食塊が（　**5**　）に運ばれる時期を咽頭期（咽頭食道相）という。　▶P117

胃液にはペプシンなどの消化酵素が含まれ，主として（　**6**　）を消化する。また，（　**7**　）は消化酵素を含まないが，消化酵素を活発化させる作用がある。　▶P117

消化器系ストーマのうち，（　**8**　）ストーマの場合は便が水様となるのに対し，（　**9**　）ストーマの場合は便が固形となるため，定時排便が得られやすい。　▶P117

肝硬変になると，肝臓が硬いために起こる（　**10**　）や食道静脈瘤とともに，肝機能が低下するために起こる肝性脳症や（　**11**　）が問題となる。　▶P117

45 呼吸器系の仕組みと疾患

ウイルスや細菌による感染，アレルギー，粉塵等の吸引などによる気管支粘膜の炎症を（　**12**　）といい，慢性のものはその多くが（　**13**　）を伴う。　▶P119

呼吸器機能障害がある場合，室内が乾燥している場合は，加湿して適度な湿度を保つ。また，掃除はこまめに行い，掃除機の（　**14**　）に留意するように助言する。　▶P118

一般的に（　**15**　）は，むせこみがなくても発症する場合があり，気管に入った食べ物や唾液が肺に入ることが原因であるが，鎮静剤の服用も原因となり得る。　▶P119

解答

1 血球　**2** 赤血球　**3** 毛細血管　**4** 喉頭　**5** 食道　**6** たんぱく質　**7** 胆汁　**8** 回腸
9 S状結腸　**10** 腹水　**11** 黄疸　**12** 気管支炎　**13** 肺気腫　**14** 排気　**15** 誤嚥性肺炎

46　腎・泌尿器系の仕組みと疾患

腎臓機能障害のある人は，栄養不足にならないように適切な食事管理が必要とされ，
（　　**1**　　）・塩分・水分・カリウムの摂取を制限しなければならないが，必ずしも
（　　**2**　　）制限をする必要はない。　　　　　　　　　　　　　　　　▶P120

尿失禁は，（　　**3**　　）尿失禁，反射性尿失禁，溢流性尿失禁，腹圧性尿失禁，機
能性尿失禁などに分類される。　　　　　　　　　　　　　　　　　　　　▶P121

47　内分泌系の仕組みと疾患

糖代謝の調節や性ホルモン作用を示す副腎皮質ホルモンは（　　**4**　　）から分泌
され，副腎皮質ホルモンの分泌を促す副腎皮質刺激ホルモンは（　　**5**　　）から
分泌される。　　　　　　　　　　　　　　　　　　　　　　　　　　　　▶P123

甲状腺ホルモンの合成・分泌が低下する甲状腺機能低下症の代表疾患は（　　**6**　　），
分泌が過剰になった甲状腺機能亢進症の代表疾患は（　　**7**　　）である。　▶P123

糖尿病の三大（　　**8**　　）である「（　　**9**　　）」「糖尿病腎症」「糖尿病神経障害」
は，糖尿病の発症後10年前後で出現すると考えられている。　　　　　　　▶P123

48　感覚器系の仕組みと疾患

メニエール病は，（　　**10**　　）からくる回転性のめまい，難聴，（　　**11**　　）
などを引き起こす疾患である。　　　　　　　　　　　　　　　　　　　　▶P125

白内障は目の中の（　　**12**　　）が濁る病気であり，眼内レンズの挿入など手
術によって視力の改善が期待できるが，緑内障は（　　**13**　　）の上昇により
視神経が障害される病気であり，失明の危険を伴う。　　　　　　　　　　▶P125

網膜色素変性症は網膜に異常な色素沈着が起こる疾患であり，治療が困難で，代
表的な症状として（　　**14**　　），視野狭窄，視力低下などが挙げられる。　▶P125

内耳から聴覚神経にかけて障害がある（　　**15**　　）は，高音域から聞き取りに
くくなる難聴で，高齢者の難聴に多く，（　　**16**　　）の使用が有効でないことが
多い。　　　　　　　　　　　　　　　　　　　　　　　　　　　　　　　▶P125

解答

> **1** たんぱく質　**2** カロリー　**3** 切迫性　**4** 副腎　**5** 下垂体　**6** 橋本病　**7** バセドウ病
> **8** 合併症　**9** 糖尿病網膜症　**10** 内耳　**11** 耳鳴り　**12** 水晶体　**13** 眼圧　**14** 夜盲
> **15** 感音性難聴　**16** 補聴器

49 筋・骨格の仕組みと疾患

筋肉のうち，骨格筋と心筋は横紋筋で構成されるが，骨格筋は（　**1**　）筋,
心筋は（　**2**　）筋である。平滑筋は内臓筋ともよばれ，心筋と同じ
（　**2**　）筋である。　▶ P127

骨の密度が減少してもろくなり，骨折しやすくなる（　**3**　）は，高齢者
や閉経後の女性に多くみられるが，高齢者に多い骨折箇所は脊椎，大腿骨頸部，▶ P126
橈骨遠位端，上腕骨頸部などである。　▶ P127

筋肉は（　**4**　）の貯蔵庫であり，体内に摂取されたブドウ糖のうち，すぐに
利用されないものは肝臓や筋肉で（　**5**　）として蓄えられ，必要時にはまた ▶ P126
ブドウ糖に分解されて利用される。　▶ P127

筋ジストロフィーは，徐々に筋力が低下する（　**6**　）性の疾患であり，いく
つかの病型に分類されるが，多いのは（　**7**　）型である。　▶ P127

50 メタボリックシンドローム　生活習慣病

メタボリックシンドロームとは，（　**8**　）型肥満に加え，血清脂質異常・
高血圧（血圧高値）・（　**9**　）の3項目のうち，2項目以上が当てはまる場合
をいう。　▶ P129

2008（平成20）年より「高齢者医療確保法」に基づき，40歳以上75歳未満の
医療保険の被保険者・被扶養者に対して，生活習慣病予防のための（　**10**　）（メ
タボ健診）が実施されている。　▶ P129

51 がん（悪性新生物）

2018（平成30）年のデータによると，男女とも肺がん，大腸がんは（
11　）傾向にある。女性の悪性腫瘍では大腸がん，肺がん，膵臓がんが多い。
（　**12**　）がんは，平均発症年齢は50歳前後だが，高齢化に伴い80歳以上 ▶ P130
にもみられるようになっている。　▶ P131

胃がんの原因のひとつとして，（　**13**　）がある。胃がんは，男女ともに
（　**14**　）傾向である。　▶ P131

解答

1 随意　**2** 不随意　**3** 骨粗鬆症　**4** エネルギー　**5** グリコーゲン　**6** 遺伝　**7** デュシェン
ヌ　**8** 内臓脂肪　**9** 高血糖　**10** 特定健康診査・特定保健指導　**11** 増加　**12** 乳　**13** ヘリコ
バクター・ピロリ菌　**14** 減少

52 認知症の定義と認知症ケアの歴史

ここに注目

- 認知症とは，正常に発達した認知機能が「持続的に低下」して，日常生活に支障をきたすようになる状態
- 認知症患者に対する差別・偏見の存在
- 痴呆→認知症への呼称変更
- 介護保険制度によるグループホーム等の進展
- 後期高齢者人口の増加から認知症高齢者の増加は不可避

認知症の定義

脳の器質的障害によって一度獲得した認知機能が持続的に低下した状態にあり，日常生活において明らかな障害を及ぼすもので，意識障害がないもの

♥ 認知症と知的障害の区別

分類	発現	原因疾患など	状態
認知症	後天的	アルツハイマー型認知症，脳血管性認知症，レビー小体型認知症など	成人以降，正常に発達した知能が原因疾患等により持続的に低下した状態
知的障害	先天的	染色体異常（ダウン症等）など	金銭管理・読み書き・計算など，日常生活等で使う知的行動に支障がある状態

♥ 認知症治療薬

アルツハイマー型認知症治療薬として，アリセプト®（ドネペジル）が唯一使用可能な薬剤であったが，2011（平成23）年より，ガランタミン，リバスチグミン，メマンチンの3種類が発売された。いずれも根本治療薬とはいえないが，早期投与によって認知症の進行をある程度遅らせることができる。剤形も錠剤だけでなく，液剤，貼付剤などが加わり，病態にあわせて選択できるようになった。

 過去問 令和元年-問題82，平成31年-問題82・問題83，平成30年-問題84，平成21年-問題14

認知症高齢者の現状

○全国の 65 歳以上の高齢者について，認知症有病率推定値 15%，認知症有病者数約 462 万人と推計（平成
24 年）。また，全国の軽度認知障害：MCI（正常でもない，認知症でもない（正常と認知症の中間）状態の
者）の有病率推定値 13%，MCI 有病者数約 400 万人と推計（平成 24 年）。
○介護保険制度を利用している認知症高齢者は約 280 万人（平成 22 年）。

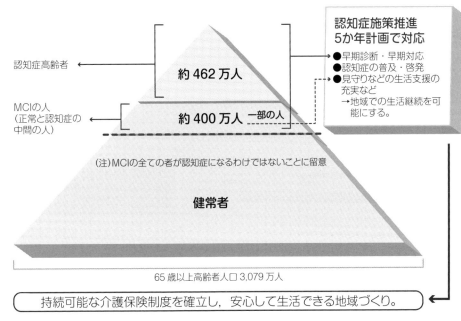

認知症高齢者 ←

約 462 万人

認知症施策推進
5か年計画で対応
● 早期診断・早期対応
● 認知症の普及・啓発
● 見守りなどの生活支援の
充実など
→地域での生活継続を可
能にする。

MCIの人
（正常と認知症の
中間の人） ←

約 400 万人　一部の人

(注)MCIの全ての者が認知症になるわけではないことに留意

健常者

65 歳以上高齢者人口 3,079 万人

持続可能な介護保険制度を確立し，安心して生活できる地域づくり。

出典：「都市部における認知症有病率と認知症の生活機能障害への対応」（H25.5 報告）
　　　及び『「認知症高齢者の日常生活自立度」Ⅱ以上の高齢者数について』（H24.8 公表）を引用

参考：要介護認定データを基に，「認知症高齢者の日常生活自立度」Ⅱ以上の認知症高齢者割合を推計

将来推計（年）	平成 22 年 (2010)	平成 24 年 (2012)	平成 27 年 (2015)	令和 2 年 (2020)	令和 7 年 (2025)
日常生活自立度 Ⅱ以上	280	305	345	410	470
	9.5%	9.9%	10.2%	11.3%	12.8%

※下段は65歳以上人口に対する比率

（参考：平成 24 年 8 月 24 日老健局高齢者支援課認知症・虐待防止対策推進室公表資料）

若年認知症（若年性認知症）

若年認知症

65 歳未満で発症する認知症をいう。
認知症者全体の約1%が若年性認知症といわれている。
専門家でも早期発見が難しい，進行が速い，前頭側頭型の割合が
多い，初期には残存能力が高いため社会活動が可能，初期には就
業が可能にもかかわらず退職しなければならないことが多い，発
症頻度が低いため介護サービスなども充実していない，現役世代
のため経済的問題や家族への影響が大きいなどの特徴がある。

53 認知症の中核症状と周辺症状

ここに注目

- ●認知症の中核症状…必ず現れる症状
- ●主な中核症状…記憶障害，見当識障害，判断力の低下など
- ●認知症の周辺症状…中核症状に伴って二次的に生じる症状
- ●主な周辺症状…不安，幻覚，徘徊，不潔行動など

認知症における**中核症状**とは…
- ・認知症において必ず現れる症状
- ・認知症の人のテンポに合わせ，寄り添うケアが不可欠

認知症における**周辺症状**＊とは…
認知症（中核症状）に伴う症状。本人の性格，生活環境，人間関係などさまざまな要因が絡み合って生じる

（＊認知症の行動・心理症状：BPSD ともよばれる）

♥ 中核症状（定義）

失行	麻痺がないのにうまく日常の行為を行えない状態
失認	感覚機能の障害はないのに，見たものや聞いたものが理解できない状態
失語	言葉が理解できなかったり，表出できなくなる状態
記憶障害	新しいことが記憶できない，さきほどのことが思い出せない，覚えていたはずの記憶が失われるなど，エピソード記憶等の障害
見当識障害	自分がどこにいるか，現在は何年何月かなどが把握できなくなる状態
理解・判断力の障害	２つ以上のことが重なるとうまく処理できない，些細な変化で混乱するなど
実行機能障害	頭の中で計画が立てられなくなり，予想外の変化にうまく対応できなくなる状態
感情表現の変化	周囲からの情報や刺激等に対する正しい解釈が難しくなることによる

周辺症状（例示）

○不安・焦燥・いらだち　　○興奮・暴力・暴言
○うつ状態　　　　　　　　○不潔行為
○幻覚・妄想　　　　　　　○せん妄
○徘徊　　　　　　　　　　など

54 認知症に似た症状

ここに注目

- ●認知症…知的機能が持続的に低下していく状態で、いわゆる物忘れとは区別される
- ●うつ病性仮性認知症…精神運動の制止，知的機能の減退がみられるが，うつ病の治療を進めることにより状態が改善する
- ●せん妄…急性の器質性精神症候群で，認知の障害，精神運動活動の変化等がみられる
- ●統合失調症…思考，情動，意欲など人格全体に障害が及ぶ

♥ うつ病（depression）

何もやる気がしないという抑うつ状態全般をいう。意欲低下，思考障害（被害妄想）がしばしばみられる。自殺企図の危険性が高い。

♥ うつ病性仮性認知症（depressive pseudo-dementia）

うつ病の高齢者で，抑うつ状態よりも精神運動の制止が目立つ例がある。物忘れや同じ行動の繰り返しなど，認知症と似た症状が現れるが，うつ病の治療を進めると，表面上に現れている知的な機能の減退が改善する場合がある。症状が急速に進行することが多い。

♥ せん妄（delirium）

意識が障害され精神能力を失った状態に加え，幻覚や錯覚，妄想が起こり，興奮して多動になる状態をいう。老年期にみられやすい精神障害のひとつで，症状が急激に発症することが多く，夜間に強く現れる傾向がある。病名ではなく，病態。

♥ 統合失調症（schizophrenia）

思春期に好発する思考，情動，意欲など人格全体に障害が及ぶ精神疾患。思考障害，奇妙な行動，無感情，意欲の喪失などの症状がみられる。
身だしなみに構わない，徘徊がみられるなどの症状が認知症との混乱を招く。

 令和元年-問題79，平成29年-問題79，平成26年-問題78，平成25年-問題80，平成24年-問題74，平成23年-問題71，平成21年-問題72，平成20年-問題70，平成19年-問題46・問題111

55 アルツハイマー型認知症と脳血管性認知症

- 認知症は「アルツハイマー型認知症」と「脳血管性認知症」に大別される
- アルツハイマー型認知症は原因不明
- 脳血管性認知症は，「まだら認知症」や，めまい，しびれなどがみられる
- 健忘症は物忘れ，認知症は「体験そのもの」の忘却

♥ アルツハイマー型認知症と脳血管性認知症の特徴

	アルツハイマー型認知症（dementia of alzheimer type：DAT）	脳血管性認知症（cerebrovascular dementia）
原因	アミロイドβたんぱく質・タウたんぱく質の異常蓄積による脳細胞の変質	脳血管疾患による脳の神経細胞や組織の障害（脳梗塞，脳出血など）
好発年齢	**70歳以上**が多い	**初老期**からみられる
症状	脳全体の萎縮がみられる。知能全般に障害が現れる。外界への注意力低下，妄想，独語，無意味な多動などが認められる	症状にむらがある「まだら認知症」が特徴。運動麻痺，知覚麻痺，言語障害，感情失禁などを伴うことが多い。頭痛，めまい，しびれなどがみられる
自覚症状	早期に障害される	症状が進むとなくなる
性差	男：女＝1：2〜3　**若干女性に多い**	**若干男性に多い**
進行	**緩やかに徐々に進行**。病状は固定傾向。末期は重度化して寝たきりに	**階段状に進行**。病状は動揺性。原因疾患である脳血管障害と並行する
脳	　脳細胞の変性（原因不明）により，脳が部分的に萎縮している状態	脳血管の異常等により，脳細胞の一部が死んでいる状態

🩶 その他の認知症原因疾患（我が国では総称として「認知症」とする）

レビー（lewy）小体型認知症	脳全体にレビー小体といわれる異常物質が沈着して発症。パーキンソン症状がみられる。幻覚，特に幻視・錯視が現れる
前頭側頭型認知症（ピック病（pick disease））	前頭葉と側頭葉が萎縮し，初老期に発症する。人格障害や情緒障害などがみられるため，社会ルールや規範がわからなくなる
クロイツフェルト・ヤコブ病（creutzfeldt-jakob disease：CJD）	プリオンたんぱくが脳に蓄積することが原因。50〜60歳代で発症することが多く，急速に進行する
慢性硬膜下血腫（chronic subdural hematoma）	脳手術で治る認知症。硬膜の下と脳の間に血腫ができることが原因
正常圧水頭症（normal pressure hydro cephalus）	早期発見で改善可能な認知症。認知症の1割程度

🩶 「認知症高齢者の日常生活自立度」判定基準（7ランク）

ランク		判定基準
I		何らかの認知症を有するが，日常生活は家庭内及び社会的にほぼ自立している
II		日常生活に支障を来すような症状・行動や意思疎通の困難さが多少みられても，誰かが注意していれば一定の自立生活ができる
	II a	家庭外で上記IIの状態がみられる
	II b	家庭内でも上記IIの状態がみられる
III		日常生活に支障を来すような症状・行動や意思疎通の困難さがみられ，介護を必要とする
	III a	日中を中心として上記IIIの状態がみられる
	III b	夜間を中心として上記IIIの状態がみられる
IV		日常生活に支障を来すような症状・行動や意思疎通の困難さが頻繁にみられ，常に介護を必要とする
M		著しい精神症状や周辺症状あるいは重篤な身体疾患がみられ，専門医療を必要とする

過去問　令和元年-問題80・問題83，平成31年-問題84，平成30年-問題78，平成29年-問題81・問題82，平成27年-問題80・問題83・問題84，平成26年-問題79・問題80，平成25年-問題81・問題82・問題83，平成24年-問題81・問題82・問題85

56 認知症患者・家族に対するサービス等

リンク 人間と社会 ▶ 社会の理解

ここに注目

- 介護保険制度…認知症対応型通所介護，認知症対応型共同生活介護などで認知症高齢者等をサポート
- レスパイトケア…訪問介護やデイサービス，ショートステイなど認知症患者の介護を担う家族等の休息がとれるようにするサービス
- 認知症サポーター100万人キャラバン事業…養成講座を受講した認知症サポーターが，地域で関係者と連携しながら認知症患者・その家族を支援

認知症患者及び家族を支える体制

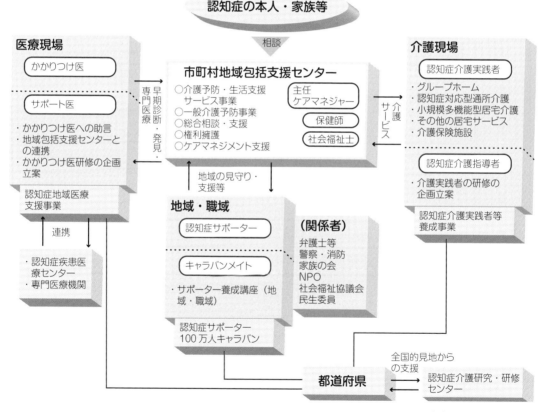

厚生労働省資料より作成

地域における認知症サポート体制

○生活にかかわるもの…町内会・消防，警察，商店街・交通機関，サークル活動・学校　など
○福祉にかかわるもの…認知症サポーター，民生委員，児童委員，各種ボランティア団体　など
○医療にかかわるもの…主治医（かかりつけ医），病院，薬局，保健所　など

♥ 介護保険制度（地域密着型サービス）における認知症対策

認知症対応型通所介護	認知症の要介護者に，老人デイサービスセンター等で介護や機能訓練を実施
小規模多機能型居宅介護	訪問・通所・宿泊を組み合わせて介護や機能訓練を実施
認知症対応型共同生活介護	認知症の要介護者に，グループホームにおいて介護や機能訓練を実施

※要支援者を対象とする予防給付にも同様のサービスがある

♥ 国の主な認知症対策事業

○認知症対策等総合支援事業
早期段階からの診断と対応，認知症に関する正しい知識と理解に基づく本人・家族への支援などを通して，地域単位の支援体制の確立を目指す

○認知症地域支援体制構築等推進事業
地域において認知症の人と家族を支えるため，支援を行う資源をネットワーク化し，相互連携を通じた地域支援体制を構築する

♥ 認知症疾患医療センター

・認知症の鑑別診断，周辺症状と身体合併症の急性期治療，専門医療相談など，精神科病院とは異なり，認知症への対応に特化した医療機関
・認知症医療の専門医，臨床心理技術者，精神保健福祉士の配置が定められている
・要介護認定や，成年後見人の選任などの社会生活支援にかかわる内容については，他機関へつなげる役割を持つ。また，認知症疾患医療連携協議会を開催し，地域の医療機関や地域包括支援センター，市町村，保健所等の関係機関や家族介護者の会などとの連携を図るなど，地域の認知症医療の連携を強化する役割を担う

♥ レスパイトケアの種類（介護者の身体的精神的介護負担からの解放）

インホームサービス	アウトオブホームサービス
・訪問介護，デイサービス ・家事代行サービス ・家族会への参加・友人	・ショートステイ ・施設入所 ・入院

♥ 認知症施策推進5か年計画（オレンジプラン）
→新オレンジプランへ（P148参照）

○認知症ケアパスの活用
○認知症初期集中支援チーム他

 過去問　平成31年-問題9・問題19・問題79・問題119，平成26年-問題2・問題85・問題96，平成25年-問題25・問題43・問題77，平成24年-問題77・問題79・問題86，平成23年-問題13，平成19年-問題15

57 認知症の評価スケール

ここに注目

● 医療・福祉の現場では，認知症の評価スケールが使用されている
● 評価スケールの代表的なものには，被験者に口頭で質問することによって判定する「質問式」と，被験者の日常生活を観察して判定する「観察式」がある

♥ 主な認知症の評価（判定）スケール

名称	長谷川式認知症スケール（HDS-R）	Mini-Mental State Examination(MMSE)	柄澤式「老人知能の臨床的判定基準」
検査方式	質問式	質問式	観察式
特徴	被験者への口頭による質問により，短期記憶や見当識，記銘力などを比較的容易に点数化し評価できる（合計点数30点満点中20点以下が「認知症疑い」）	被験者に対して，口頭による質問形式で，主に記憶力，計算力，言語力，見当識を点数化して測定する	被験者の日常生活における言動，態度，作業能力などをもとに，知的機能の段階を判断する。本人に直接面接して問診したりテストができない場合でも判定が可能
備考	意思疎通が困難な被験者には不向き	動作性知能を測定する項目（図形の模写等）あり	正しい情報を引き出して判断するためには面接技術の習得が必要

上記のようなスケールを使用して認知症の可能性を判定し，確定診断（アミロイドβ，タウたんぱく，MRI等）を行う。

♥ 主な観察式
FAST（Functional Assessment Staging）

アルツハイマー型認知症の重症度を判定する評価尺度。進行の程度を，認知機能の障害なし・非常に軽度の認知機能の低下・軽度・中等度・やや高度・高度・非常に高度の7つに区分し，臨床的特徴が示されている。

過去問 ▶ 平成30年-問題81，平成28年-問題79，平成26年-問題81，平成24年-問題83，平成22年-問題47，平成21年-問題47，平成19年-問題44

58 認知症の介護

ここに注目

- 認知症の介護では，患者の自尊心（プライド）を傷つけるような態度や言葉は慎み，生活の意欲がわくように接することがポイント
- 主な認知症の症状への対応方法をおさえる
- 認知症患者本人のみならず家族への配慮も重要

♥ 認知症高齢者との接し方のポイント

○放っておくのではなく，**見守る**　　○自尊心（プライド）を傷つけない

○わかりやすい言葉で簡潔に話す　　○**スキンシップ**を頻繁に

○相手の**ペースを守る**　　　　　　○孤独にさせない

○**急な環境の変化は避ける**　　　　○身だしなみを整えるように配慮する

♥ 主な認知症の症状へのアセスメントと対応方法

記憶障害	忘れてしまったことを否定せず，受け入れる
見当識障害	否定せずに話をあわせ，本人の気持ちをひとまず受け入れる
徘徊	むやみに止めることはしないで，一緒に外出につきあう。徘徊感知機器の利用も
妄想	否定せずに，まずは受け入れる
せん妄	紛らわしい音や物を取り除く，利用者の行動パターンを把握する
異食	危険な物や傷んだ食べ物を手の届くところに置かない
不潔行為	排泄パターンを把握してトイレに誘導し，便が出たら速やかに片づける

♥ 家族への配慮

○家族の思いを理解するように努め，訴えは傾聴する

○社会資源を活用し，家族の介護負担を軽減させることができるよう援助していく

家族会への参加…介護経験者や，苦労，対応策を共有

💙 パーソン・センタード・ケア

> パーソン・センタード・ケアは，認知症の人を中心としたケアの
> 概念である
> 認知症の人の現在の状態をベストであるととらえる
> その人らしさ（personhood）を尊重しながら，人間らしい生き
> 方を支援する

パーソン・センタード・ケアは，イギリスのキットウッド（Kitwood,T.）が提唱した考え方である。キットウッドは，それまで認知症は病気であり，症状の進行や行動障害に対して医療的アプローチで対応するしかないとされていた考え方に対して，認知症は病気であるものの，認知症を起こす要因を①性格・傾向性，②生活歴，③身体機能，④社会とのかかわりとし，一人ひとりが持っているこれらの要素に対応していくべきだとした。
これはナラティブ（物語）アプローチの大切さを提起したもので，この考え方に基づいて，その人の生活歴や性格，本人の希望などの情報を把握し，認知症高齢者を理解していくのがパーソン・センタード・ケアである。

💙 認知症施策推進総合戦略～認知症高齢者等にやさしい地域づくりに向けて～（新オレンジプラン）の策定

厚生労働省は，2012（平成24）年に策定したオレンジプランの内容を，2015（平成27）年に新オレンジプランとして策定し直し公表した。新オレンジプランでは，「認知症のある人の意思が尊重され，できる限り住み慣れた地域のよい環境で自分らしく暮らし続けることができる社会の実現」を目指している。また，新オレンジプランを推進していくための7つの柱を次のように示している。

①認知症への理解を深めるための普及・啓発の推進

②認知症の容態に応じた適時・適切な医療・介護等の提供

③若年性認知症施策の強化

④認知症の人の介護者への支援

⑤認知症の人を含む高齢者にやさしい地域づくりの推進

⑥認知症の予防法，診断法，治療法，リハビリテーションモデル，介護モデル等の研究開発及びその成果の普及の推進

⑦認知症の人やその家族の視点の重視

 過去問　令和元年-問題17・問題20・問題33・問題66・問題67・問題84・問題85，平成31年-問題77・問題86，平成27年-問題77，平成26年-問題4・問題23・問題40・問題58，平成25年-問題4・問題36・問題41・問題85・問題86・問題112，平成24年-問題109・問題110，平成23年-問題42，平成22年-問題44・問題104，平成21年-問題44・問題104，平成20年-問題45・問題110，平成19年-問題45・問題104

59 障害者の定義

リンク 人間と社会 ▶ 社会の理解

ここに注目

- 障害者の定義は，障害者基本法と障害者総合支援法に規定
- 障害者手帳は，障害者の対象ごとに身体障害者手帳，療育手帳，精神障害者保健福祉手帳の3種類
- 障害者数をみると身体障害者が最も多い

♥ 障害者の定義

障害者

障害者基本法
身体障害・知的障害・精神障害（発達障害を含む）その他の心身の機能の障害がある者であって，障害および社会的障壁により継続的に日常生活または社会生活に相当な制限を受ける状態にある者

障害者総合支援法
身体障害者福祉法に規定する身体障害者，知的障害者福祉法にいう知的障害者のうち18歳以上の者，精神保健福祉法に規定する精神障害者（発達障害者支援法に規定する発達障害者を含み，知的障害者福祉法にいう知的障害者を除く），難病等の者のうち18歳以上の者

身体障害者

身体障害者福祉法
別表（P150，151参照）に掲げる身体上の障害がある**18歳以上**の者で，都道府県知事から**身体障害者手帳を交付**された者

知的障害者

法律上定義なし
知的機能の障害が発達期に現れ，日常生活に支障が生じているため，何らかの特別の援助を必要とする状態にある者
（「知的障害児〔者〕基礎調査」より）

精神障害者

精神保健福祉法
統合失調症，精神作用物質による急性中毒またはその依存症，知的障害，精神病質その他の精神疾患を有する者

発達障害者

発達障害者支援法
自閉症，アスペルガー症候群その他の広汎性発達障害，学習障害，注意欠陥多動性障害（AD／HD）その他これに類する脳機能の障害であってその症状が通常低年齢において発現するものとして政令で定める者

♥ 身体障害者障害程度等級表（身体障害者福祉法施行規則別表）

級別	視覚障害	聴覚又は平衡機能の障害		音声機能、言語機能又はそしゃく機能の障害	肢体不自由		
		聴覚障害	平衡機能障害		上肢機能障害	下肢機能障害	体幹機能障害
1級	視力の良い方の眼の視力（万国式試視力表によって測ったものをいい、屈折異常のある者については きょう正視力について測ったものをいう。以下同じ）が0.01以下のもの				1. 両上肢の機能を全廃したもの 2. 両上肢を手関節以上で欠くもの	1. 両下肢の機能を全廃したもの 2. 両下肢を大腿の2分の1以上で欠くもの	体幹の機能障害により座っていることができないもの
2級	1. 視力の良い方の眼の視力が0.02以上0.03以下のもの 2. 視力の良い方の眼の視力が0.04かつ他方の眼の視力が手動弁以下のもの 3. 周辺視野角度（I/4視標による。以下同じ。）の総和が左右眼それぞれ80度以下かつ両眼中心視野角度（I/2視標による。以下同じ。）が28度以下のもの 4. 両眼開放視認点数が70点以下かつ両眼中心視野視認点数が20点以下のもの	両耳の聴力レベルがそれぞれ100デシベル以上のもの（両耳全ろう）			1. 両上肢の機能の著しい障害 2. 両上肢のすべての指を欠くもの 3. 一上肢を上腕の2分の1以上で欠くもの 4. 一上肢の機能を全廃したもの	1. 両下肢の機能の著しい障害 2. 両下肢を下腿の2分の1以上で欠くもの	1. 体幹の機能障害により座位又は起立位を保つことが困難なもの 2. 体幹の機能障害により立ち上ることが困難なもの
3級	1. 視力の良い方の眼の視力が0.04以上0.07以下のもの（2級の2に該当するものを除く。） 2. 視力の良い方の眼の視力が0.08かつ他方の眼の視力が手動弁以下のもの 3. 周辺視野角度の総和が左右眼それぞれ80度以下かつ両眼中心視野角度が56度以下のもの 4. 両眼開放視認点数が70点以下かつ両眼中心視野視認点数が40点以下のもの	両耳の聴力レベルが90デシベル以上のもの（耳介に接しなければ大声語を理解し得ないもの）	平衡機能の極めて著しい障害	音声機能、言語機能又はそしゃく機能の喪失	1. 両上肢のおや指及びひとさし指を欠くもの 2. 両上肢のおや指及びひとさし指の機能を全廃したもの 3. 一上肢の機能の著しい障害 4. 一上肢のすべての指を欠くもの 5. 一上肢のすべての指の機能を全廃したもの	1. 両下肢をショパー関節以上で欠くもの 2. 一下肢を大腿の2分の1以上で欠くもの 3. 一下肢の機能を全廃したもの	体幹の機能障害により歩行が困難なもの
4級	1. 視力の良い方の眼の視力が0.08以上0.1以下のもの（3級の2に該当するものを除く。） 2. 周辺視野角度の総和が左右眼それぞれ80度以下のもの 3. 両眼開放視認点数が70点以下のもの	1. 両耳の聴力レベルが80デシベル以上のもの（耳介に接しなければ話声語を理解し得ないもの） 2. 両耳による普通話声の最良の語音明瞭度が50パーセント以下のもの		音声機能、言語機能又はそしゃく機能の著しい障害	1. 両上肢のおや指を欠くもの 2. 両上肢のおや指の機能を全廃したもの 3. 一上肢の肩関節、肘関節又は手関節のうち、いずれか一関節の機能を全廃したもの 4. 一上肢のおや指及びひとさし指を欠くもの 5. 一上肢のおや指及びひとさし指の機能を全廃したもの 6. おや指又はひとさし指を含めて一上肢の3指を欠くもの 7. おや指又はひとさし指を含めて一上肢の3指の機能を全廃したもの 8. おや指又はひとさし指を含めて一上肢の4指の機能の著しい障害	1. 両下肢のすべての指を欠くもの 2. 両下肢のすべての指の機能を全廃したもの 3. 一下肢を下腿の2分の1以上で欠くもの 4. 一下肢の機能の著しい障害 5. 一下肢の股関節又は膝関節の機能を全廃したもの 6. 一下肢が健側に比して10cm以上又は健側の長さの10分の1以上短いもの	
5級	1. 視力の良い方の眼の視力が0.2かつ他方の眼の視力が0.02以下のもの 2. 両眼による視野の2分の1以上が欠けているもの 3. 両眼中心視野角度が56度以下のもの 4. 両眼開放視認点数が70点を超えかつ100点以下のもの 5. 両眼中心視野視認点数が40点以下のもの		平衡機能の著しい障害		1. 両上肢のおや指の機能の著しい障害 2. 一上肢の肩関節、肘関節又は手関節のうちいずれか一関節の機能の著しい障害 3. 一上肢のおや指を欠くもの 4. 一上肢のおや指の機能を全廃したもの 5. 一上肢のおや指及びひとさし指の機能の著しい障害 6. おや指又はひとさし指を含めて一上肢の3指の機能の著しい障害	1. 一下肢の股関節又は膝関節の機能の著しい障害 2. 一下肢の足関節の機能を全廃したもの 3. 一下肢が健側に比して5cm以上又は健側の長さの15分の1以上短いもの	体幹の機能の著しい障害
6級	視力の良い方の眼の視力が0.3以上0.6以下かつ他方の眼の視力が0.02以下のもの	1. 両耳の聴力レベルが70デシベル以上のもの（40cm以上の距離で発声された会話語を理解し得ないもの） 2. 一側耳の聴力レベルが90デシベル以上、他側耳の聴力レベルが50デシベル以上のもの			1. 一上肢のおや指の機能の著しい障害 2. ひとさし指を含めて一上肢の2指を欠くもの 3. ひとさし指を含めて一上肢の2指の機能を全廃したもの	1. 一下肢をリスフラン関節以上で欠くもの 2. 一下肢の足関節の機能の著しい障害	
7級					1. 一上肢の機能の軽度の障害 2. 一上肢の肩関節、肘関節又は手関節のうち、いずれか一関節の機能の軽度の障害 3. 一上肢の手指の機能の軽度の障害 4. ひとさし指を含めて一上肢の2指の機能の著しい障害 5. 一上肢のなか指、くすり指及び小指を欠くもの 6. 一上肢のなか指、くすり指及び小指の機能を全廃したもの	1. 両下肢のすべての指の機能の著しい障害 2. 一下肢の機能の軽度の障害 3. 一下肢の股関節、膝関節又は足関節のうち、いずれか一関節の機能の軽度の障害 4. 一下肢のすべての指を欠くもの 5. 一下肢のすべての指の機能を全廃したもの 6. 一下肢が健側に比して3cm以上又は健側の長さの20分の1以上短いもの	

備 考 1. 同一の等級について2つの重複する障害がある場合は、1級うえの級とする。但し2つの重複する障害が特に本表中に指定せられているものは、該当等級とする。
2. 肢体不自由においては、7級に該当する障害が2以上重複する場合は、6級とする。
3. 異なる等級について2以上の重複する障害がある場合については、障がいの程度を勘案して当該等級より上の級とすることができる。
4. 「指を欠くもの」とは、おや指については指骨間関節、その他の指については第1指骨間関節以上を欠くものをいう。
5. 「指の機能障害」とは、中手指関節以下の障害をいい、おや指については、対抗運動障害をも含むものとする。
6. 上肢又は下肢欠損の断端の長さは、実用長（上腕においては腋窩より、大腿においては坐骨結節の高さより計測したもの）をもって計測したものをいう。
7. 下肢の長さは、前腸骨棘より内くるぶし下端までを計測したものをいう。

| 乳児期以前の非進行性の脳病変による運動機能障害 | | 心臓，じん臓若しくは呼吸器又はぼうこう若しくは直腸，小腸，ヒト免疫不全ウイルスによる免疫若しくは肝臓の機能の障害 | | | | | | |
上肢機能障害	移動機能障害	心臓機能障害	じん臓機能障害	呼吸器機能障害	ぼうこう又は直腸の機能障害	小腸機能障害	ヒト免疫不全ウイルスによる免疫機能障害	肝臓機能障害
随意運動・失調等により上肢を使用する日常生活動作がほとんど不可能なもの	不随意運動・失調等により歩行が不可能なもの	心臓の機能の障害により自己の身辺の日常生活活動が極度に制限されるもの	じん臓の機能の障害により自己の身辺の日常生活活動が極度に制限されるもの	呼吸器の機能の障害により自己の身辺の日常生活活動が極度に制限されるもの	ぼうこう又は直腸の機能の障害により自己の身辺の日常生活活動が極度に制限されるもの	小腸の機能の障害により自己の身辺の日常生活活動が極度に制限されるもの	ヒト免疫不全ウイルスによる免疫の機能の障害により日常生活活動がほとんど不可能なもの	肝臓の機能の障害により日常生活活動がほとんど不可能なもの
随意運動・失調等により上肢を使用する日常生活動作が極度に制限されるもの	不随意運動・失調等により歩行が極度に制限されるもの						ヒト免疫不全ウイルスによる免疫の機能の障害により日常生活が極度に制限されるもの	肝臓の機能の障害により日常生活活動が極度に制限されるもの
随意運動・失調等により上肢を使用する日常生活動作が著しく制限されるもの	不随意運動・失調等により歩行が家庭内での日常生活活動に制限されるもの	心臓の機能の障害により家庭内での日常生活活動が著しく制限されるもの	じん臓の機能の障害により家庭内での日常生活活動が著しく制限されるもの	呼吸器の機能の障害により家庭内での日常生活活動が著しく制限されるもの	ぼうこう又は直腸の機能の障害により家庭内での日常生活活動が著しく制限されるもの	小腸の機能の障害により家庭内での日常生活活動が著しく制限されるもの	ヒト免疫不全ウイルスによる免疫の機能の障害により日常生活が著しく制限されるもの（社会での日常生活活動が著しく制限されるものを除く）	肝臓の機能の障害により日常生活活動が著しく制限されるもの（社会での日常生活活動が著しく制限されるものを除く）
随意運動・失調等による上肢の機能の障害により社会での日常生活活動が著しく制限されるもの	不随意運動・失調等により社会での日常生活活動が著しく制限されるもの	心臓の機能の障害により社会での日常生活活動が著しく制限されるもの	じん臓の機能の障害により社会での日常生活活動が著しく制限されるもの	呼吸器の機能の障害により社会での日常生活活動が著しく制限されるもの	ぼうこう又は直腸の機能の障害により社会での日常生活活動が著しく制限されるもの	小腸の機能の障害により社会での日常生活活動が著しく制限されるもの	ヒト免疫不全ウイルスによる免疫の機能の障害により社会での日常生活活動が著しく制限されるもの	肝臓の機能の障害により社会での日常生活活動が著しく制限されるもの
随意運動・失調等による上肢の機能の障害により社会での日常生活活動に支障のあるもの	不随意運動・失調等により社会での日常生活活動に支障があるもの							
随意運動・失調等による上肢の機能の劣るもの	不随意運動・失調等により移動機能の劣るもの							
上肢に不随意運動・失調等を有するもの	下肢に不随意運動・失調等を有するもの							

※重度…1～2級，中度…3～4級，軽度…5～7級

♥ 障害者手帳

	申請者	交付者	判定機関	等級	有効期間
身体障害者手帳	本人（15歳未満は保護者）	都道府県知事（指定都市・中核市の長）	身体障害者更生相談所	1級から6級まで	なし
療育手帳	本人・保護者	都道府県知事（指定都市の長）	児童相談所知的障害者更生相談所	A（重度）・B（その他）	原則2年
精神障害者保健福祉手帳	本人（家族・医療関係者の代行可）	都道府県知事（指定都市の長）	精神保健福祉センター	1級から3級まで	2年

♥ 障害者数

	総数	在宅者	施設入所者
身体障害児・者	436万人	429万人	7万人
知的障害児・者	108万人	96万人	12万人
精神障害者	419万人	389万人	30万人

「令和元年版　障害者白書」（内閣府）より

♥ 障害者に対する相談支援

障害者が自立した日常生活や社会生活を送ることができるよう，市町村が中心となって次のような相談支援事業が実施されている

○障害福祉サービス等の利用計画の作成（計画相談支援・障害児相談支援）

障害福祉サービス等申請者のサービス等利用計画作成，支給決定後のモニタリングを行う

○地域生活への移行に向けた支援（地域移行支援・地域定着支援）

入所施設や精神科病院等からの退所・退院の際に支援が必要な者に対し，施設や病院と連携しながら支援を行ったり（地域移行支援），退所・退院，一人暮らしへの移行，地域生活が不安定な者が地域で生活を継続していくための支援を行う（地域定着支援）

過去問　令和元年-問題91・問題96，平成27年-問題95，平成25年-問題12，平成23年-問題19

60 障害者福祉の基本理念 ノーマライゼーション

ここに注目

- 「知的障害者の権利宣言」と「障害者の権利宣言」は，ともにノーマライゼーションの理念を反映
- 国際連合が定めた「国際障害者年」のテーマは「完全参加と平等」
- ノーマライゼーションは，バンク-ミケルセンが提唱
- 2002（平成14）年に我が国で策定された「障害者基本計画」では，ノーマライゼーションとリハビリテーションが基本理念に位置づけられている

♥ 障害者福祉に関する理念

世界人権宣言（1948年）
・すべての人間は，生れながらにして自由であり，かつ，尊厳と権利とについて平等である（第1条）

知的障害者の権利宣言（1971年）
・実際上可能な限りにおいて，他の人間と同等の権利を有する
・教育，訓練，リハビリテーション及び指導を受ける権利を有する
・経済的保障及び相当な生活水準を享有する権利を有する　等

反映

ノーマライゼーションの理念

障害者の権利宣言（1975年）
・人間としての尊厳が尊重される生まれながらの権利を有する
・障害の原因，特質および程度にかかわらず，同年齢の市民と同等の基本的権利を有する
・経済的社会的保障を受け，相当の生活水準を保つ権利を有する　等

反映

国際障害者年（1981年）

「完全参加と平等」をテーマに，2つの権利宣言による理念を実現する施策が始まった

障害者の権利に関する条約（2006年）
・すべての障害者によるあらゆる人権及び基本的自由の完全かつ平等な享有を促進し，保護し，及び確保することならびに障害者の固有の尊厳の尊重を促進する

日本は2007年に署名，2014年に批准

♥ ノーマライゼーション

定　義	障害のある人もない人も，お互いに支え合い，地域でいきいきと明るく豊かに暮らせる社会を目指すという考え方
関連用語	ソーシャル・インクルージョン：社会的包摂ともよばれ，公的制度の柔軟な対応を図り，地域社会での自発的支援を再構築することである ナショナルミニマム：国民の最低限の生活を保障するという考え方で，我が国では「日本国憲法」第25条において明文化されている

バンク-ミケルセン（Bank-Mikkelsen, N. E.）　提唱

・**ノーマライゼーションを提唱。「ノーマライゼーションの父」**
・1950年代にデンマークの「知的障害者の親の会」の運動にかかわる過程で理論化
・「1959年法」によって，ノーマライゼーションという言葉が世界で初めて用いられた

ニィリエ（Nirje, B.）　8つの原理

・「ノーマライゼーションの育ての父」
・知的障害者の生活様式を平常化させるため，8つの原理を提唱
　①1日のノーマルなリズム　　　　　　⑤ノーマルな個人の尊厳と自己決定
　②1週間のノーマルなリズム　　　　　⑥ノーマルな異性との関係
　③1年間のノーマルなリズム　　　　　⑦ノーマルな経済水準
　④ライフサイクルでのノーマルな発達経験　⑧ノーマルな環境形態と水準

ヴォルフェンスベルガー（Wolfensberger, W.）　北米で展開

・**アメリカやカナダでノーマライゼーションを独自に理論化**
・ノーマライゼーションを発展させ，「個人の能力を高めること」「社会的イメージの向上」を重視した「ソーシャル・ロール・バロリゼーション」（社会役割の実践）を提唱

♥ ソーシャル・インクルージョン

理　念	高齢者や障害者，外国人などを含んだ，すべての人々を孤独や孤立，排除や摩擦から援護し，社会の構成員として包み，支え合うことである
提　言	2000（平成12）年に厚生省（現：厚生労働省）がまとめた「社会的な援護を要する人々に対する社会福祉のあり方に関する検討会」報告書では，ソーシャル・インクルージョンの理念を推し進めていくことが提言されている ※出題は，インクルージョンとしてが多い。

過去問　令和元年-問題18，平成31年-問題87，平成29年-問題2，平成26年-問題88，平成25年-問題88，平成24年-問題88，平成23年-問題1・問題20，平成21年-問題19，平成20年-問題1・問題21，平成19年-問題22

61 国際生活機能分類(ICF)

リンク 介護 ▶ 介護過程

ここに注目

● 国際生活機能分類は,「生活機能」というプラス面に着目
● 国際生活機能分類は,「生活機能」には3つの階層があるととらえる
● 国際生活機能分類では,背景因子(環境因子と個人因子)が重要視される
● WHOが国際障害分類(ICIDH)から国際生活機能分類(ICF)へ

♥ 国際障害分類(ICIDH)から国際生活機能分類(ICF)へ

国際障害分類(ICIDH)とは

・WHO(世界保健機関)が1980年に制定した障害の国際分類
・障害の概念を「機能障害」「能力障害」「社会的不利」に3分類

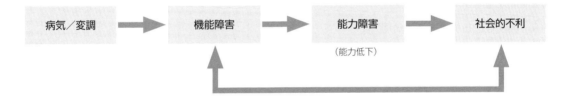

| 病気／変調 | → | 機能障害 | → | 能力障害
(能力低下) | → | 社会的不利 |

機能障害	心理的,生理的,解剖的な構造または機能の喪失・異常 (例:事故で足に負傷を負うなど)
能力障害	人間として正常とみなされる方法や範囲で活動していく能力の制限や欠如 (例:歩行が困難になるなど)
社会的不利	機能低下や能力低下によって生じる不利益。その人にとって正常な役割(年齢,性別など)を果たすことが制限されたり妨げられたりすること (例:機能または能力の低下により就職できないなど)

💜 国際生活機能分類（ICF）とは

> ・2001年にWHO（世界保健機関）が国際障害分類を改訂
> ・健常な機能を重視し，「生活機能」というプラス面に着目した分類
> ・人間の生活機能には「心身機能・身体構造」「活動」「参加」の3つの階層があり，これらに問題が生じた状態を総称して「障害」という

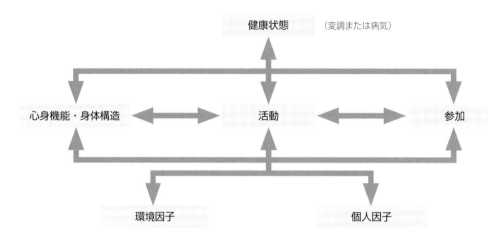

健康状態　（変調または病気）

心身機能・身体構造 ⟷ 活動 ⟷ 参加

環境因子　　個人因子

※活動は，「できる活動」「している活動」「する活動」の3つに分類することができる。

💜 国際生活機能分類の概要

	生活機能と障害（第1部）		背景因子（第2部）	
構成要素	心身機能・身体構造	活動・参加	環境因子	個人因子
領域	心身機能・身体構造	生活・人生領域（課題・行為）	生活機能と障害への外的影響	生活機能と障害への内的影響
構成概念	心身機能の変化（生理的） 身体構造の変化（解剖学的）	・能力 ・標準的な，及び現在の環境における課題遂行実行状況	物理的環境や社会的環境，人々の社会的な態度による環境の特徴がもつ促進的あるいは阻害的な影響力	個人的な特徴の影響力
肯定的側面	機能的・構造的統合性	活動・参加	促進因子	非該当
	生活機能			
否定的側面	機能障害・構造障害	活動制限・参加制約	阻害因子	非該当
	障害			

■生活機能…「心身機能・身体構造」「活動」「参加」の3つの階層がある

■障害…生活機能に何らかの問題が生じた状態を「機能・構造障害」「活動制限」「参加制約」とし，その総称をいう

 過去問　令和元年-問題19・問題87，平成31年-問題20，平成30年-問題87，平成26年-問題21・問題88，平成25年-問題21・問題87，平成24年-問題22・問題87，平成23年-問題21，平成22年-問題23，平成21年-問題26，平成20年-問題26，平成19年-問題26・問題74

62 視覚障害，聴覚・言語障害の理解と介護

リンク　介護 ▶ 生活支援技術

ここに注目

- 視覚障害…眼球や視覚中枢の伝達路の損傷・病変による視力低下，視野障害などの総称
- 聴覚障害…外耳から入った音を大脳で音として感じるまでの聴覚経路に何らかの障害があり，聞こえ方に異常をきたしている状態
- 言語障害…言語全般を書く・伝える・受け取る・解読することのいずれかの機能に不具合が生じている状態

♥ 視覚障害とは

- ○視覚障害…長期にわたり，視機能の低下が認められる状態
- ○視覚障害の分類…一般的に視力の程度により盲と弱視（ロービジョン）に分類
- ○WHOによる弱視の定義…矯正視力0.05以上0.3未満

♥ 視覚障害の原因となる主な病気

糖尿病網膜症 (diabetic retinopathy)	糖尿病の合併症のひとつ。**中途失明の危険性が高い**
ベーチェット病 (behçet disease)	主症状であるぶどう膜炎の再発を繰り返すことで，視力が低下する。指定難病のひとつ
白内障（cataract）	**水晶体が白く混濁**している状態。羞明，視力低下を起こす。先天性もあり
緑内障（glaucoma）	**眼圧亢進**により視機能が障害を受ける。**中途失明の原因疾患**第1位
網膜色素変性症 (retinitis pigmentosa)	夜盲や視野の変化が起こる遺伝性疾患。求心性視野狭窄を起こす
加齢黄斑変性症 (age related macular degeneration：ARMD)	**網膜の黄斑**という部位が変性をきたすために**視力が低下**する

※ P124の図で部位を確認しておこう

先天性視覚障害者

○視覚的情報・模倣の欠如 →	言葉は知っていても，実際にどのようなものかがわからない状態（バーバリズム）になりやすい
○全身・手指運動の制限	
○経験機会の制限	
○ブラインディズム →	手や指を眼前でひらひらさせるなどの習慣的反復行動をとる

中途視覚障害

視覚を人生の途中で失うことから，心理的安定が損なわれるほか，基礎的生活技能，コミュニケーション，鑑賞力，職業・経済的安定など，さまざまな**喪失を体験**する。

伝音性難聴と感音性難聴

	伝音性難聴（外耳～中耳の障害）	感音性難聴（内耳以降の障害）
主な症状	小さな音が聞き取りにくい	小さな音も大きな音も聞き取りにくい
症状の改善	補聴器などで改善が期待できる	補聴器の適合が困難な場合が多い
原因疾病	中耳炎など	メニエール病，突発性難聴等の内耳の病気など

※伝音性難聴と感音性難聴が合併したものを<u>混合難聴</u>という

言語障害

聞こえ方の特徴による分類	病因による分類
構音障害（一定の語音が発せられない）	口蓋裂によるもの
┌省略…「ヒコーキ」→「コーキ」 └置換…「サカナ」→「タカナ」	脳の言語中枢障害によるもの（失語症）
	情緒的要因によるもの（緘黙症，吃音）
話し声の異常，音声障害	聴覚障害を伴う（ろうあ，先天性難聴）
話し言葉のリズムの障害（吃音，早口症）	脳性麻痺によるもの

ブローカ失語とウェルニッケ失語

	ブローカ失語	ウェルニッケ失語
損傷部位	ブローカ領域（前頭連合野の言語野）	ウェルニッケ領域（側頭連合野の言語野）
発話	非流暢でゆっくり	流暢だが錯誤が目立つ
聴覚的理解	相対的に良好だが正常ではない	障害されてつじつまが合わない
読み書き		障害される

テーマ48 感覚器系の仕組みと疾患も参照

63 肢体不自由，内部障害の理解と介護

リンク こころとからだのしくみ ▶ こころとからだのしくみ ▶ からだのしくみの理解

ここに注目

- 肢体不自由…先天的または後天的な要因により，四肢及び体幹に何らかの障害があり，その状態が相当期間または永続的に続くことをいう
- 脊髄損傷…損傷部位により頸髄損傷，胸髄損傷，腰髄損傷に大別され，どの部位を損傷したかによって残存能力がおおむね決まる
- ストーマ（ストマ）…人工的に造設した尿や腸内容物の排泄孔をいう
- ペースメーカー…一定のリズムで心臓を拍動させるために，人工的に電気刺激を与える装置

💛 脊髄損傷部位による主な障害

頸髄損傷	上肢から下が麻痺（一部上肢使用可能）
胸髄損傷	下肢が麻痺
腰髄損傷	下肢が麻痺

💛 肢体不自由の分類

脳損傷に起因しない障害	脳損傷に起因する障害
外傷や身体疾患など，脳以外の損傷が原因で肢体不自由になった障害	主に脳に損傷があって，肢体不自由になった障害
随伴障害（原因となる疾患または主な障害に伴って起こる障害）を引き起こす例はまれである	随伴障害として，知的障害，感覚・知覚障害，言語障害，てんかん発作などを引き起こすことが多い
（原因疾患） 急性灰白髄炎（ポリオ）(acute poliomyelitis)，脊髄損傷 (spinal cord injury)，進行性筋ジストロフィー (progressive muscular dystrophy：PMD)，関節リウマチ (rheumatoid arthritis：RA)，重症筋無力症 (myasthenia gravis：MG)，後天性切断など	（原因疾患） 脳性麻痺 (cerebral palsy)，脳炎後遺症 (sequelae of encephalitis)，脳血管障害 (cerebrovascular disorder：CVD)，頭部外傷 (head injury) など

 麻痺の分類

運動麻痺	知覚麻痺（感覚麻痺）
運動機能が障害を受けたもの	知覚機能（温度の感覚や痛み，触覚など）が障害を受けたもの

麻痺の部位による分類

四肢麻痺（ししまひ）	片麻痺（へんまひ）
四肢（両上肢と両下肢）が麻痺するもので，頸髄損傷や脳性麻痺などでみられる	右半身または左半身というように，身体の片側が麻痺するもの。脳血管障害の後遺症として現れることが多く，損傷を受けた脳の部位とは反対側の部位に麻痺症状がみられる

対麻痺（ついまひ）	三肢麻痺（さんしまひ）	単麻痺（たんまひ）
両下肢が麻痺するもの。脊髄損傷では，両下肢麻痺が多くみられる	四肢のうちのいずれか三肢の麻痺	四肢のうちの一肢の麻痺

♥ 心臓機能障害

○ペースメーカー…めまい，失神，心不全症候群などを伴う完全房室ブロックや洞機能不全症候群患者に対して，一定のリズムで心臓を拍動させるため，人工的に電気刺激を与える装置

♥ ペースメーカー装着者の介護

心臓ペースメーカーを装着した人は，定期的な検診と指示された服薬，脈拍測定を順守する
介護従事者は，利用者が，生命の危機と将来に対する不安をもっていることに留意する
介護従事者は，医師による運動処方に基づいて，社会生活を営むことができるよう援助する
心臓ペースメーカーを使用していても，激しい運動をしない限り，普通の生活を送ることができる

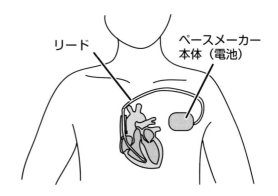

リード
ペースメーカー本体（電池）

♥ 膀胱・直腸機能障害

○尿路ストーマ…尿の排泄のために，人工的に尿路系に造設された人工膀胱

○消化器ストーマ…便の排泄のために，人工的に大腸などに造設された人工肛門

①回腸ストーマ（イレオストミー）

　回腸部分に造設されたストーマ。消化・吸収前に排出されるため，水様便になりやすい。栄養障害に留意

②結腸ストーマ（コロストミー）

　結腸部分に造設されたストーマ。消化・吸収が進んだ状態で排出されるため，固形状の便として排出

ストーマを造設した人のことをオストメイトという

過去問 ➡ 令和元年-問題89，平成31年-問題89，平成24年-問題90，平成23年-問題23，平成20年-問題103・問題106

64 知的障害，精神障害の理解と介護

リンク ▶ 介護 ▶ 生活支援技術

ここに注目

- 知的障害（intellectual disability）…さまざまな原因によって脳に障害を受け，知能の発達が持続的に遅滞した状態をいう
- 精神障害（mental disorder）…その主要な原因から，内因性精神障害，外因性精神障害，心因性精神障害の3つに分類される

♥ 知的障害の原因（原因としてわかっているもの）

先天的な原因	後天的な原因
· **遺伝的原因**：先天性代謝異常（フェニルケトン尿症）(inborn errors of metabolism〔phenylketonuria〕)，遺伝性新生物質（結節性硬化症）(tuberous sclerosis) など · **染色体異常**：ダウン症候群*（down syndrome），ターナー症候群（turner syndrome） など · **胚種損傷**，胎生期障害，出産時障害	出生後，乳幼児期に脳の障害により知的障害を起こすもの （脳の感染，外傷，成長ホルモンの欠乏，中毒など）

＊ダウン症候群のほとんどが21番目の染色体の数が1本多いために起こるもので，「21トリソミー」ともよばれる。中等度・高度の知的障害，吊り上った目尻など特徴的な顔貌，先天的心疾患などの内臓障害がみられる

♥ 精神障害の分類

内因性 精神障害	発病の原因が個人の素質に基づくものや原因不明とされる精神障害	統合失調症，気分障害（躁病・うつ病） など
外因性 精神障害	身体的要因（脳の外傷，感染症，中毒など）に基づく精神障害	器質性 ··· アルツハイマー型認知症（dementia of alzheimer type：DAT） など 中毒性 ··· アルコールによる精神障害など
心因性 精神障害	心理的・社会的要因によって起こる心身の機能障害	神経症 ··· パニック障害（panic disorder），PTSD（post-traumatic stress disorder） など 心身症 ··· 過呼吸症候群（hyperventilation syndrome），書痙（writer's cramp） など

♥ 精神障害者の入院形態（入院条件ごとに5種）

○任意入院…**精神障害者自身の同意**に基づいて行われる
○措置入院…**2人以上の指定医**が診察し，入院させなければ自傷他害のおそれがあると判断された場合，**都道府県知事**が入院させる
○緊急措置入院…**急を要し**，措置入院の手続きをとることができない場合に，指定医1人の診察に基づいて行われる
○医療保護入院…**指定医1人の診察**の結果，入院が必要と認められた場合に，家族等の同意に基づいて行われる
○応急入院…医療，保護の依頼があり，**急を要すると指定医が認めた場合**に，**家族等，本人の同意がなくても72時間**を限度として精神科病院の管理者が入院させる

💜 代表的な内因性精神障害

○統合失調症（schizophrenia）

人の声の幻聴や被害妄想をはじめとする異常体験を訴えることがあり，慢性化し，放置しておくと荒廃状態に至る

○気分（感情）障害（mood disorder）

気分（感情）障害の病型には，躁病とうつ病の両方を波型に繰り返すもの（双極型）と，どちらか一方を周期的に繰り返すもの（単極型）がある。躁病とうつ病という両極端のものは，同一の疾患の異なった現れ方とみて双極性障害（躁うつ病）という

💜 うつ病（depression）の主な症状

・思考停止（thought disorder）… 思考が途絶え，口数が減り，体を動かすことができなくなる
・微小妄想（delusion of belittlement）… 自分の能力や健康などを過小評価し，価値のない人間であると思い込む
・罪業妄想 …（delusion of guilt）皆に迷惑をかけ，取り返しのつかないことをしたと確信する
※生活全般の活動低下を引き起こすことに特徴があり，日内変動がみられる

💜 主なアルコール精神障害

○振戦せん妄…アルコールによる離脱症状。意識混濁や幻覚などの離脱症状が現れる急性の意識障害。前駆症状として不眠，不安，めまい，頭痛，不機嫌などが生じ，しだいに手から全身に広がる振戦が起こる

○コルサコフ症候群…高度の記銘障害と健忘が主症状。作話が起こり，見当識は著しく低下する。**予後は悪く認知症に至る**こともある

○アルコール性の認知症…大脳の著しい機能低下が生じ，認知症の症状が現れる

💜 知的障害者の介護の基本

○本人の理解の仕方に合わせて教えていく
○判断の手がかりを示したり，手順とその結果までの方法を示しながら教えていく
○技能的なことは，少しずつ何度も繰り返しながら教え，気長に見通しをもって対応していく（スモールステップ）
○言葉の理解が難しい場合には，カードや絵などを用いて，視覚で補うなどのくふうをする
○快いことや楽しいことを数多く経験できるように配慮された援助を行う

💜 精神障害者の援助の基本

○精神障害者の苦しさ・つらさに**共感**し，ありのままを受け止め（受容），理解する姿勢が重要になる。ただし，相手との適切な距離を保ち，冷静に対処することが必要
○介護従事者は，自分の価値観で判断したり，価値観を押しつけたりしないことが大切
○本人がその気にならない場合は，本人がその気になるまで見守るということも大切
○精神障害者は，苦しくつらくても，何もかも一人で背負い込もうとする傾向がみられるので，本人の自尊心を損ねないよう注意しながら，周囲の助けが必要なことを理解してもらうようはたらきかける（アウトリーチ）

💜 障害者に関するシンボルマーク

マーク	名称	概要
	障害者のための国際シンボルマーク	障害者が利用できる建物，施設であることを明確に表す世界共通のシンボルマーク。 「すべての障害者を対象」としたマークであり，特に車いすを利用する障害者限定し，使用されるものではない。
	聴覚障害者標識	聴覚障害であることを理由に免許に条件を付されている人が運転する車に表示する。表示は義務。 やむを得ない理由を除き，このマークを表示した車に割り込み等を行った運転者は，道路交通法の規定により罰せられる。
	身体障害者標識	肢体不自由であることを理由に免許に条件を付されている人が運転する車に表示する。表示は努力義務。 やむを得ない理由を除き，このマークを表示した車に割り込み等を行った運転者は，道路交通法の規定により罰せられる。
	盲人のための国際シンボルマーク	盲人のための世界共通のマーク。1984年の世界盲人連合で制定された。 視覚障害者の安全やバリアフリーに考慮された建物，設備，機器などに付けられ，信号機や国際点字郵便物，書籍などで身近に見られる。
Welcome! ほじょ犬	ほじょ犬マーク	「身体障害者補助犬法」に基づく，身体障害者補助犬（盲導犬，介助犬，聴導犬）同伴の啓発のためのマーク。 不特定多数の人の利用する施設（デパート，ホテル，飲食店など）には補助犬の受け入れが義務づけられており，それらの施設の入り口などに表示される。

 令和元年-問題90，平成31年-問題90・問題91，平成28年-問題90，平成27年-問題14，平成25年-問題38・問題91・問題92，平成24年-問題94・問題96，平成23年-問題109，平成22年-問題110，平成21年-問題72・問題107，平成20年-問題70・問題111，平成19年-問題111

164

65 発達障害，難病の理解と介護

ここに注目

- ●発達障害…自閉症，アスペルガー症候群その他の広汎性発達障害，学習障害，注意欠陥・多動性障害その他これに類する脳機能の障害であってその症状が通常低年齢において発現するものとして政令で定めるもの（発達障害者支援法の定義）
- ●難病…原因不明で治療方法が未確立であり，かつ，後遺症を残すおそれが少なくない疾病経過が慢性にわたり，単に経済的な問題のみならず介護等に著しく人手を要するために家庭の負担が重く，また精神的にも負担が大きい疾病（「難病対策要綱」の定義）

💙 主な発達障害の定義

自閉症（autism）	自閉症とは，3歳位までに現れ，他人との社会的関係の形成の困難さ，言葉の発達の遅れ，同じ動作を繰り返す，興味や関心が狭く特定のものにこだわることを特徴とする障害
高機能自閉症（high-functioning autism：HA）	高機能自閉症とは，自閉症のうち，知的発達の遅れを伴わないもの
学習障害（learning disability：LD）	学習障害とは，基本的には全般的な知的発達に遅れはないが，聞く，話す，読む，書く，計算するまたは推論する能力のうち特定のものの習得と使用に著しい困難を示すさまざまな状態を指すもの
注意欠陥・多動性障害（attention deficit hyperactivity disorder：ADHD）	ADHDとは，年齢あるいは発達に不釣り合いな注意力及び衝動性，多動性を特徴とする行動の障害で，社会的な活動や学業の機能に支障をきたすもの
アスペルガー症候群（asperger syndrome：AS）	知的発達の遅れを伴わず，かつ，自閉症の特徴のうち言葉の発達の遅れを伴わないものである。なお，高機能自閉症やアスペルガー症候群は，広汎性発達障害に分類されるものである

💙 発達障害者の特徴

身体や知能に障害がないことなどから周囲の理解を得ることが難しく，「わがまま」「自分勝手」と思われやすい。自閉症スペクトラム障害の特性として，言葉から意味をくみ取ることへの困難さ，見通しや予測を立てるのが困難で，変化に対し強い不安や抵抗を示すことが挙げられる。

難しい表現の例
- ・具体的でない言葉……「もっと」「たくさん」など
- ・どういう状況なのかを理解しにくい言葉……「いい子にしていたら」など
- ・具体的にどうしたらいいのか示されていない否定や禁止の言葉

また，一度に複数の指示内容を把握することが難しく，内容を把握するのに時間がかかる。
コミュニケーションを行う際は具体的で肯定的な表現を用いるようにする。

　・「これから○○をします」など

💜 難病患者の特徴

日常生活において多くの不自由を感じている。症状が重くなると寝たきりになる場合もあり、医療的ケアや介護が必要となる。

💜 指定難病

2015（平成27）年1月に難病法（難病の患者に対する医療等に関する法律）が施行され、医療費助成制度の確立、調査および研究の推進、療養環境整備事業の実施などが定められた。医療費助成の対象となっている疾患を**指定難病**という。2019（令和元）年7月現在、333疾病が指定されている。

💜 主な指定難病の種類

ベーチェット病	膿疱性乾癬
多発性硬化症	広範脊柱管狭窄症
重症筋無力症	原発性胆汁性肝硬変
全身性エリテマトーデス	重症急性膵炎
スモン	特発性大腿骨頭壊死症
再生不良性貧血	混合性結合組織病
サルコイドーシス	原発性免疫不全症候群
筋萎縮性側索硬化症	特発性間質性肺炎
強皮症・皮膚筋炎及び多発性筋炎	網膜色素変性症
特発性血小板減少性紫斑病	プリオン病
結節性動脈周囲炎	肺動脈性肺高血圧症
潰瘍性大腸炎	神経線維腫症
大動脈炎症候群	亜急性硬化性全脳炎
ビュルガー病	バッド・キアリ（budd-chiari）症候群
天疱瘡	慢性血栓塞栓性肺高血圧症
脊髄小脳変性症	ライソゾーム病
クローン病	副腎白質ジストロフィー
難治性の肝炎のうち劇症肝炎	家族性高コレステロール血症（ホモ接合体）
悪性関節リウマチ	脊髄性筋萎縮症
パーキンソン病関連疾患	球脊髄性筋萎縮症
アミロイドーシス	慢性炎症性脱髄性多発神経炎
後縦靭帯骨化症	肥大型心筋症
ハンチントン病	拘束型心筋症
モヤモヤ病（ウィリス動脈輪閉塞症）	ミトコンドリア病
ウェゲナー肉芽腫症	リンパ脈管筋腫症（LAM）
特発性拡張型（うっ血型）心筋症	重症多形滲出性紅斑（急性期）
多系統萎縮症	黄色靭帯骨化症
表皮水疱症	間脳下垂体機能障害

過去問 令和元年-問題14・問題31・問題32・問題92・問題93・問題95、平成31年-問題92、平成30年-問題91、平成29年-問題90、平成26年-問題91、平成25年-問題93・問題118・問題119、平成24年-問題95、平成23年-問題45・問題70、平成22年-問題19・問題68、平成20年-問題48・問題60

66 障害者の心理

ここに注目

- 適応…自分を取り巻く自然的・社会的な環境の変化に応じた行動をとりながら、自分の欲求を満足させていくこと
- 適応機制…欲求不満を感じたとき、欲求を満足させるために無意識的に行う行動や態度。逃避機制、自我防衛機制、攻撃機制の３つに大きく分けられる

♥ 中途障害の受容の過程（自らを受け入れ自立に向かうプロセス）

○障害発生初期（**ショック期**）
　障害の発生直後の時期。当初は実感がもてず、不安もそれほど強いものではない場合が多いと考えられる。障害が回復不能であることを知らされると、深刻な苦悩、不安、葛藤、怒りの感情に襲われる。

○回復を期待する段階（**期待期**）
　「いずれ治るのではないか」などと考え、障害のあることを認めようとしない時期。

○障害を認め苦悩する段階（**苦悩期**）
　回復が不可能であることを認識し、混乱する時期。悔やんだり、周囲の人への攻撃的態度などもみられる。

○自己を再建する段階（**自己再建期**）
　障害のショックや混乱から少しずつ立ち直り、人生の再建にかけて前向きの努力が開始される時期。失われた価値よりも、残っている価値に目を向けるようになり始める。

○受容の段階（**受容期**）
　さらに障害の受容が進み、喪失した能力の代償機能または再適応機能に目を向け、具体的な問題の解決に取り組み始める時期。

過去問 令和元年-問題94、平成31年-問題94、平成29年-問題92、平成25年-問題94、平成20年-問題43

☑ チェックテスト5

52 認知症の定義と認知症ケアの歴史

認知症は脳の器質的障害によって一度獲得した（　　1　　）機能が持続的に低下した状態にあり，（　　2　　）において明らかな障害を及ぼすもので，意識障害がないものをいう。　　　　　　　　　　　　　　　　　　　　　　　　　　　　　　　▶P138

全国の65歳以上の高齢者のうち，平成24年の認知症有病者数は約（　　3　　）万人と推計され，そのうち介護保険制度を利用している認知症高齢者は約（　　4　　）万人である（平成22年）。　　　　　　　　　　　　　　　　　　　　　　　　　▶P139

正常でもない，認知症でもない，正常と認知症の中間の状態の者は（　　5　　）と呼ばれ，有病者数約400万人と推計されている（平成24年）。　　　　　　　▶P139

53 認知症の中核症状と周辺症状

中核症状のひとつである（　　6　　）では，麻痺がないのにうまく日常の行為を行えないというように，目的に沿った動作ができなくなる。　　　　　　　　▶P140

現在は何年何月か，自分はどこにいるのかなどが把握できなくなる状態を（　　7　　）障害といい，認知症の進行に伴って，時間，場所，人物の順に認識の障害が進んでいく。　　　　　　　　　　　　　　　　　　　　　　　　　　　　　▶P140

感覚機能の障害はないのに，見たものや聞いたものが理解できない状態を（　　8　　）という。　　　　　　　　　　　　　　　　　　　　　　　　　　　　　　▶P140

認知症の（　　9　　）症状は，認知症になっても必ずみられるとは限らない症状である。不安，幻覚，うつ状態，徘徊などが挙げられる。　　　　　　　　　　▶P140

認知症における中核症状は必ず現れる症状であり，介護者は認知症の人のテンポに合わせ，（　　10　　）ケアが不可欠である。　　　　　　　　　　　　　　　　▶P140

認知症における周辺症状は，中核症状に伴う症状であり，本人の性格，（　　11　　），人間関係などさまざまな要因が絡み合って生じる。　　　　　　　　　　　　　▶P140

解答
1 認知　2 日常生活　3 462　4 280　5 MCI　6 失行　7 見当識　8 失認　9 周辺
10 寄り添う　11 生活環境

54 認知症に似た症状

認知症は，知的機能が持続的に低下していく状態で，「眼鏡をどこに置いたか忘れた」のような，いわゆる（　　1　　）とは区別される。　　▶P141

うつ病性仮性認知症では，抑うつ状態よりも（　　2　　）の制止が目立つ例があり，認知症と似た症状が現れるが，（　　3　　）の治療を進めると，表面に現れている知的な機能の減退が改善する場合がある。　　▶P141

せん妄は，老年期にみられやすい（　　4　　）障害のひとつで，症状が急激に発症することが多く，（　　5　　）に強く現れる。　　▶P141

統合失調症では，身だしなみに構わない，（　　6　　）がみられるなどの症状が認知症との混乱を招く。　　▶P141

55 アルツハイマー型認知症と脳血管性認知症

アルツハイマー型認知症では，脳細胞の変性による脳全体の（　　7　　）がみられ，知能全般に障害が現れることを特徴とする。　　▶P142

脳血管疾患による脳の神経細胞や組織の障害を原因とする認知症は，運動や知覚の（　　8　　），言語障害，感情失禁などを伴うことが多く，症状にむらがあるため「（　　9　　）認知症」ともいう。　　▶P142

脳血管性認知症は，（　　10　　）に進行し，病状は動揺性である。原因疾患である脳血管障害と並行する。　　▶P142

アルツハイマー型認知症のうち，日常生活のなかで炊事の自立困難が見られる程度は（　　11　　）度である。　　▶P143

レビー小体型認知症は，脳全体にレビー小体といわれる異常物質が沈着して発症し，（　　12　　）症状，幻視，錯視が現れる。　　▶P143

解答

1　物忘れ　2　精神運動　3　うつ病　4　精神　5　夜間　6　徘徊　7　萎縮　8　麻痺　9　まだら
10　階段状　11　軽　12　パーキンソン

56　認知症患者・家族に対するサービス等

介護保険制度における地域密着型サービスの一つである（　**1**　）では，認知症の要介護者等に対してグループホームで介護や機能訓練を行う。　▶P145

利用者と社会との接点の維持や生活リズムをつくることをケアの目標としている小規模多機能型（　**2**　）では，訪問・（　**3**　）・宿泊を組み合わせて，入浴・排泄・食事の介護，機能訓練等を行う。　▶P145

認知症の鑑別診断，専門医療相談などを行う認知症疾患医療センターは，認知症への対応に特化した医療機関であり，認知症医療の専門医，臨床心理技術者，（　**4**　）の配置が定められている。　▶P145

家族が介護を続けていくために一時的に休息がとれるよう支援することを（　**5**　）ケアといい，訪問介護やデイサービス，ショートステイのほか，家族会への参加などもこれに含まれる。　▶P144　▶P145

高齢者が慢性疾患などの治療のために日常的に受診する診療所等の主治医は（　**6**　）ともよばれ，認知症に関する正しい知識と理解をもち，地域で認知症の人や家族を支援する役割を期待されている。　▶P144

57　認知症の評価スケール

認知症の評価スケールには，被験者に口頭で質問することによって判定する「質問式」のものと，柄澤式「老人知能の臨床的判定基準」のような「（　**7**　）」のものとがある。　▶P146

「質問式」評価スケールのうち，MMSEには（　**8**　）知能を測定する項目があるが，長谷川式認知症スケール（HDS-R）にはない。　▶P146

長谷川式認知症スケール（HDS-R）は，（　**9**　）や記銘力などを比較的容易に点数化して評価することができるもので，30点満点中20点以下のとき，認知症の疑いがあると判断される。　▶P146

FASTは，（　**10**　）認知症の重症度を判定する評価尺度で，進行の程度を（　**11**　）つに区分し，それぞれの程度の臨床的特徴が示されている。　▶P146

解答

1　認知症対応型共同生活介護　2　居宅介護　3　通所　4　精神保健福祉士　5　レスパイト
6　かかりつけ医　7　観察式　8　動作性　9　短期記憶　10　アルツハイマー型　11　7

58　認知症の介護

物忘れや問題行動を起こしても，叱ったり否定したりせず，本人の気持ちをひとまず受け入れるようにし，（　　1　　）を傷つけるような態度や言葉は慎み，生活の意欲がわくように接していく。　　　　　　　　　　　　　　　　　　　　　　▶P147

異食がみられるときは，危険な物や傷んだ食べ物を手の届くところに置かないように注意し，不潔行為に対しては（　　2　　）を把握してトイレに誘導し，便が出たら速やかに片付けるようにする。　　　　　　　　　　　　　　　　　　　　　▶P147

認知症高齢者の家族に対しては，その思いを理解するように努め，話をよく聴くとともに，社会資源を活用して，家族の（　　3　　）を軽減できるよう援助していくことを心がける。　　　　　　　　　　　　　　　　　　　　　　　　　　　　▶P147

パーソン・センタード・ケアとは，認知症高齢者一人ひとりの（　　4　　）や性格，本人の希望などの情報を把握，理解し，人間らしい生き方を支援していくという考え方である。　　　　　　　　　　　　　　　　　　　　　　　　　　　　　　　　▶P148

59　障害者の定義

障害者基本法において「障害者」とは，身体障害，知的障害，（　　5　　）その他の心身の機能の障害があるため，継続的に日常生活または社会生活に相当な制限を受ける者とされている。　　　　　　　　　　　　　　　　　　　　　　　　　　　▶P149

障害者総合支援法では，身体障害者福祉法に規定する身体障害者，知的障害者福祉法にいう知的障害者のうち18歳以上の者，（　　6　　）に規定する精神障害者（発達障害者支援法に規定する発達障害者含む），難病等の者で18歳以上の者を「障害者」としている。　　　　　　　　　　　　　　　　　　　　　　　　　　▶P149

「令和元（2019）年版　障害者白書」によると，（　　7　　）の総数は約436万人で，そのうち（　　8　　）の障害者は約429万人となっている。　　　　　　▶P152

精神障害者には（　　9　　）の判定により精神障害者保健福祉手帳が交付され，児童相談所または知的障害者更生相談所により知的障害と判定された者には（　　10　　）手帳が交付される。　　　　　　　　　　　　　　　　　　　　▶P152

解答

1　自尊心（プライド）　2　排泄パターン　3　介護負担　4　生活歴　5　精神障害（発達障害を含む）
6　精神保健福祉法（精神保健及び精神障害者福祉に関する法律）　7　身体障害児・者　8　在宅
9　精神保健福祉センター　10　療育

60　障害者福祉の基本理念　ノーマライゼーション

国際連合は，「知的障害者の権利宣言」，「障害者の権利宣言」の理念を実現するため，（　1　）年を国際障害者年と定め，「（　2　）」をテーマとしてさまざまな取り組みを行った。　▶P153

2006年に国連で採択された（　3　）は，障害者によるあらゆる人権・基本的自由の完全かつ平等な享有の促進・保護・確保，ならびに障害者の固有の尊厳の尊重を促進することを目的とした条約である。　▶P153

ソーシャル・インクルージョンとは，高齢者や障害者，外国人などを含んだ，すべての人々を孤独や孤立，排除や摩擦から援護し，（　4　）として包み，支え合うことである。　▶P154

アメリカやカナダでノーマライゼーションを独自に理論化した（　5　）は，「ソーシャル・ロール・バロリゼーション」（社会役割の実践）を提唱した。　▶P154

61　国際生活機能分類（ICF）

WHO（世界保健機関）が1980年に制定した国際障害分類（ICIDH）では，障害の概念を「機能障害」「（　6　）障害」「（　7　）」の3つのレベルに分類していた。　▶P155

国際障害分類（ICIDH）の改訂版である国際生活機能分類（ICF）は，障害のもつマイナス面よりも，「（　8　）」というプラス面に着目した分類である。　▶P155　▶P156

国際生活機能分類（ICF）は，生活機能には「心身機能・身体構造」「（　9　）」「参加」という3つの階層があるとし，「環境因子」「（　10　）」という2つの背景因子の影響を重視している。　▶P156

国際生活機能分類（ICF）の構成要素である「活動」は，目標を設定する場合にできる活動，している活動，（　11　）活動に分類することができる。　▶P156

解答

1 1981　**2** 完全参加と平等　**3** 障害者の権利に関する条約　**4** 社会の構成員
5 ヴォルフェンスベルガー　**6** 能力　**7** 社会的不利　**8** 生活機能　**9** 活動　**10** 個人因子
11 する

62　視覚障害，聴覚・言語障害の理解と介護

ものを見た経験がまったくない先天性視覚障害者は，視覚的情報や模倣の欠如により，言葉は知っていても実際にはどのようなものかがわからない「（　　1　　）」という状態になりやすい。　　　　　　　　　　　　　　　　　　　　　　　　　　▶P158

人生の途中で視覚を失った（　　2　　）者の場合，基礎的な生活技能やコミュニケーションだけでなく，職業，経済的安定，心理的安定や人格の完全さなど，さまざまな（　　3　　）を体験する。　　　　　　　　　　　　　　　　　　　　　　　　▶P158

前頭連合野の言語野を（　　4　　）領域，側頭連合野の言語野を（　　5　　）領域といい，（　　4　　）領域を障害された場合の聴覚的理解は正常ではないものの相対的に良好である。一方，（　　5　　）領域を障害された場合の聴覚的理解はつじつまが合わない。　　　　　　　　　　　　　　　　　　　　　　　　　　▶P158

言語障害をその病因からみた場合，失語症は脳血管障害や外傷性脳損傷など脳の（　　6　　）障害によるもの，緘黙症や吃音は（　　7　　）要因によるものとして分類することができる。　　　　　　　　　　　　　　　　　　　　　　　▶P158

63　肢体不自由，内部障害の理解と介護

主に脳に損傷があって肢体不自由となった場合は，随伴障害として（　　8　　）障害，感覚・知覚障害，言語障害，（　　9　　）発作などを引き起こすことが多い。　▶P159

身体の片側（右半身または左半身）が麻痺するものを片麻痺といい，（　　10　　）の後遺症として，損傷を受けた脳の部位と（　　11　　）側の部位に麻痺がみられる。　　　　　　　　　　　　　　　　　　　　　　　　　　　　　　　　　　▶P160

便の排泄のために人工的に造設された人工肛門を消化器ストーマ，尿の排泄のために人工的に造設された人工膀胱を（　　12　　）といい，ストーマを造設した人のことを（　　13　　）とよぶ。　　　　　　　　　　　　　　　　　　　　　　▶P161

心臓を一定のリズムで拍動させるために，人工的に電気刺激を与える装置を（　　14　　）という。　　　　　　　　　　　　　　　　　　　　　　　　　　▶P161

解答

1　バーバリズム　2　中途視覚障害　3　喪失　4　ブローカ　5　ウェルニッケ　6　言語中枢
7　情緒的　8　知的　9　てんかん　10　脳血管障害　11　反対　12　尿路ストーマ
13　オストメイト　14　ペースメーカー（心臓ペースメーカー）

64　知的障害，精神障害の理解と介護

染色体の異常を原因とする（　　1　　）症候群は，そのほとんどが，21番目の染色体の数が1本多いために起こる。　　　▶P162

知的障害者の介護の場合，技能的なことは少しずつ何度も繰り返しながら教え，気長に見通しをもって対応していく（　　2　　）の方法が基本となる。　　　▶P163

内因性精神障害の一つである気分障害には，躁病とうつ病の両方を波型に繰り返す（　　3　　）型と，どちらか一方を周期的に繰り返す（　　4　　）型がある。　　　▶P163

重度のアルコール依存症者が急に飲酒を中断した場合に生じる（　　5　　）は，全身に広がる振戦，幻覚などの離脱症状（一般には禁断症状という）が起こる急性の意識障害である。　　　▶P163

精神障害者を2人以上の指定医が診察し，入院させなければ自傷他害のおそれがあると判断された場合，都道府県知事が入院させることを（　　6　　）という。　　　▶P162

65　発達障害，難病の理解と介護

発達障害とは，自閉症，（　　7　　）その他の広汎性発達障害，学習障害，注意欠陥・多動性障害その他これに類する（　　8　　）の障害であって，その症状が通常低年齢において発現するものをいう。　　　▶P165

注意欠陥・多動性障害（ADHD）とは，（　　9　　）や衝動性，多動性が特徴で，（　　10　　）や学業の機能に支障をきたすものである。　　　▶P165

2015（平成27）年に施行された「（　　11　　）法」では，医療費助成制度の確立，調査および研究の推進，（　　12　　）整備事業の実施などが定められている。　　　▶P166

難病のうち，指定難病については（　　13　　）が助成される。　　　▶P166

66　障害者の心理

障害発生直後のショック期を過ぎると，回復を期待して障害を認めない段階に入り，その後，障害を認めて苦悩する段階を迎えるが，やがて混乱から立ち直り，障害の（　　14　　）の段階へと至る。　　　▶P167

適応とは，自分を取り巻く自然的・（　　15　　）な環境の変化に応じた行動をとりながら，（　　16　　）を満足させていくことである。　　　▶P167

解答

1　ダウン　2　スモールステップ　3　双極　4　単極　5　振戦せん妄　6　措置入院
7　アスペルガー症候群　8　脳機能　9　年齢あるいは発達に不釣り合いな注意力　10　社会的な活動
11　難病　12　療養環境　13　医療費　14　受容　15　社会的　16　自分の欲求

介護過程とコミュニケーションの理解

介護過程

人間関係とコミュニケーション

コミュニケーション技術

67 介護過程の展開

ここに注目

- 介護過程は一般に，まず情報を収集し，アセスメント・計画の立案・援助の実施・評価という4つのプロセスで構成される
- 計画に設定する目標は，内容・期間ともに達成可能なものとする
- ケアマネジメント（ケアプラン）と混同されやすいが，介護過程は介護職の専門的な知識・技術をもって展開するものであることを理解する
- 一連のプロセスを介護職と利用者がともに踏むことで，利用者のニーズを客観的かつ科学的に判断でき，利用者が望むよりよい生活の実現に近づけることができる

介護過程の4つのプロセス

①アセスメント	援助に必要な情報を収集し，その情報の分析・解釈，課題の明確化を行う。情報収集にはICF（国際生活機能分類）の活用が有効である
②計画の立案	課題を解決するための具体的な目標を設定し，援助内容や頻度，目標の達成時期などを個別援助計画（訪問介護計画など）としてまとめる
③援助の実施	利用者の自己決定の尊重，自立支援，安全・安楽の配慮などの視点を大切にする。状況の変化をモニタリングして，記録を取る
④評　価	提供した援助が成果を上げたかどうかを，目標達成の目安とした期間ごとに評価する。残された課題については再アセスメントを行う

作業の流れ

ケアマネジメントと介護過程（定義の違い）

ケアマネジメント

- 利用者のニーズと社会資源とを結びつけ，福祉・医療・保健サービスを総合的に提供するための社会福祉援助技術
- 介護保険では居宅サービス計画（ケアプラン）の作成をはじめとして介護支援専門員（ケアマネジャー）が専門的に扱う

介護過程

- 介護職が利用者に適切な介護を実践するための専門的な思考過程
- 具体的には，情報を収集し，計画的に援助を実施していく一連のプロセスである
- 個別援助計画はケアプランの内容に沿って作成する

過去問　令和元年-問題23・問題61・問題63・問題64・問題65，平成31年-問題61・問題62・問題63・問題67，平成30年-問題63・問題65，平成29年-問題61，平成26年-問題61・問題63・問題64・問題66，平成25年-問題61・問題64・問題65，平成24年-問題61・問題62・問題64・問題65，平成23年-問題75，平成20年-問題75，平成19年-問題76

68 ICF と介護過程

リンク　こころとからだのしくみ ▶ 障害の理解

ここに注目

- ICF：International Classification of Functioning, Disability and Health（国際生活機能分類）は2001年にWHOがICIDHを改訂したもの
- ICFの目的の一つは，健康状況等を表現するための共通言語を確立することにある

ICF と介護過程

ICF（国際生活機能分類）

相互に関連

- 心身機能・身体構造
- 活動
- 参加

＋

- 環境因子

・課題や行為の個人による遂行のこと
・日常生活動作だけでなく，さまざまな生活行為を含む（何がしたい，何ができる）

・個人が何らかの生活・人生場面にかかわるときに経験する難しさのことである（社会参加・意欲）

・人々が生活している物的環境や社会的環境，人々の社会的な態度による環境を構成する因子のこと
・人々の社会的な態度による環境のもつ影響力が含まれる

ICFの活用

- ●介護関係職種間における健康状態に関する共通言語の確立
- ●生活機能や疾病等に関する共通理解の促進
- ●保健・医療・福祉分野における柔軟なチームケアの進展
- ●サービス利用者の全人的理解

過去問　平成31年-問題65，平成26年-問題21，平成22年-問題23，平成21年-問題26，平成20年-問題26

69 ケアマネジメント

- ●ケアマネジメントは，利用者に社会資源を総合的に提供するもの
- ●ケアマネジメントの基本は，アセスメントからモニタリングまでの流れ
- ●ケアプランの作成は，介護支援専門員と利用者及びその家族との協働作業によって進められる
- ●介護保険制度におけるケアマネジメントは4種類に大別される

ケアマネジメントの概念

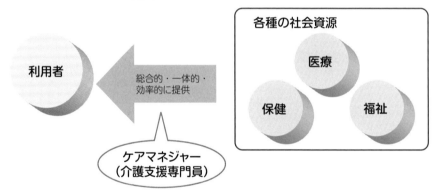

※エンパワメントアプローチ（empowerment approach）
利用者が自ら，もしくは援助者と協働して社会的・政治的・経済的な力を獲得していくことを支援する過程をいう。協働作業に重点がおかれる。

ケアプラン作成の手順

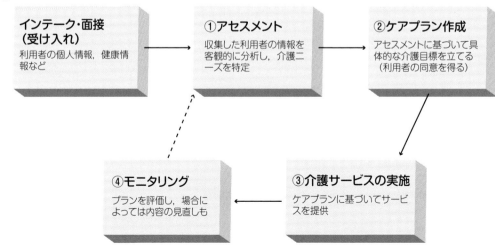

ケアマネジメントの基本的な流れ

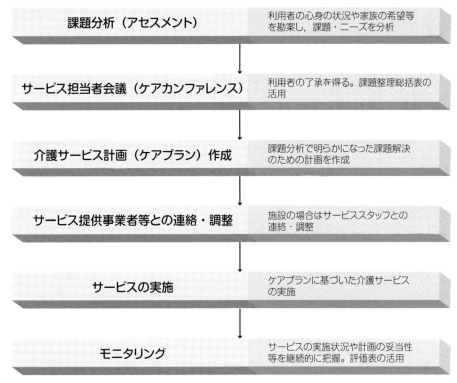

課題分析（アセスメント）	利用者の心身の状況や家族の希望等を勘案し，課題・ニーズを分析
サービス担当者会議（ケアカンファレンス）	利用者の了承を得る。課題整理総括表の活用
介護サービス計画（ケアプラン）作成	課題分析で明らかになった課題解決のための計画を作成
サービス提供事業者等との連絡・調整	施設の場合はサービススタッフとの連絡・調整
サービスの実施	ケアプランに基づいた介護サービスの実施
モニタリング	サービスの実施状況や計画の妥当性等を継続的に把握。評価表の活用

介護保険制度における４つのケアマネジメント

在宅の要介護者に提供する居宅介護支援	居宅介護支援事業者の介護支援専門員が居宅サービス計画を作成
在宅の要支援者に提供する介護予防支援	介護予防支援事業者の指定を受けた地域包括支援センターの職員（保健師等）が介護予防サービス計画を作成
地域支援事業で行われる介護予防ケアマネジメント	要介護状態等になるおそれの高い高齢者に対して介護予防事業を実施
介護保険施設の入所者に提供する介護支援	施設内の介護支援専門員が施設サービス計画を作成

ケアマネジメントとケアプラン

ケアマネジメント	ケアプラン
利用者が，自立した日常生活を営むことを支援するために介護支援専門員が行うサービスのこと。利用者の状況に応じたケアプランを作成し，それに基づいた介護サービスを提供する	どのような介護サービスをいつ・どれだけ利用するか等を決める計画。介護サービス計画ともいう。利用者の状況に応じ，「居宅サービス計画」「施設サービス計画」「介護予防サービス計画」などがある

過去問 令和元年-問題62，平成31年-問題114，平成28年-問題20，平成20年-問題31

70 コミュニケーションの基本

リンク　介護 ▶ コミュニケーション技術 ▶ 介護におけるコミュニケーションの基本

ここに注目

- コミュニケーションの基本は，相手に対する思いやり
- 正しくコミュニケーションをとるためには，言語的コミュニケーションと非言語的コミュニケーションを上手に活用する
- 人は無意識に動作によってメッセージを伝えているものであり，自分が相手に関心を持っていることを伝えるにはSOLERを用いる

コミュニケーションの基本

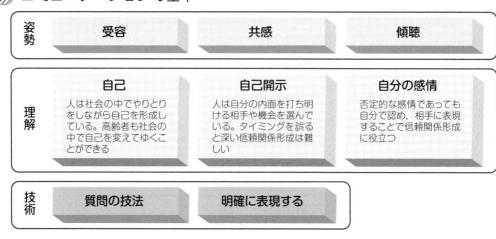

姿勢	受容	共感	傾聴

理解	自己	自己開示	自分の感情
	人は社会の中でやりとりをしながら自己を形成している。高齢者も社会の中で自己を変えてゆくことができる	人は自分の内面を打ち明ける相手や機会を選んでいる。タイミングを誤ると深い信頼関係形成は難しい	否定的な感情であっても自分で認め，相手に表現することで信頼関係形成に役立つ

技術	質問の技法	明確に表現する

コミュニケーションの種類

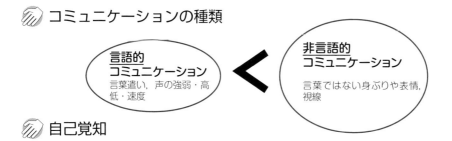

言語的コミュニケーション
言葉遣い，声の強弱・高低・速度

＜

非言語的コミュニケーション
言葉ではない身ぶりや表情，視線

自己覚知

自己覚知は，自己の思想や価値観，感情および言動のメカニズム，パーソナリティ等について，客観的に理解することである。利用者を正しく理解し信頼関係を構築するためには，自分の感情の動きとその背景を洞察し，自分の行動をコントロールすることが必要となる

雑音…コミュニケーションを阻害するもの

心理的雑音	思い込み，緊張感，不安要素など
社会的雑音	相手の性別や年齢，自分との地位の違いなど
物理的雑音	本当の音による雑音，相手との距離，部屋の照明など
音声的雑音	誤った発音
意味的雑音	方言や専門用語，仲間言葉など

関心を向ける3領域（バーナードによる）

★介護者の関心が自分に向けられていると感じたとき信頼関係が形成される

第1領域	環境への関心＝利用者への関心
第2領域	自分の中に向ける関心＝自分の感情，信念
第3領域	想像の領域＝相手の話を聴きながら相手のことを想像する

ジョハリの窓

	自分が知っている	自分が知らない
他人が知っている	**開放部分** 自分も他人も知っている。初対面の相手の話題に用いる	**盲点部分** 自分はわかっていないが相手は気づいている部分
他人が知らない	**隠蔽部分** 自分は気づいているが相手には秘密にしている部分	**未知部分** 自分も他人も気づいていない部分

ソーラー（SOLER）の5つの基本動作

イーガンによる，コミュニケーションをとるための5つの基本的な動作

まっすぐに向かい合う	Squarely	相手の正面に位置して相手の話を聴く
開いた姿勢	Open	体を開き腕や足を組まない
身体を傾ける	Lean	相手に向かい体を傾ける
適切に視線を合わせる	Eye contact	視線を合わせる頻度や長さ，強弱を適切にする
リラックスした態度	Relaxed	話を聴くために緊張しすぎることなくリラックス

過去問 令和元年-問題3・問題28，平成31年-問題3，平成30年-問題3，平成29年-問題3，平成26年-問題3・問題39，平成24年-問題3・問題34，平成20年-問題78

71 コミュニケーションの技法

リンク　人間と社会 ▶ 人間関係とコミュニケーション ▶ コミュニケーションの基礎

ここに注目

- 傾聴や共感はより深いほうが，信頼関係形成に役立つ
- 質問の技法は共感が大前提。間の取り方や口調によって，印象は大きく変わるので配慮する
- バイステックの7原則とグループワークの原則には，共通する部分があることに留意する

傾聴…相手の行動，感情，経験，ものの見方を総合的に聴く姿勢

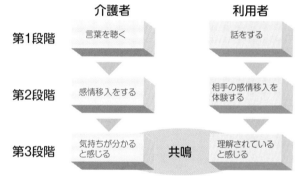

	介護者	利用者
第1段階	言葉を聴く	話をする
第2段階	感情移入をする	相手の感情移入を体験する
第3段階	気持ちが分かると感じる（共鳴）	理解されていると感じる

第1次共感と第2次共感

第1次共感	会話によって相手の感情を理解し，その思いを返答する。応答の技法
第2次共感	第1次共感よりも深い思いを理解するもの。会話の後に心地よさや安心感が残る。意識せずに用いられることが多い

利用者の納得と同意を得る方法

「明確化」の技法	あいまいなところを明確にする。質問の形をとることが多い
「焦点化」の技法	話の内容をまとめて相手にもどす。質問の形をとることが多い
「要約」の技法	話の内容をまとめて相手に伝える。相手の話を理解していることを伝え，同調していることを表すことができる
「総合的な直面化」の技法	相手が自分の感情や行動に対して向き合えるように促す。相手への深い共感がないと，関係悪化につながる

ブレインストーミング（BS法）

グループで，一つの問題について自由に意見を述べ，新しいアイデアを生み出していく手法をいう。

●ブレインストーミングの4つの原則
批判をしない…メンバーの意見を批判しない
自由奔放…思いついたことを躊躇せずに発表する
質より量…できるだけたくさんのアイデアを出す
連想と結合…メンバーの意見を聞いてそこから連想を働かせたり，メンバーの意見と自分の意見を併せて別の意見として発表する

KJ法（4つのステップ）

ブレインストーミングなどで発表されたアイデアを，見出しをつけてカードに記載し，それを論理的に整理し，問題解決の道筋をつけていく手法をいう。

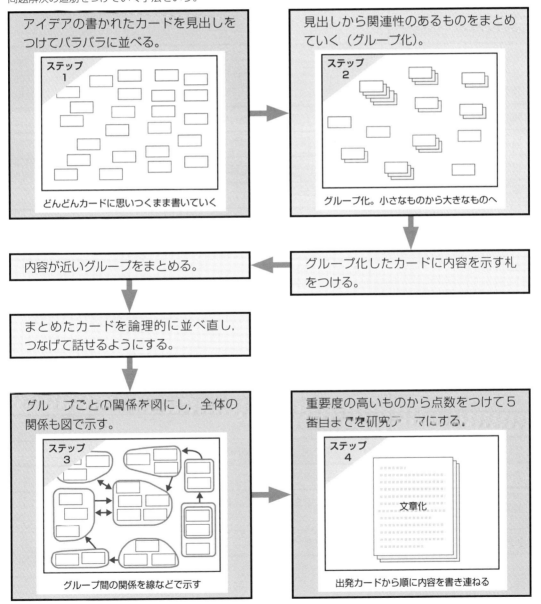

質問の技法

閉じられた質問（クローズドクエスチョン）	「はい」「いいえ」や単語で答えられる質問
開かれた質問（オープンクエスチョン）	自由に自分の言葉で答えられる質問
重複する質問	「男性ですか，女性ですか？」のように選択肢が2つに限られるものと，「どこに行くのですか，誰と行くのですか？」のように別の内容を問うものがある
矢継ぎ早の質問	短時間に次から次へとする質問。尋問とならないように注意する
「なぜ？」の質問	回答者の本心をうまく引き出すのに向いていないため，対人援助の場ではあまり用いられない
評価的な質問	質問者の価値観を押しつけ，問われた人との信頼関係形成を悪化させる危険がある
遠まわしの批判となる質問	

バイステックの7原則

個別化の原則	一人ひとりが独自性を持った個人であることを認識する
意図的な感情表出の原則	利用者が感情を自由に表現できるようにはたらきかける
統制された情緒的関与の原則	利用者に対して援助者が意図的に，適切に感情を表現する
受容の原則	利用者のあるがままの姿を受け入れる
非審判的態度の原則	援助者の価値観で利用者を評価しない
利用者の自己決定の原則	利用者が自ら判断できるようにはたらきかける
秘密保持の原則	利用者の秘密を守る

グループワークの7原則

個別化の原則	メンバーの個性を尊重する「グループ内の個別化」と，それぞれのグループの違いを認める「グループの個別化」がある
受容の原則	グループのメンバーそれぞれのあるがままの姿を受け入れる
参加の原則	メンバーの自主的な参加を促す
体験の原則	グループ活動を通じて経験を積み，社会的成長を図る
葛藤解決の原則	グループ内で起こった葛藤をグループ内で解決できるように促す
制限の原則	グループ運営に必要な制約として最低限の決まりやルールなどをメンバー相互の了解と自主性のもとに設ける
継続評価の原則	グループ活動を継続的に評価する

過去問　令和元年-問題4・問題27，平成31年-問題28・問題29・問題30・問題31・問題32・問題121，平成30年-問題4・問題34，平成25年-問題3，平成24年-問題4・問題33，平成23年-問題81，平成22年-問題29・問題30，平成21年-問題28，平成20年-問題28・問題29

72 感覚機能低下者との コミュニケーション

リンク 人間と社会 ▶ 人間関係とコミュニケーション ▶ コミュニケーションの基礎

ここに注目

- ●前頭葉症候群や失語症は，高次脳機能障害に含まれる。さまざまな障害の違いを理解する
- ●言語障害と発話障害は，脳の障害なのか発声器官の障害なのかで異なる
- ●利用者の障害を判断するためには，5つの視点が重要。この視点からそれぞれの利用者に合わせた対応を心がけることがポイント

高次脳機能障害（大脳の表面が損傷されることにより，後天的に学習した機能を失う。情報の理解と行動面に分類される）

失認	視力などは問題ないが認識する能力が喪失している状態。視覚失認，身体失認など
失行	目的に合った動作・行動ができない状態。着衣失行，構成失行など

前頭葉症候群（高次脳機能障害が合併して症候群〔シンドローム〕を形成したもの）

- ○自発的な行動が困難
- ○自発的かつ合理的な判断が困難
- ○物事を順序正しく行うことが困難
- ○新しい情報を覚えることが困難
- ○物事を思い出すことが困難
- ○日常生活を主体的に実践することが困難

失語症（高次脳機能障害の言語に関係する障害が合併した症状で増加傾向にある）

運動性失語（ブローカ失語）(Broca aphasia)	発話面に，より障害が強い。人の話すことは理解できるが発語が困難
感覚性失語（ウェルニッケ失語）(Wernicke aphasia)	聴覚理解面に，より障害が強い。人の話すことや文が理解できない

🖐 言語障害

聞こえ方の特徴による分類	病因による分類
構音障害（一定の語音が発せられない） 〔省略…「ヒコーキ」→「コーキ」 　置換…「サカナ」→「タカナ」〕	口蓋裂によるもの
	脳の言語中枢障害によるもの（失語症）
	情緒的要因によるもの（緘黙症，吃音）
話し声の異常，音声障害	聴覚障害を伴う（ろうあ，先天性難聴）
話し言葉のリズムの障害（吃音，早口症）	脳性麻痺によるもの

🖐 コミュニケーション障害を判断する５つの視点

①先天性疾患か後天性疾患か

②感覚器官の障害か脳の障害か

③言語の障害か否か

④情報伝達の障害か情報理解の障害か

⑤麻痺性の運動障害か中枢系の運動障害か

🖐 コミュニケーション障害のある利用者への対応

非脳損傷型		コミュニケーション機能は維持されるため，障害のない機能を活用して交流を図る。利用者の意向を確認してリハビリテーションをするのも有効
先天性障害型		利用者固有の感情表現があるため，注意深く観察しコミュニケーションを図る。利用者の行動を無理に制止しないほうがよい
脳損傷型	失語症状型	実物を見せたりジェスチャーを用いるなど具体的に示し，表情から感情を読み取る
	前頭葉症状型	自発的な行動が困難なので，残存機能を生かしたコミュニケーションを図る
	認知症状型	知性や論理よりも，好き嫌いの感覚に訴えかけ温かく対応する

テーマ41（P108）も参照しよう

過去問 令和元年-問題29，平成29年-問題29・問題78，平成26年-問題33・問題37，平成25年-問題36，平成24年-問題35・問題36・問題39，平成23年-問題105，平成21年-問題25・問題109，平成20年-問題108，平成19年-問題106

73 チームのコミュニケーション 介護記録

ここに注目

- 介護職は必ずチームの一員として仕事をする。チームでのコミュニケーションは不可欠
- 記録は読みやすく，わかりやすいものを心がける
- 「報告・連絡・相談」や「会議」によって関係者間の情報を共有する

チームのコミュニケーション

○介護職によるチームと，多職種によるチームがある

○メンバー間で情報を共有し，介護方針を統一する

○「記録」「報告・連絡・相談」「会議」によって意思統一を図る

記録の注意点

○5W1Hで分かりやすく，必要なことのみを記録する

○非言語の事実を記録する場合は，客観的に記録する

○略語を用いる場合は，関係者の間で共通理解をしておく

○利用者の訴えと，介護従事者によって観察された事実とは区別して記録する

○責任の所在を明確にするため，記録者名を明示する

○個人の介護記録は，プライバシー保護のため鍵のかかる場所に保管する

報告・連絡・相談…合わせて「ホウレンソウ」と称される

報告	申し送りなど，仕事の進行状況や結果を伝達する。トラブルや苦情はすぐに報告する
連絡	連絡はチームの連携を強める。日中は携帯電話，夜はファクシミリなど適切に使い分ける
相談	判断に迷った場合に相談することで，チーム内の方向性を統一できる

SOAP方式での記載のポイント

S (Subjective)	Subjectiveの略で**主観的な情報**。利用者・家族等の訴えや自覚症状など，その時の事実のまま記載すること。
O (Objective)	Objectiveの略で**客観的な情報**。観察，測定値，検査結果などから得た情報（一般状態・診察所見・バイタルサイン・検査）などを記載すること。
A (Assessment)	Assessmentの略で客観的な情報をもとに分析・統合，判断・評価し，加味された**援助者の専門的な判断結果**を記載すること。
P (Plan)	Planの略で，S，O，Aから得た情報による結果に基づいた**計画の作成**，あるいは**必要な修正事項**を記載すること。

会議

情報共有型	関係者に連絡事項を確実に伝える
問題解決型	ケアカンファレンス（事例検討）…関係者が集まり，利用者の希望をふまえて個別援助計画の立案・修正を行う サービス担当者会議…サービス計画（ケアプラン）作成のため介護支援専門員（ケアマネジャー）が呼びかけて行う。利用者本人が中心となる

記録の文体

叙述体 （じょじゅつたい）		起こった出来事を，時間の流れに沿って物語のように記述する文体。記述者の主観が入らない。介護の記録として最も多く使用される
	圧縮叙述体	全体を圧縮して支援過程を短く記述したもの
	過程叙述体	利用者や介護者の発言をそのまま逐語的（ちくご）（発言の一語一語を忠実にたどること）に記録したもの。会話の内容が詳細にわかる
要約体		要点を整理してまとめた文体。見出しをつけてまとめるなど，ポイントを整理して記述する
説明体		出来事に対して記録者の解釈を加えた文体。記録者の能力によって説明に偏りが生じることもある

過去問　令和元年-問題34・問題68，平成31年-問題33・問題34，平成29年-問題65，平成26年-問題36・問題62・問題65，平成25年-問題39・問題40・問題66，平成24年-問題37・問題38・問題40，平成23年-問題91，平成22年-問題78・問題91

74 道具を用いたコミュニケーション

| リンク | 人間と社会 ▶ 人間関係とコミュニケーション ▶ コミュニケーションの基礎 |

ここに注目

- 障害等によりコミュニケーションに支障がある利用者と意思疎通を図るために，適切なコミュニケーション方法を選ぶことが大切
- ITを含む多様なコミュニケーション技術について理解を深める
- 介護現場で協働する関係者と情報を適切に共有するためには，記録や報告書の作成が重要

障害がある利用者とのコミュニケーション

言語障害者	筆談，携帯用会話補助装置（キーボードで入力すると文字が表示され，音声で読み上げてくれる機器），人工喉頭など
聴覚障害者	筆談，手話，指文字（手話では表現できない言葉を手指の形で表す），読話（話す人の口の動きなどから話の内容を理解する）など

最近では，パソコンや携帯電話が普及し，そのさまざまな機能が健常者のみならず，障害をもつ人々にとってのコミュニケーションツールとして大きな役割を果たしている。

主な情報・意思疎通支援用具（市町村地域生活支援事業の日常生活用具給付等事業）

- 携帯用会話補助装置（音声言語機能障害）
- 情報・通信支援用具＊（上肢機能・視覚障害）
- 点字タイプライター（視覚障害）
- 視覚障害者用活字文書読上げ装置（視覚障害）
- 聴覚障害者用情報受信装置（聴覚障害）
- 人工喉頭（喉頭摘出者）

＊ 障害者向けのパソコン周辺機器やアプリケーションソフトのこと

介護現場で協働する関係者とのコミュニケーション

チームケアや多職種との連携においては，対象となる利用者に関する情報を専門職がともに把握・理解していることが必要

介護現場においては，「記録」が最も的確な情報授受の手段であることを認識する

※情報の共有とチームアプローチの重要性の視点がポイント

介護における諸記録（原則，２年保存）

フェイスシート	通常，介護記録の冒頭に置かれているもので，身体状況，主訴，家族構成など利用者に関する情報が把握できる
個別援助計画書	事前評価・アセスメントで把握された利用者が希望する援助に向けて，短期目標と長期目標を設定し，必要な支援に関する計画を立てる
ケース記録	利用者個々の生活や出来事，支援・援助の内容を具体的に時系列に沿って記録する
介護日誌	施設内従事者間における情報共有のため，１日の業務内容について記録する。当日の介護者，利用者の人員や突発的な事故などについても記録する
実施評価	利用者の援助計画に沿って行われたサービス提供について評価する。個々のサービスが適切であったかどうかの評価のみならず，介護サービスの過程全体についても評価を行う
日常介護チェック表	起床，食事，入浴，排泄など，利用者の介護に関する項目について記入する
ヒヤリハット報告書	報告者（実名がよいが，無記名の方法もある），見出し，発生場所，発生過程と内容，事故に至らなかった理由や予防策を記入する

※経過記録，要約記録

> 記録をとることによる<u>情報の共有化</u>がポイント

USB，ウイルス対策ソフト，パスワード

○ウイルス対策ソフトなど必要な対応を講じても，情報漏えいの危険性が完全になくなることはない

○リスクへの適切な対処方法を準備しておく

○情報管理にパスワードを用いることはセキュリティ上有効。ただし，定期的にパスワードを変更（最長でも２か月以内）することが望ましい

○パスワードの管理も慎重に行う

持ち運べる補助記憶装置の管理…USBフラッシュメモリなど。大量の情報をコンパクトに保存できるが，紛失や盗難による情報漏えいの危険性もある

過去問 平成29年-問題4，平成26年-問題34，平成24年-問題37・問題38，平成22年-問題107，平成21年-問題109，平成20年-問題108・問題109，平成19年-問題106

75 地域連携・多職種連携

ここに注目

- 制度化されたサービス（フォーマルなサービス）だけでなく，町内会やボランティアといったインフォーマルなサービスも地域連携において重要な役割を果たす
- 民生委員の任期は3年であり，厚生労働大臣が委嘱する
- NPO法人の約6割は「保健，医療または福祉の増進を図る活動」を行う団体である
- 2012（平成24）年4月に介護保険法等が改正・施行された。その基本的な視点には，高齢者が地域で自立した生活を続けるために，医療，介護，予防，住まい，生活支援サービスが切れ目なく提供される「地域包括ケアシステム」構築の実現がある

都道府県・市町村の社会福祉実施体制

都道府県	都道府県福祉事務所	身体障害者更生相談所
	児童相談所	知的障害者更生相談所
	婦人相談所	精神保健福祉センター

| 市町村 | 市町村*福祉事務所 （* 町村は任意設置） |

主な専門機関の役割

児童相談所（児相）	・児童に関する相談のうち専門的な知識・技術を必要とするもの ・児童及びその家庭につき必要な調査・判定（立入調査も） ・調査・判定に基づく指導や措置等の援助 ・児童の一時保護など
身体障害者更生相談所	・身体障害者に関する専門的知識・技術を必要とする相談や指導 ・身体障害者の医学的，心理学的及び職能的判定 ・補装具の処方及び適合判定など
知的障害者更生相談所	・知的障害者に関する専門的知識・技術を必要とする相談や指導 ・知的障害者の医学的，心理学的及び職能的判定など
精神保健福祉センター	・精神保健及び精神障害者の福祉に関する知識の普及・調査研究 ・相談及び指導のうち複雑または困難なものなど

ボランティア活動

- ・自らの意思に基づいて行う社会貢献
- ・無償の活動だけでなく，交通費や食費などの実費あるいは報酬を得る有償の活動もある
- ・個人だけでなく，生活協同組合・農業協同組合など，NPO法人（特定非営利活動法人），企業・労働組合など，グループでの活動もある
- ・社会福祉に関する活動以外にも，学習指導，理美容・建築など諸分野の技術指導，地域清掃，施設提供，災害ボランティアなど社会的ニーズに即した多様な活動がある

共同募金，NGO

- ○共同募金会
- ・共同募金を行う事業は，社会福祉法における第一種社会福祉事業
- ・都道府県の区域を単位とした共同募金会が募金を実施する。集まった寄付金は，各区域内の地域福祉の推進を図るため，配分委員会の承認後，社会福祉事業と更生保護事業を行う者などに配分される
- ○NGO（Non-Governmental Organization）
- ・国際協力に携わる非政府組織。非営利の民間組織という点ではNPOと同様
- ・主として人権，環境，平和など，世界規模での問題に取り組む

ビジネスと地域連携

- ○コミュニティビジネス（community business）
- ・地域住民主体で，地域の抱える問題をビジネスの手法を用いて解決する取り組み
- ○企業の社会的責任（Corporate Social Responsibility：CSR）
- ・企業活動において社会的公正や環境などに配慮し，従業員，投資家，地域社会などに対して責任ある行動をとるとともに説明責任を果たしていくことを求める考え方

介護を必要とする人のためのエコマップ

エコマップ（ecomap）とは，利用者とその家族を中心に，利用者と家族を取り巻く関係者，機関を含むさまざまな社会資源とのつながりや相関関係などを図式化したものである。エコマップを活用することにより，全体の関係性を簡潔に把握でき，各機関の役割の検討に有効である

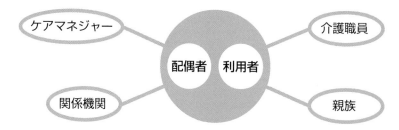

セルフヘルプグループ（self-help group）

> 病気，障害，依存や嗜癖，マイノリティグループなど，同じ状況にある人々が相互に
> 援助しあうために組織し，運営する自立性と継続性を有するグループ

地域連携に関係するボランティア・医療機関その他

民生委員・児童委員	・民生委員法に基づく民間ボランティア ・都道府県知事の推薦により厚生労働大臣が委嘱（任期3年） ・住民の生活状態を必要に応じて把握し，援助を必要とする者に対して相談・援助を行う ・児童福祉法における児童委員を兼任する
NPO法人	・特定非営利活動促進法に基づき，営利を目的とせず社会貢献活動を行うものとして法人格を付与された団体 ・NPO（Non-Profit Organization：民間非営利組織）が所定の書類を所轄庁に提出し，設立の認証を受け，登記することにより成立する ・NPO法人の58.2％が保健・医療・福祉の増進を図る活動を行う
社会福祉協議会（社協）	・社会福祉法に基づく，地域福祉の推進を図ることを目的とする団体 ・日常生活自立支援事業は，実施主体である都道府県・指定都市社協の委託を受けて，市町村社協が窓口業務を行っている ・日常生活自立支援事業の対象は判断能力の低下している者のうち，契約する段階では契約書の内容を理解できる程度の者である。社会福祉協議会に専門員，生活支援員が配置され，業務にあたる ・苦情等を受け付ける運営適正化委員会は，都道府県社協が設置主体
病院・診療所	医療法に基づく定義 ・「病院」… 医師・歯科医師が医業・歯科医業を行う場所であって，20人以上の患者を入院させる施設を有するもの ・「診療所」… 病院と同様の場所であって，患者を入院させる施設を有しないもの又は19人以下の患者を入院させる施設を有するもの
保健所	・地域保健法に基づいて設置される地域保健活動の中心機関 ・身体障害児や長期療養を必要とする児童に療育指導を行う
市町村保健センター	・市町村が設置することができる機関 ・保健所よりさらに身近な住民の健康づくりの拠点として，母子保健事業，一般的な健康相談や保健指導，予防接種などの業務を行う

その他，在宅療養支援診療所，在宅療養支援歯科診療所等がある。

過去問　令和元年-問題24，平成31年-問題7，平成27年-問題16・問題27，平成26年-問題6・問題7・問題24，平成25年-問題9・問題14・問題25・問題30，平成24年-問題24，平成23年-問題27，平成22年-問題72・問題79，平成21年-問題7・問題67，平成20年-問題4

76 リハビリテーション

ここに注目

- リハビリテーション…「再び適した状態にする」が語源。身体機能の回復のみならず，犯罪者の社会復帰，名誉の回復なども含む**全人間的復権**
- リハビリテーションの**4領域**…
  ①**医学的**リハビリテーション（心身の機能回復），
  ②**教育的**リハビリテーション（障害児・者への教育的支援），
  ③**職業的**リハビリテーション（就労及びその後のフォローアップ），
  ④**社会的**リハビリテーション（社会生活力の向上）
- 医学的リハビリテーションでは，障害の医学的治療を行い，障害の改善，二次障害の予防，機能維持等を通して，自立生活を支援する
- 教育的リハビリテーションでは，障害児・者の全面的発達を促進させ，課題への対応や生活技能を発達させ自己実現を図るよう援助する

🤝 リハビリテーションに関する主な定義

全米リハビリテーション協議会（1942年）	リハビリテーションとは，障害者の身体的，精神的，社会的，職業的，経済的な側面を可能な限り回復させること
ILO（1955年）	職業リハビリテーションとは，職業指導，職業訓練，職業選択などの職業的なサービスの提供を含んだ継続的，総合的なリハビリテーションの一部であって，障害者の適切な就職の確保と継続ができるように計画されたもの
WHO（1968年）	リハビリテーションとは，能力低下の場合に機能的能力が可能な限りの最高のレベルに達するように個人を訓練あるいは再訓練するため，医学的・社会的・教育的・職業的手段を合わせ，かつ調整して用いること
WHO（1981年）	社会リハビリテーションは，障害者が家庭，地域社会，職業上の要求に適応できるように援助したり，全体的リハビリテーションの過程を妨げる経済的・社会的な負担を軽減し，障害者を社会に統合または再統合することを目的としたリハビリテーション過程の一部分
障害者に関する世界行動計画（1982年）	リハビリテーションとは，損傷を負った人に対して，身体的，精神的，かつまた社会的に最も適した機能水準の達成を可能にすることにより，各個人が自らの人生を変革していくための手段を提供していくことを目指し，かつ，時間を限定したプロセス
国際リハビリテーション協会・社会委員会（1986年）	社会リハビリテーションとは，社会生活力（Social Functioning Ability）を高めることを目的としたプロセス
ILO，UNESCO，WHO（1994年）	地域リハビリテーションとは，障害のあるすべての人々のリハビリテーション，機会均等，そして社会への統合を地域の中において進めるための作戦
高齢者介護研究会（厚生労働省）（2003年）	「2015年の高齢者介護〜高齢者の尊厳を支えるケアの確立に向けて」を提言し，介護予防・リハビリテーションの充実を最重要課題に掲げた

リハビリテーションにかかわる主な職種

理学療法士（PT）	医師の指示の下に，身体に障害のある者に対し，主としてその基本的動作能力の回復を図るため，治療体操その他の運動を行わせ，及び電気刺激，マッサージ，温熱その他の物理的手段を加える「理学療法」を行う 【理学療法士及び作業療法士法】
作業療法士（OT）	医師の指示の下に，身体または精神に障害のある者に対し，主としてその応用的動作能力又は社会的適応能力の回復を図るため，手芸，工作その他の作業を行わせる「作業療法」を行う 【理学療法士及び作業療法士法】
言語聴覚士（ST）	医師の指示の下に，音声機能，言語機能又は聴覚に障害のある者についてその機能の維持向上を図るため，言語訓練その他の訓練，これに必要な検査及び助言，指導その他の援助を行う 【言語聴覚士法】
義肢装具士（PO）	医師の指示の下に，義肢及び装具の装着部位の採型並びに義肢及び装具の製作及び身体への適合を行う 【義肢装具士法】
視能訓練士（ORT）	医師の指示の下に，両眼視機能に障害のある者に対するその両眼視機能の回復のための矯正訓練及びこれに必要な検査を行う 【視能訓練士法】
臨床心理士（CP）	臨床心理学に基づいた知識と技術を有し，複雑化する社会の中で心理的課題を抱える者を援助する，（公財）日本臨床心理士資格認定協会の認定を受けた心理専門職 【公益財団法人日本臨床心理士資格認定協会】

【リハビリテーションサービス】

・介護予防訪問リハビリテーション…要支援者の自宅をPT・OT・STなどが訪問し，機能回復や維持のための訓練を行う

・介護予防通所リハビリテーション…要支援者が医療機関等に通所し，そこでPT・OT・STなどがリハビリテーションを行って心身の機能回復を図る

【生活リハビリテーション】

・生活に即したリハビリテーションであり，1日の生活の流れが訓練の場となる

障害児教育

障害児教育の分野では，ノーマライゼーションの考え方を実現するために欠かせない考え方としてインテグレーションが取り入れられていた。これは，生活のさまざまなレベルにおいて健常児と障害児の統合化や共生を求めるものである。また，可能な限り普通学級で障害児も教育を受けられるようにするメインストリーミングの考え方も提唱された。1990年代になり，メインストリーミングが健常児と障害児を分けることを前提としていると批判され，現在では障害の有無に関わらず個々の子どもに応じた教育を行おうとする**インクルージョン**が一般的となっている。

過去問 平成31年-問題88，平成29年-問題21・問題95，平成26年-問題22・問題94，平成25年-問題22・問題88，平成24年-問題23，平成23年-問題18・問題77，平成22年-問題25

☑ チェックテスト6

67　介護過程の展開

介護過程とは，介護職が利用者に適切な介護を実践するための専門的な思考過程であり，具体的には，（　　**1**　　），計画の立案，援助の実施，（　　**2**　　）によって構成される一連のプロセスである。　▶P176

アセスメントでは，援助に必要な情報を収集し，その情報を（　　**3**　　）して課題の明確化を行う。　▶P176

計画の立案に際しては，課題を解決するための具体的な目標を設定し，援助内容や頻度，目標の達成時期などを（　　**4**　　）としてまとめる。　▶P176

68　ICFと介護過程

ICFを活用することで，介護関係職種間における健康状態に関する（　　**5**　　）言語の確立，生活機能や疾病等に関する共通理解の促進，保健・医療・福祉分野における柔軟なチームケアの進展，サービス利用者の全人的理解が期待できる。　▶P177

ICFの構成要素のうち，「（　　**6**　　）」とは個人が何らかの生活・人生場面にかかわるときに経験する難しさのこと，「（　　**7**　　）」とは人々が生活している物的環境や社会的環境，人々の社会的な態度による環境を構成する因子をいう。　▶P177

69　ケアマネジメント

在宅の要支援者に提供する介護予防支援では，介護予防支援事業者の指定を受けた（　　**8**　　）の職員（保健師等）が介護予防サービス計画を作成する。　▶P179

ケアマネジメントは基本的に，利用者の心身の状況や家族の希望などを勘案して課題・ニーズを分析する（　　**9**　　），ケアプランの作成，介護サービスの実施，モニタリングという流れをたどる。　▶P179

エンパワメントアプローチとは，（　　**10**　　）が自ら，もしくは援助者と協働して社会的・政治的・経済的な力を獲得していくことを支援する過程をいう。　▶P178

解答
1 アセスメント　**2** 評価　**3** 分析・解釈　**4** 個別援助計画　**5** 共通　**6** 参加　**7** 環境因子
8 地域包括支援センター　**9** アセスメント　**10** 利用者

70　コミュニケーションの基本

自己覚知とは，自己の思想や価値観，感情および言動のメカニズム，パーソナリティ等について，（　**1**　）に理解することである。　▶P180

「ジョハリの窓」では，自分は気づいているが相手には秘密にしている部分を隠蔽部分，逆に，自分はわかっていないが相手は気づいている部分を（　**2**　）という。　▶P181

コミュニケーションをとるための基本的動作であるSOLERのうち，「まっすぐに向かい合う」とは，相手の（　**3**　）に位置して相手の話を聴くことである。　▶P181

相手をあるがままに受け入れ，相手の気持ちや感情を受け止める「（　**4**　）」や，心を込めて相手の話を十分に聴く「（　**5**　）」はどちらもコミュニケーションの基本である。　▶P180

71　コミュニケーションの技法

利用者の納得と同意を得る方法として，明確化，焦点化，要約，（　**6**　）という4つの技法がある。　▶P182

質問の技法のうち，相手に「はい」「いいえ」などの短い言葉で答えさせる質問を（　**7**　）といい，これに対し，自分の言葉で自由に答えさせる質問を（　**8**　）という。　▶P184

質問の技法では，（　**9**　）が大前提であり，間の取り方や口調によって印象が大きく変わるので配慮する。　▶P182

「バイステックの7原則」のうち，利用者が感情を自由に表現できるよう，援助者がはたらきかけることを（　**10**　）の原則という。　▶P184

グループワークの7原則のうち，グループにとって望ましくない行動に制限を設けることを制限の原則といい，グループ内で起きた葛藤をグループ内で解決できるよう促すことを（　**11**　）の原則という。　▶P184

ブレインストーミングは，グループで，一つの問題について自由に意見を述べ，新しいアイデアを生み出していく手法をいい，批判をしない，（　**12**　），質より量，連想と結合の4つの原則がある。　▶P183

解答

1 客観的　**2** 盲点部分　**3** 正面　**4** 受容　**5** 傾聴　**6** 総合的な直面化　**7** 閉じられた質問（クローズドクエスチョン）　**8** 開かれた質問（オープンクエスチョン）　**9** 共感　**10** 意図的な感情表出　**11** 葛藤解決　**12** 自由奔放

72　感覚機能低下者とのコミュニケーション

視力に問題がないのに何を見ているのかわからない，物音が聞こえても何の音かわからないといった状態を（　　**1**　　）といい，衣服の脱ぎ着など目的に合った動作ができない状態を（　　**2**　　）という。　　▶P185

失語症のうち，（　　**3**　　）失語では聴覚理解面の障害が強く，人の話すことが理解できないのに対し，（　　**4**　　）失語では人の話すことは理解できるが発語が困難となる。　　▶P185

先天性障害型の利用者の場合，利用者固有の（　　**5**　　）があるため，注意深く観察し，コミュニケーションを図る。利用者の行動を無理に制止しないほうがよい。　　▶P186

73　チームのコミュニケーション　介護記録

SOAP方式のAとは，Assessmentの略で，客観的な情報をもとに分析・統合，判断・評価し加味された（　　**6**　　）の専門的な判断結果を記載する。　　▶P188

叙述体は，起こった出来事を時間の流れに沿って記述する文体で，記述者の（　　**7**　　）が入らない特徴がある。　　▶P188

チームにおいては，仕事の進行状況や結果を伝達し，関係者間で情報を（　　**8**　　）して意思統一を図る。トラブルや苦情を受けたときはすぐに報告する。　　▶P187

74　道具を用いたコミュニケーション

（　　**9**　　）とは，通常，介護記録の冒頭に置かれてあり，身体状況，主訴，家族構成など利用者に関する情報が把握できるものである。　　▶P190

聴覚障害者のコミュニケーション方法としては，手話のほか，手話では表現できない言葉を手指の形で表す（　　**10**　　），筆談，話す人の口の動きなどから話の内容を理解する（　　**11**　　）などが挙げられる。　　▶P189

視覚障害用の点字タイプライター，喉頭摘出者用の人工喉頭などの情報・意思疎通支援用具は，市町村の地域生活支援事業の一つである（　　**12**　　）の対象とされている。　　▶P189

解答

1 失認　**2** 失行　**3** ウェルニッケ　**4** ブローカ　**5** 感情表現　**6** 援助者　**7** 主観　**8** 共有　**9** フェイスシート　**10** 指文字　**11** 読話　**12** 日常生活用具給付等事業

75　地域連携・多職種連携

身体障害者更生相談所では，身体障害者の医学的，心理学的及び職能的判定のほか，身体障害者に関する専門的知識・技術を必要とする相談や指導，（　**1**　）の処方及び適合判定などを行う。

▶P191

セルフヘルプグループとは，病気，障害など，同じ状況にある人々が相互に援助し合うために組織し，運営する（　**2**　）性と継続性を有するグループのことである。

▶P193

民生委員は，民生委員法に基づく民間ボランティアであり，任期は（　**3**　）年とされ，都道府県知事の推薦により（　**4**　）が委嘱する。

▶P193

保健所は「地域保健法」に基づいて設置される地域保健活動の中心機関で，（　**5**　）や長期療養を必要とする児童に療育指導を行う。

▶P193

76　リハビリテーション

障害児教育の分野では，ノーマライゼーションを実現するためにインテグレーションの考え方が取り入れられ，また，可能な限り障害児も普通学級で教育を受けられるようにするメインストリーミングも提唱された。現在では障害の有無にかかわらず個々の子どもに応じた教育を行おうとする（　**6**　）が一般的となっている。

▶P195

介護予防通所リハビリテーションは，（　**7**　）が医療機関等に通所し，理学療法士，作業療法士，言語聴覚士などが行うリハビリテーションにより心身の機能回復を図る。

▶P195

解答

1 補装具　**2** 自立　**3** 3　**4** 厚生労働大臣　**5** 身体障害児　**6** インクルージョン　**7** 要支援者

介護各論

生活支援技術
医療的ケア

77 居住環境の整備

ここに注目

- 居住環境については，安全面・設備面だけではなく，室内気候（温度・湿度・気流）への配慮も重要
- 冬期は，居室，洗面脱衣室，浴室の温度差や，寝室とトイレの温度差が大きくならないようにあらかじめ暖めておく
- 高齢者が家庭内における不慮の事故で亡くなる原因の第1位は，浴槽内での及び浴槽への転落による溺死及び溺水である。その多くがヒートショックによるものと考えられる「平成30年人口動態統計」
- **熱中症**…屋内外を問わず，高温・高熱の環境下で発症する障害の総称。熱失神（めまいなど）や熱痙攣（筋肉痛など），熱疲弊（頭痛，吐き気，倦怠感など），熱射病（高体温）などの症状がみられる
- **ヒートショック**…急激な温度変化による身体の変化のこと。血圧や脈拍の急変により発作を起こし，突然死に至る場合もある。暖かい居室などと寒い脱衣室や浴室などの温度差が関係するといわれる
  ※（注意！）熱湯や熱風を浴びることで生じるやけどのことではない

住居に求められる基本的機能

(1)災害に対する安全性　(2)生理的条件の満足　(3)精神的条件の満足
(4)生活的要求の満足　　(5)経済的条件の満足

WHOによる「快適で健康的な居住環境」

　快適で健康的な居住環境とは，住居が構造的に心地よく，事故による危険性がなく，そこに住む人々が当たり前の住生活を送ることができる十分な空間が保証されている環境である。そこには飲料水の適切な供給設備と衛生的生活及び清潔のための付帯設備と，衛生的な廃棄物の収集，保管，処分のシステムがあり，気候と外界の環境の変化から居住者を守る条件を備えていなければならない。また，特に過敏な人々，生活に特別な支援を必要とする人々をも含め，そこに住む人々を身体的または精神的に過度の負担から適切に保護する機能を持つべきものである。

　さらに，健康的な居住環境には，健康的で快適な温湿度条件と安全で適切な人工照明の提供，ひどい騒音がないこと，有毒，有害な化学物質や汚染菌がないこと，衛生害虫や不潔な動物から隔離されていることが必要である。そしてこのような居住環境は，人々の快適で健全な関係，教育的配慮，文化的要求などを継続的に支援できるものである。

高齢者や障害者が，長年住み慣れた住まいでできるだけ自立した生活を送るために，居住環境の整備は重要。

65歳以上高齢者の住宅内での事故発生割合は20歳以上65歳未満より高い。発生場所別にみると居室が45.0%，階段が18.7%，台所・食堂が17.0%となっている。

ポイント

● 転倒などの家庭内事故防止のため，バリアフリーとユニバーサルデザインを基本に，安全性の確保に配慮する

● 利用者が快適に過ごせるよう，温度（室温，夏期は19〜25℃，冬期は17〜22℃，室内外の温度差5〜7℃），採光などに配慮する

● 利用者や家族のプライバシーの確保を図るとともに，利用者が社会との交流を持てる場とする

廊下と階段の環境整備のポイント

廊下	・安全な移動の支障となる**段差（敷居など）の解消** ・夜間などの移動のため，**足元灯（フットライト）の設置** ・手すりを設置する場合，**高さは杖の高さと同程度に**
階段	・手すりは，両側もしくは下りの利き手側に設置する ・踊り場を設ける フットライト 手すり 滑り止め

浴室・洗面脱衣室の環境整備のポイント

> 浴室・洗面脱衣室は，溺水，転倒など重大な事故が起こりやすい場所である。また，介護者の介護負担の軽減を図るためにも，環境整備の必要性が大きい。

出入口 ドア	・車いすで通過する場合，**出入口の幅は最低80cm**必要 ・段差はスロープなどで解消する ・ドアは，引き戸やアコーディオンドアにすると開閉しやすい 段差の解消
洗面脱衣室	・居室などとの温度差を解消し，湿気をとるため，暖房や換気設備を設置する ・水栓は操作が簡単なレバー水栓や自動水栓がよい ・車いすで利用する場合，洗面台が**アームサポート**とぶつからない高さに設定する

浴　室	・脱衣室との間の段差は，すのこなどで解消する ・床材は滑りにくい材質のものを選ぶ ・転倒の危険があるため，浴槽や洗い場に手すりを設置する。また，床面に滑り止めのゴムマットを置く ・ドアは，引き戸やアコーディオンドアにすると開閉しやすいが，開き戸の場合は**外側に開く**ものが望ましい ・水栓は，洗面室と同様にレバー水栓や自動水栓がよい ・浴槽縁の高さは，利用者の膝の高さをめどとする（**40 〜 45cm程度**） ・安全で安楽に出入りするため，浴槽にバスボードを渡したり，浴槽の縁と同じ高さのいす・台を置く ・**暖房や換気設備を設置**する 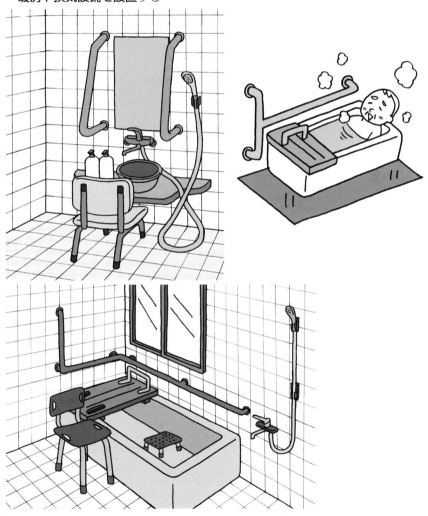

✍ トイレの環境整備のポイント

> トイレの環境整備は，安全，安楽に動作できることはもちろん，利用者のプライバシーに十分配慮する。

- **トイレは寝室に近い場所**に配置する
- ドアは，引き戸やアコーディオンドアにすると開閉しやすい。開き戸の場合は緊急時の対応のため外側に開くものが望ましい
- 万が一，倒れた場合でも**手が届く位置**に緊急通報装置を取りつける
- 座位の保持，立ち上がり，車いすの移乗を安全に行うため，手すりを設置する
- 片麻痺の人が立ち上がるためには，洋式便器の20～30cm前方の健側の壁に縦手すりを設置する。
- 便器は，利用者，介護者にとって負担が小さい洋式便器にする。便座の高さは，立ち上がりや**移乗がしやすい40～45cm程度**がよい
- 暖房や換気設備を設置する。特に冬場は，**暖房便座**なども用いて，快適に利用できるようにする

✍ シックハウス症候群

○主な症状…目やのどの痛み，頭痛，めまい，アトピー性皮膚炎，自律神経の異常など
○原因…建材や内装材などから放散されるホルムアルデヒド，トルエン等の揮発性有機化合物やダニ，カビなどのアレルゲンによるとされる
○対策…こまめに換気する，部屋を閉め切らないなど空気の流れをつくる

バリアフリーとユニバーサルデザイン

> バリアフリーは，障壁となるものがない環境をいう。物理的障壁だけでなく，心理的障壁や制度的障壁の除去という観点からも使われる。
>
> ユニバーサルデザインは，年齢や性別，障害の有無などに関係なく誰にでも使いやすい形状や設計をいう。

バリアフリー法（「高齢者，障害者等の移動等の円滑化の促進に関する法律」）

> 高齢者や障害者の日常生活や社会生活を保護するために，公共交通機関（空港，道路，駐車場，公園など）の整備を推進することを目的とした法律。
>
> ノーマライゼーションの理念にも通じる

ユニバーサルデザインの7原則

> 原則1：誰にでも使用でき，入手できること
> 原則2：柔軟に使えること
> 原則3：使い方が容易にわかること
> 原則4：使い手に必要な情報が容易にわかること
> 原則5：間違えても重大な結果にならないこと
> 原則6：少ない労力で効率的に，楽に使えること
> 原則7：アプローチし，使用するのに適切な広さがあること

災害に対する備え

> 日頃から災害に備えて準備をしておき，災害時にすばやく安全に避難できる環境をととのえておく。
>
> ・非常時用の持ち出し袋の準備
> ・家具の固定
> ・避難方法の確認　など

 過去問　令和元年-問題21・問題35・問題36・問題37，平成31年-問題37・問題115，平成29年-問題37，平成27年-問題30・問題88，平成26年-問題30・問題42・問題43，平成25年-問題42，平成24年-問題44，平成22年-問題55・問題56，平成21年-問題55・問題77，平成20年-問題81

78 身じたくの介護

ここに注目

- 加齢などにより身じたくを整えることへの意欲が失われると，心身にさまざまな影響を及ぼし，QOL（生活の質）の低下につながる
- 介護者は，利用者一人ひとりの価値観を尊重し，「その人らしさ」を表現できるように配慮する
- 身じたくに関連する身体の基本的な構造について理解する

整容における介護技術

洗顔	・顔面の汚れや皮脂，老廃物などを除去し，皮膚の清潔を保つ ・洗面所への移動が困難な場合は，蒸しタオルで目や口などを入念に拭く ・目やにはガーゼ・脱脂綿を用いて目頭→目尻の方向に拭きとる ・鼻毛は抜かず，切るようにする 
整髪	・頭髪の乱れを整え，髪と頭皮の清潔を保つ ・なるべく利用者自身で整髪できるよう，使いやすいブラシや鏡を用意する ・介護者が整髪する場合は，利用者の希望を確認してから行うことが重要
ひげ剃り	・清潔保持の点からは毎日剃るほうがよい。希望や好みの確認をする（男性のひげは1日に約0.4mm伸びる） ・蒸しタオルでしばらく覆い，ひげを柔らかくしてから剃るようにする（電気かみそり使用時を除く） ・ただし，理容師法に抵触しないよう注意する
爪切り	・1日に約0.1mm伸びるため，こまめに手入れして伸びすぎないようにする ・高齢者は爪が硬く割れやすいため，入浴後などの爪が柔らかくなったときに切る ・深爪に注意し，爪の先端の白い部分を1mm程度残すようにする。指先が荒れている場合はハンドクリームなどを用いる

化粧の効用
・化粧をすることによって視覚，聴覚，触覚，嗅覚が刺激され，脳の活性化につながる
・周囲とのコミュニケーションが促進され，他者に認められることで自尊感情が向上する
・化粧をしていた頃の自分を思い出し，社会生活の維持・拡大に結びつく

皮膚の仕組み

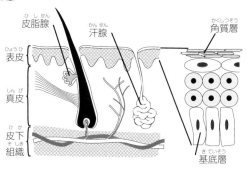

- ・皮膚は表皮・真皮・皮下組織の３層に分かれる
- ・表皮の最も内側の基底層で新しい細胞がつくられ，角質層へと押し上げられていき，やがて垢となって剥がれ落ちる
- ・汗腺 ── エクリン腺（全身に分布）
　　　　└ アポクリン腺（腋下・陰部）
- ・皮脂腺から皮脂が分泌される。頭皮には皮脂腺が多い

毛髪の仕組み

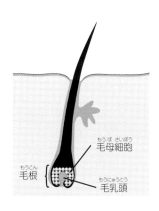

- ・毛髪は，毛母細胞が分裂して成長し，皮膚の表面へと押し出される
- ・毛乳頭が毛細血管から栄養素や酵素を受け取り，これを基に毛母細胞に細胞分裂をさせる（毛髪は１日に0.3～0.45㎜伸びる）

加齢に伴う変化
- ・白髪が増え，毛が細くなり，次第に本数が減っていく
- ・男性は眉毛・耳毛が長く伸び，女性は腋毛が薄くなる
⇒ 色つやの変化や脱毛の有無だけでなく，頭皮などの皮膚の状態をよく観察し，ふけ・かゆみ・出血などがないか確認する

爪の仕組み

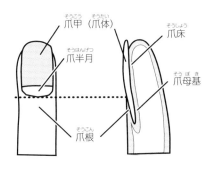

- ・爪は，爪床の根元にある爪母基という部分でつくられる
- ・正常な爪は桃色（根元の爪半月の部分は白色）

加齢に伴う変化
- ・伸びる速さが遅くなり，灰色・黄色がかってくる
- ・爪白癬などの爪の疾患にかかりやすくなる
⇒ 色つやや硬さ，形の変化のほか，陥入爪（巻き爪）や深爪で皮膚が傷ついていないかよく観察する

🖐 口腔の仕組み

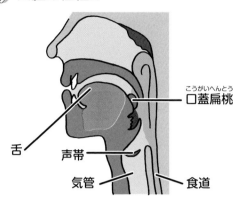

こうがいへんとう
口蓋扁桃

舌　声帯

気管　　食道

口腔の役割
①食べること
歯で食物を噛み，嚥下するという一連
の動作を咀嚼という。唾液と食物が混
じることで嚥下・消化しやすくなる
②話すこと
声は声帯の振動を共鳴させることで発
せられる

🖐 歯の仕組み

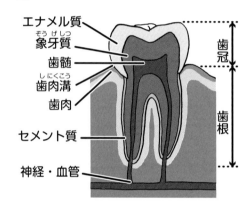

エナメル質
そうげしつ
象牙質
歯髄
しにくこう
歯肉溝
歯肉
セメント質
神経・血管

歯冠
歯根

・人の歯（永久歯）は，「親知らず」を含めて
32本
・歯冠部はエナメル質，歯根部はセメント質
で覆われている
・象牙質の内側の歯髄には，神経線維・血管・
リンパ管が通っている
・う蝕（虫歯）が象牙質や歯髄まで進行すると，
痛みを感じるようになる

🖐 舌の仕組み

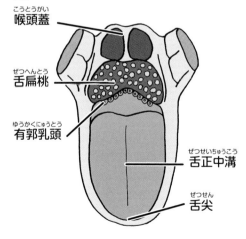

こうとうがい
喉頭蓋
ぜつへんとう
舌扁桃
ゆうかくにゅうとう
有郭乳頭
ぜつせいちゅうこう
舌正中溝
ぜつせん
舌尖

・舌の先端を舌尖，前方を舌体，後方を舌根と
いう
・舌の表面にある数多くの細かい突起を舌乳
頭という
（有郭乳頭・葉状乳頭・茸状乳頭・糸状乳頭
の4種類）
・味覚は，舌乳頭（糸状乳頭を除く）にある
味蕾という部位で感知される
・舌の表面にみられる白っぽい色の付着物を
舌苔といい，厚く付着させたままでいると
口臭の原因となる

口腔ケアの方法

口腔ケアとは	口腔ケアの基本
口腔清掃を行い，歯垢（プラーク）や食物残渣を取り除き，口腔内を清潔に保つこと 口腔機能を維持することは，栄養状態の維持にもつながる	・毎食後に行う（1日1回の場合は夕食後） ・利用者自身が行えるよう援助し，介護者が行う場合は手袋を着用して感染を防ぐ

ブラッシング法

⇒ 歯垢の除去効果が最も高いのは，歯ブラシを用いたブラッシング

歯ブラシは，鉛筆と同じようにペングリップで持つ 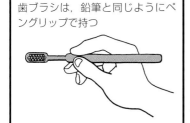	図1 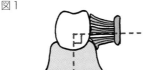 スクラビング法 歯面に対して90°に当てる	図2 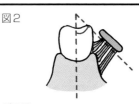 バス法 歯肉溝に対して45°に当てる

口腔清拭法

口腔清拭剤に浸したガーゼや綿棒，スポンジブラシなどを用いて口腔内を清拭する方法 ⇒ 口腔内に炎症があって歯ブラシが使えない場合または意識障害がある場合など	　スポンジブラシ

義歯

架工義歯（ブリッジ）

総義歯（総入れ歯）

局部床義歯（部分入れ歯）

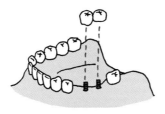
インプラント（人工歯根）

義歯の清潔を怠ると，口腔細菌が繁殖し，疾患や口臭の原因となる

・総義歯や局部床義歯は少なくとも1日1回取り外し，専用の歯磨き剤と歯ブラシで磨く
・総義歯
下顎→上顎の順に取り外す
上顎→下顎の順に装着する
装着するときは回転させながら入れる。外すときは義歯の後方を下げるようにする

ここに注目

- 衣服の機能は，保健衛生上の機能と社会生活上の機能に大別される
- 高齢者・障害者のためには，着脱しやすく，動きやすいデザイン・素材の衣服を選ぶようにする
- 介護者は，利用者の好みや習慣を尊重しつつ，衣服を身につけることが自己表現の機会となり，精神的な満足につながるよう配慮する

衣服の機能

①身体保護機能	・衣服で身体を覆うことにより，風雨や直射日光などから身体を保護する ・衣服が汗や皮脂などの皮膚の汚れを吸収し，着替えをすることによって有害な細菌などの増殖から皮膚を守る
②温度調節機能	衣服によって外界との間に空気の層ができ，快適な温度が維持される ⇒ 寒いときには放熱を防ぎ，暑いときには放熱を促す衣服を選ぶ
③活動適応機能	活動内容に応じた衣服を着用することで動作を円滑に行うことができる ⇒ 活発に活動する場合は摩擦に強く伸縮性に富む素材の衣服，睡眠時には着心地がよく，ゆったりとした衣服を選ぶ
④社会的機能	・自己を表現し，社会生活を維持するという意味をもつ ・着る人の立場や所属する社会集団を表し，社会的秩序の維持にも一定の役割を果たす（例：冠婚葬祭の儀礼服や制服など）

高齢者・障害者に適した衣服

上着	・着脱しやすいデザイン・材質のものを選ぶ ・利用者のサイズ・体型を考慮し，適度にゆとりのあるものがよい
寝まき （パジャマ）	・素材として肌触りがよく，汗や皮脂などを吸収しやすい綿が最適である ・褥瘡予防のため，背縫いがなく，縫い代が直接肌に触れないものがよい
下着	・肌触りがよく伸縮性があり，吸水性・吸湿性の高い素材のものを選ぶ

🖐 着脱介助の基本

- ・着脱の場所は，適度な温度に調節し，プライバシーには十分注意する
- ・脱健着患の原則
  ＝ 上肢や下肢の片側や一部に障害がある場合は，**健側（けんそく）**から脱がせて，**患側（かんそく）**から着せる
- ・皮膚の落屑などが散らないよう，衣服は丸めながら脱がせる
- ・衣服のしわやたるみは，褥瘡の原因となることがあるため注意する

🖐 着脱の手順（右片麻痺で座位の場合 ⇒ 健側（けんそく）：左側，患側（かんそく）：右側）

①
・利用者が健側の手でボタンを外し，患側の肩まで衣類を下げる

②
・利用者は健側の袖を脱ぎ，患側の袖を脱ぐ

③
・介護者は新しいパジャマの袖を患側から通し，利用者は健側の手を袖に通す

④
・利用者はボタンをかけ，えりやすそを整える

⑤
・立位をとらせ，介護者はズボンを下げる
・介護者はズボンを下げていき，健側から脱がせる

⑥
・介護者は患側から新しいズボンをはかせ，健側も通し，利用者に立ってもらいズボンを上げる

 令和元年-問題39・問題40・問題75，平成31年-問題38・問題39・問題42，平成29年-問題39・問題40・問題99，平成27年-問題44，平成26年-問題44，平成25年-問題44・問題52，平成24年-問題46・問題47，平成21年-問題53，平成20年-問題74・問題88・問題91，平成19年-問題86

79 移動の介護

リンク　こころとからだのしくみ ▶ こころとからだのしくみ

ここに注目

- 移動にはADL（日常生活動作）・IADL（手段的日常生活動作）の向上だけでなく，精神的・社会的に大きな意味がある
- ボディメカニクスの活用により，最少の労力で安全・安楽なケアを提供することができる
- 褥瘡予防のため，体位変換や適切な用具の使用について理解する

関節可動域（〈 〉内は参考可動域）：ROM運動

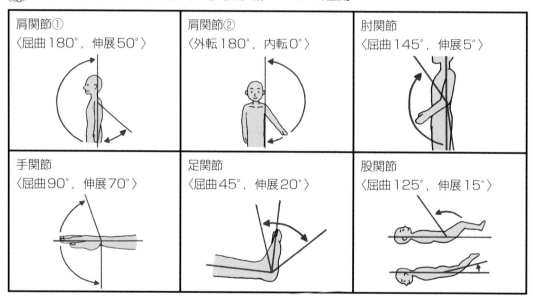

肩関節①
〈屈曲180°，伸展50°〉

肩関節②
〈外転180°，内転0°〉

肘関節
〈屈曲145°，伸展5°〉

手関節
〈屈曲90°，伸展70°〉

足関節
〈屈曲45°，伸展20°〉

股関節
〈屈曲125°，伸展15°〉

ボディメカニクスの基本

①支持基底面積を広くとり，重心を低くして身体を安定させる
②利用者の身体にできる限り近づく（互いの重心を接近させる）
③手足など利用者の身体をできるだけ小さくまとめる
④介護者は身体をねじらず，腰と肩を平行に保つ
⑤背筋，腹筋などの大きな筋群を使い，水平に移動する
⑥てこの原理を活用する（支点をつくり，自分の体重をかける）

重心を下げる
支持基底面積

移動の介護

○仰臥位→側臥位への介助（全介助）

① 利用者を寝返る側と反対側に水平移動させ，胸の上で両腕を組んでもらう 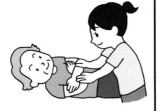	② 利用者の両膝を立てる 
③ 片手を利用者の両膝に，もう一方の手を利用者の肩に添える 	④ 利用者の両膝，肩の順にゆっくりと手前に倒していく 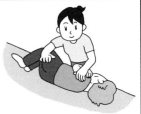

○側臥位→端座位への介助

① 側臥位の利用者の両足をベッドの下におろす 	② 健側の肘と前腕を使って身体を前に出しながら上体を起こすよう促す 
③ 骨盤を後方に押し端座位にする 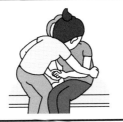	④ 両足底が床についた安定した端座位になっていることを確認する 

○端座位→立位への介助（片麻痺／一部介助）

① 足を肩幅程度に開き，健側の足を膝より後ろに引いてもらう 	② 患側の膝折れに注意し，前傾姿勢から立位を保持する 

褥瘡とは何か

褥瘡（＝床ずれ）とは，体重によって生じる持続的な圧迫により，皮膚や筋肉が血行障害を起こし，これらの組織が壊死してしまった状態をいう

自力で寝返りなどの体位変換ができない人や，知覚麻痺で痛覚のない人，低栄養状態で骨の突出している人などが褥瘡を発症しやすい

○**褥瘡の好発部位**

⇒ 骨の突出した部位は圧迫が集中するため，褥瘡ができやすい。仰臥位では仙骨部が一番できやすい

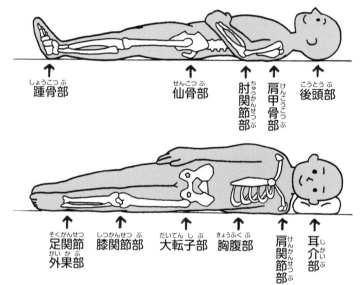

踵骨部（しょうこつぶ）　仙骨部（せんこつぶ）　肘関節部（ちゅうかんせつぶ）　肩甲骨部（けんこうこつぶ）　後頭部（こうとうぶ）

足関節外果部（そくかんせつがいかぶ）　膝関節部（しつかんせつぶ）　大転子部（だいてんしぶ）　胸腹部（きょうふくぶ）　肩関節部（けんかんせつぶ）　耳介部（じかいぶ）

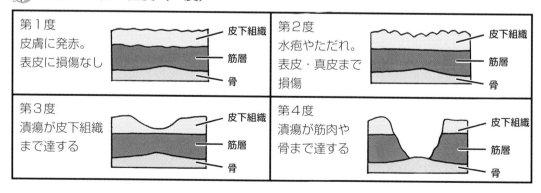 褥瘡の症状の程度（4度）

第1度 皮膚に発赤。表皮に損傷なし	皮下組織 筋層 骨	第2度 水疱やただれ。表皮・真皮まで損傷	皮下組織 筋層 骨
第3度 潰瘍が皮下組織まで達する	皮下組織 筋層 骨	第4度 潰瘍が筋肉や骨まで達する	皮下組織 筋層 骨

褥瘡の予防方法

① **体位変換を行う**
　約2時間を目安に体位変換を行い、同一部位への持続的な圧迫を取り除く。ギャッジベッドのような予防用具を使用する場合も、おおむね4時間ごとに体位変換する

体位変換は、仰臥位・左側臥位（左側が下）・右側臥位（右側が下）の3種類を組み合わせることが多いが、以下の点に注意する

○側臥位にするときは、斜め30°以下にする
　⇒ 臀部全体で体重を支えるには30°が最適だから

○ベッドの背を立てて上半身を起こすときも30°以下にする
　⇒ それ以上起こすと、体重で身体全体が下方へずり落ちるから

30°

30°以下に

② **褥瘡予防用具を活用する**
　圧迫をなるべく広い面積で受けるようにするため、体圧を分散する寝具が有効

体圧分散寝具の代表はエアーマットであるが、空気の量に注意する必要がある

接触面積が大きい ○

空気の量が少なすぎると、仙骨が床につく ✕

空気を入れすぎると、接触面積は小さい ✕

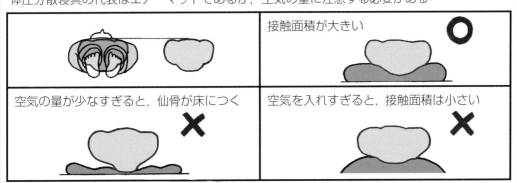

③ **皮膚を乾燥させて清潔を保ち、栄養状態を改善する**
　・入浴により身体を清潔にし、通気性のよい敷物を使用して湿潤を取り除く
　・必要なエネルギーやたんぱく質、ビタミン等を摂取し、栄養状態をよくする

 令和元年-問題41・問題74，平成31年-問題118，平成30年-問題41，平成26年-問題46，平成24年-問題49，平成23年-問題102，平成22年-問題108，平成21年-問題82・問題88，平成20年-問題63・問題82，平成19年-問題89・問題103

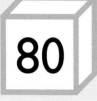

80 杖歩行　車いすの介護

ここに注目

- 自立を支援するために，自立歩行→杖歩行→車いすの順で援助を行う
- 杖歩行の介助では，介助者は利用者の患側のやや後方に位置して転倒などに備える
- 杖先ゴムは杖が滑るのを防ぐ役目をしているので，介護従事者は杖先ゴムの減り具合にも注意を払う必要がある

場所別の杖歩行：介護者は，利用者が安全で，安心して歩行できるように十分に配慮する

階　段	（昇り）一段上に杖をつく→健側の足を上げる→患側の足を上げる （降り）一段下に杖をつく→患側の足を下ろす→健側の足を下ろす
障害物	（障害物を越える場合の動作） ①障害物に近づく→②障害物の向こう側に杖を置く→③患側の足でまたぎ越す→ ④健側の足でまたぎ越し，患側の足にそろえる

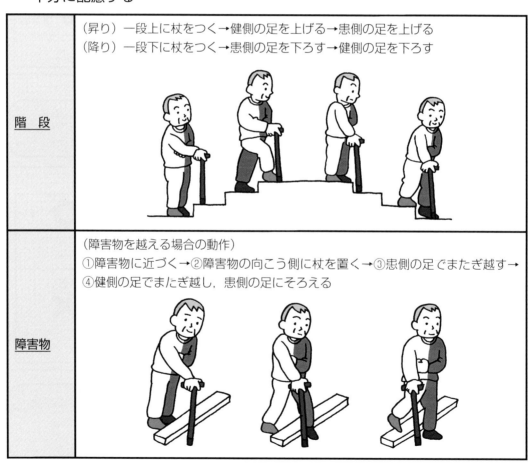

🖐 杖：杖にはさまざまな種類，形状があるので，利用者の状態（障害の程度など）に応じて選択する。介護保険の対象となるものとならないものがある

杖の種類

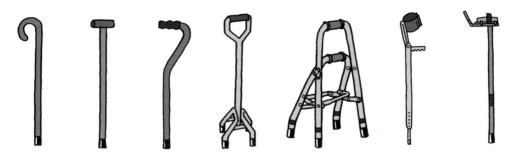

| ステッキ | Ｔ字杖 | オフセット型杖 | ４点支持杖 | 歩行器型杖（ウォーカーケイン） | ロフストランドクラッチ | プラットホームクラッチ |

杖を選択する際のポイント

軽くて握りがしっかりしている

滑り止め付き

大腿骨大転子の高さが目安

15cm四方目安

🖐 杖歩行（三動作歩行）

健側で持つ

患側の足を前へ

健側の足を出す

🖐 杖歩行における二動作歩行

杖と患側の足を同時に出し，次に健側の足を出す，という歩行動作。杖を一歩前に出し，患側の足を一歩前に出し，健側の足をそろえる，という三動作歩行に比べ，歩くスピードは速いが不安定。麻痺が軽度である場合に適している。

車いすの介護

JIS規格は，品質の向上，使用者の要望等に応じて見直されるが，車いすJISは
2006（平成18）年に改正された。その際，用語の見直しの中で"○○レスト"が"○
○サポート"に，"スカートガード"が"サイドガード"に変更された。

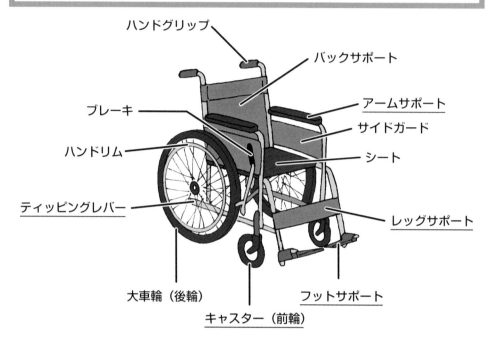

車いすの種類

○標準型…一般的なタイプ。自走用と介助用がある

○モジュール型…座面高や車輪サイズ，座面幅などを，決められたものの中から利用者の体型に
あわせて選択して組み合わせたもの

○リクライニング型…座位姿勢を維持するのが困難な場合に使用する。背もたれが倒れる

○ティルト型…座位姿勢を維持するのが困難な場合に使用する。背もたれと座面が傾く

○電動型…車輪を電動モーターで動かすタイプ。リモコンによる手元操作が可能

状況に応じた車いす介助の留意点

上り坂	介護者は，押し戻されないように身体を少し前傾し，両腕をのばししっかり押す
下り坂	傾斜が緩やかな場合は，前向きのまま，車いすを引くように下る 急な下り坂では，後ろ向きになり，腰をバックサポートに密着させてゆっくりと確実に下っていく
段 差	段差を上がるときは，前向きに進み，①ティッピングレバーを踏む→②キャスターを段に載せる→③後輪を押し上げる，という順。下がるときは，後ろ向きになり，①後輪を下ろす→②ティッピングレバーを踏んでキャスターを上げて後ろに引く→③キャスターを下ろす，という順で援助する

ベッドから車いすへの移乗の介助（利用者に片麻痺がある場合）

① 健側に配置する

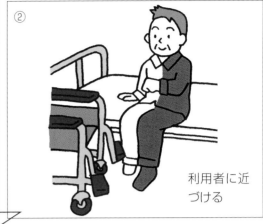

② 利用者に近づける

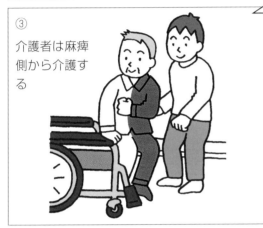

③ 介護者は麻痺側から介護する

④ 利用者の動きをさまたげないように

視覚障害者の基本的歩行介助

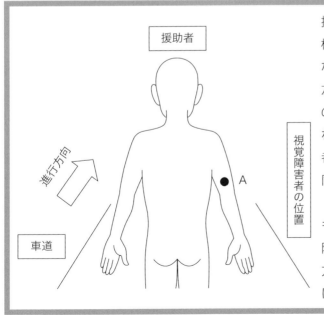

援助者は，視覚障害者の横に立ち，「ご案内します」などの声かけを行った後，左右どちらに立てばよいのかなど基本姿勢をたずねる。その後，視覚障害者の斜め半歩前に立って同じ方向を向き，イラストのAの部分をつかんでもらう。援助者は，視覚障害者がつかまっている方の腕を自分の脇腹につけるようにする。

 令和元年-問題43，平成31年-問題40・問題41・問題43，平成30年-問題42，平成29年-問題46・問題47，平成28年-問題112，平成27年-問題48，平成26年-問題45・問題47，平成25年-問題45・問題89，平成24年-問題48・問題50，平成21年-問題110

81 食事の介護

リンク　こころとからだのしくみ ▶ こころとからだのしくみ ▶ 食事に関連したこころとからだのしくみ

ここに注目

- 高齢者の脱水を予防するため，１日の水分摂取量と排泄量のバランスシートを作成して水分補給量を考えよう
- 食事の介護では，介護者は利用者と同じ高さになるように座り，嚥下の状態など常に注意深く観察することが必要

食事介助のポイント

準　備	・食事前に排泄をすませ，部屋の換気を十分に行う ・手や口腔を清潔にし，嚥下しやすい姿勢をとらせる ・必要に応じ，タオルなどを前胸部にかける
食事中	・唾液や胃液の分泌を促進させ，嚥下をスムーズに行うために最初に汁物を勧める ・利用者のペースで，少量ずつゆっくりと介助する ・なかなか嚥下しないときは，誤嚥のおそれがあるため注意する ・片麻痺がある利用者の場合，介護者は健側に位置し，健側の口角から食物を入れる
食　後	・歯みがきやうがい，義歯の洗浄など口腔ケアを行う

○誤嚥

　高齢者は，嚥下機能の低下や唾液分泌量の減少などにより誤嚥しやすい。誤嚥は重篤な事故や誤嚥性肺炎などの原因ともなるため，食材や調理方法に十分な配慮が必要。

※誤嚥予防のポイント

・嚥下しやすいように，食品にとろみをつける

・隠し包丁を入れたり，やわらかくなるまで煮込むなど調理上のくふうをする

・利用者が嚥下しやすい姿勢になるように配慮する。座位をとって，あごを引いた姿勢が望ましいが，座位がとれない場合は無理のない範囲で上体を起こす

同じ目線で食事の介護，頸部後屈と前屈

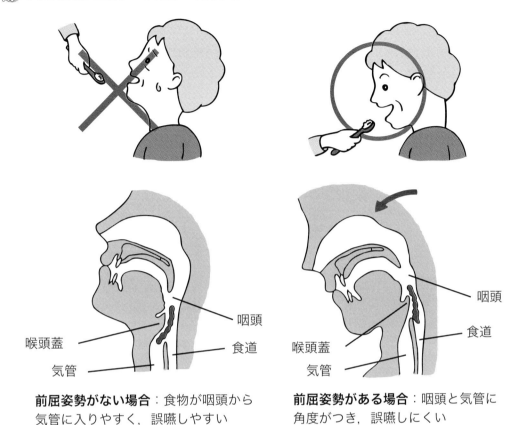

前屈姿勢がない場合：食物が咽頭から気管に入りやすく，誤嚥しやすい

前屈姿勢がある場合：咽頭と気管に角度がつき，誤嚥しにくい

飲み込みやすい食品と誤嚥しやすい（飲み込みにくい）食品

かゆ米　　ミンチ状　　ポタージュ状　　トロロ状

マッシュ状　　ヨーグルト　　プリン　　ゼリー

飲み込みやすい食品

スポンジ状

練り製品

口内に粘着しやすい食品

誤嚥に注意

○高齢者の脱水予防

　高齢者は体内の水分量が若年層より少ないことや，水分吸収機能の低下，夜間の排尿を避けるため水分摂取を控えがちになるなどの理由で，脱水を起こしやすい。食事の介護の際，介護者はよく観察し，訴えがなくても十分な水分補給を心がける。

脱水予防のための観察のポイント

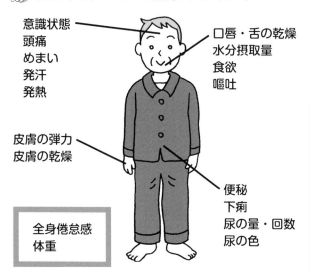

意識状態
頭痛
めまい
発汗
発熱

口唇・舌の乾燥
水分摂取量
食欲
嘔吐

皮膚の弾力
皮膚の乾燥

便秘
下痢
尿の量・回数
尿の色

全身倦怠感
体重

※水分補給の考え方

・高齢者の場合，最低でも食事を含め1日に2,500㎖（そのうち1,500㎖は飲料水）程度を補給。食事には，味噌汁やスープなど水分の多いものを取り入れる
・食事だけでなく，間食の際や入浴後，発汗時などに適宜水分をとらせる
・下痢や嘔吐の症状は，脱水の一因となるので注意する

○視覚障害者の食事介助

　視覚障害者の食事介助では，**クロックポジション**（時計の文字盤の配置）を活用して，食器の位置を伝える。食事の内容（食材・調理方法・色・形など）のほか，熱いもの，冷たいものがあれば事前に説明する。

クロックポジションに配膳

○食事関連用具の活用

　箸やスプーン，茶碗が持てなかったり，食品をすくう・はさむといった動作ができないなど摂食行動上の障害がある場合，状況に応じて食事関連用具の活用を検討する。

● 食器類

滑り止め付き　　　　　滑り止め付き　　　　介護用食器（角型）　　介護用食器（丸型）

● フォーク，スプーン等

バネ付き箸　　　　太いにぎり　　　曲がりスプーン　ホルダー付きスプーン　ナイフ機能付き
　　　　　　　　　　　　　　　　　　　　　　　　　　　　　　　　　　　　　スプーン

● 飲料用

ストロー付き　　　ホルダー付き　　離乳食用コップ　　　吸い飲み　　ドリンキングチューブ

● エプロン

食事用エプロン　　食事用エプロン（ポケット付き）

寝食分離

　利用者の残存機能により食事の形態はさまざまであるが，基本的には，寝床から離れて食堂等で（寝食分離），家族とともに，座位で食事をすることが望ましい。また，自立支援のため，なるべく自分で食事をとれるよう援助することが重要。

過去問　令和元年-問題45・問題47・問題71，平成31年-問題44・問題45，平成26年-問題49，平成25年-問題117，平成24年-問題51・問題52，平成22年-問題53，平成20年-問題83・問題84，平成19年-問題83

82 清潔・入浴の介護

リンク こころとからだのしくみ ▶ こころとからだのしくみ ▶ 入浴, 清潔保持に関連したこころとからだのしくみ

ここに注目

- 清拭には，血行や新陳代謝の促進や褥瘡予防などの効果があるほか，身体の異常の発見や利用者と介護者のコミュニケーションの促進にもつながる
- 入浴には体力の消耗を伴うため，常に利用者の状況を観察する必要がある
- 入浴中の事故の原因は，心肺停止，脳血管障害，一過性意識障害（失神），溺水・溺死など

入浴介護の留意点

入浴前	・入浴前にバイタルサイン（体温・脈拍・血圧など）の測定，顔色などの観察を行う ・空腹時や食事直後，飲酒直後は入浴を**避ける** ・**排泄は事前**にすませる ・浴室・脱衣室の室温に注意する（26±2℃程度） ・**湯の温度は約40℃程度**にする ・湯温は介護者が直接肌で触れて確認する
入浴中	・高齢者や麻痺がある人は温度の感覚が鈍っていることがあり，湯の温度に注意が必要。高血圧や心臓病の場合，熱い湯は避ける ・湯は心臓から遠い部位（末梢）から近い部位（中枢）へとかける ・**入浴時間は15分（浴槽につかるのは2〜3分）程度を目安とする** ・湯に入ると，浮力のため体位が不安定になるので注意する
入浴後	・湯冷めしないように，身体の水気を拭き取る ・十分な休息と**水分補給**を心がける ・身体状況などに異常がないか，**利用者の観察**を行う

入浴が身体に及ぼす影響（プラス面とマイナス面）

入浴には清潔の保持や循環の促進など身体に直接的な効果がある。また，安楽性や爽快感を感じてリラックスでき，疲労回復が促進される。

一方，高齢者の溺水のほとんどが入浴中の意識障害からくる事故。冬場では寒い脱衣所で衣服を脱ぎ，急激に血圧が上昇し脳出血のリスクが高まり，その後温浴による血圧の下降で脳や心臓，消化管など重要臓器の血流が低下し，脳梗塞や心筋梗塞のリスクとなる（ヒートショック）。

心肺停止は自宅浴室での発生がほとんどで，高齢者では特に血行の変動に対する自律神経系の反応が弱く，そのことが入浴中あるいは入浴後の意識障害を引き起こし，入浴中の事故につながる。また，日本特有の入浴形式（浴槽につかる）が入浴中急病・急死の誘因。発汗による脱水や血液凝固亢進状態を起こす。

部分浴

心身の状況などにより入浴ができないときは，足浴や手浴，陰部洗浄などの部分浴によって身体を清潔にする。

部分浴のポイント

足　浴	座位が保持できる場合は，いすやベッドサイドで，端座位で行う
手　浴	感染防止のためにも，手浴は頻繁に行う。指の間はていねいに洗い，水気はしっかりと拭き取る
陰部洗浄	細菌が繁殖しやすく，こまめな洗浄が必要。介護者は，利用者の意思や羞恥心に配慮する。女性の場合，尿路や性器への感染を防ぐため，前から後ろ（肛門部）に向かって洗う

清拭

入浴も部分浴もできないときは，利用者の身体を熱めの湯（55 〜 60℃程度）で絞ったタオルなどで拭いて清潔を保つ。

○清拭の留意点
・日中の暖かい時間帯に行う（室温22 〜 26℃程度）
・均等の圧力で連続的に拭く
・末梢から中枢へ向かって拭く（上肢は手先→肩，下肢は足先→大腿）

清拭の方向

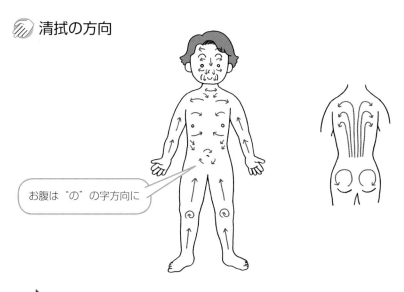

お腹は "の" の字方向に

 過去問　令和元年-問題48・問題49，平成31年-問題47・問題49・問題104，平成29年-問題51，平成28年-問題53，平成26年-問題51・問題52・問題104，平成25年-問題49・問題50・問題52，平成24年-問題54，平成21年-問題86，平成20年-問題89

83 排泄の介護

リンク こころとからだのしくみ ▶ こころとからだのしくみ ▶ 排泄に関連したこころとからだのしくみ

ここに注目

- 介護者は，一連の排泄行為が安全かつ安楽に行われるよう注意する。また，普段から，利用者が気兼ねしないような関係の構築が重要
- 排泄の際に最も望ましい姿勢は座位。ベッドからの移動が困難な場合，上半身を起こした姿勢で尿器・差し込み便器を使用する
- 排泄関連用具の選択・利用に当たっては，利用者の心理的負担や介護者の介護負担，利用者や同居する家族の生活状況などを検討する必要がある

排泄介護の原則

- ・利用者を待たせることなく，速やかに介護する
- ・カーテンやスクリーンの使用など，プライバシーに配慮する
- ・排泄の自立は自尊心の保持にもつながるため，自立支援の視点で行う
- ・排泄物を観察したら，速やかに処分する。異常があれば医療従事者に連絡する

尿失禁の5種類

切迫性尿失禁	尿意をもよおしてからトイレに行くまでに間に合わずに漏れてしまう状態。膀胱や，脳・脊髄の障害によるものが多い
反射性尿失禁	脊髄損傷等により膀胱に尿がたまっても尿意が大脳まで伝わらずに漏れてしまう状態
溢流性尿失禁	前立腺肥大症，前立腺がん等により尿道が圧迫され，排尿できずに膀胱にたまる尿が少しずつ漏れる状態。男性に多い
腹圧性尿失禁	咳，くしゃみ，笑い，重いものを持ったときなど，急に腹圧が加わるときに漏れる状態。多産婦や高齢女性に多い
機能性尿失禁	膀胱は正常だが運動機能の障害や知的障害，精神障害，認知症などにより便器に排尿できずに漏らしてしまう状態

🌀 排泄の自立度に応じた介護の留意点

尿意・便意がある場合	
トイレへの移動	・トイレまで移動できる場合，廊下の段差解消，手すりや足元灯の設置など，住環境の整備を考慮する
	・トイレまでの移動が困難だったり，夜間など間に合わない場合には，居室でポータブルトイレや尿器，差し込み便器を使用する
衣服の工夫	・衣服の着脱が困難な場合は，利用者の状況に応じて衣服や環境を工夫する
	前開き ブリーフ　　ズボン両脇開き
姿勢保持の工夫	・便座は膝程度の高さがよい（40〜45cm程度）。和式便器の場合，据置式の洋式便座を設置するとよい
	・利用者に関節リウマチなどによる関節の痛みや拘縮があれば，補高便座や立ち上がり補助便座の使用も考慮する
	補高便座　　立ち上がり 補助便座
尿意・便意がない場合	
介護者の留意点	利用者の排泄のリズムを把握し，早めにトイレに誘導する

ポータブルトイレ

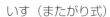

いす（またがり式）

背もたれ・肘掛付

自動排泄処理装置（旧：特殊尿器）

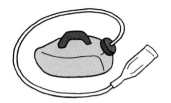

手動採尿器　　　　　　　　　　　　　　自動採尿器

🖐 排泄介護に関する器具等

名称	説明
ポータブルトイレ	可搬式トイレ。トイレへの誘導が困難な場合等に居室で使用できる
ペーパーホルダー	トイレットペーパーが片手で簡単に切れるもの
補高便座	立ち上がりを助けるために座面を高くする便座
立ち上がり補助便座	便座が電動で上下することで，便器から立ち上がるのをサポートする
温水洗浄便器	温水により肛門部を洗浄する機能の付いた便座
差し込み便器	ベッド上で便や尿をとる便器。仰臥位で尻の下に差し込んで使用
尿器	ベッド上で排尿するための容器。男性用と女性用がある
装着式自動吸引式集尿器	排尿を瞬時に検出し自動的に尿タンクに採尿。寝たきりで尿意がない人や，自分で尿器を使用できない人向け
膀胱留置カテーテル	固定用のバルーンのついたカテーテル（カテーテル＝診断目的で臓器や血管に挿入する管）
導尿	外尿道口から膀胱まで管を通して尿を排出させる処置
自己導尿	自らカテーテルを尿道に挿入して尿を排出させること
ディスポーザブル浣腸器	使い捨てのプラスチック容器にあらかじめ調合された薬剤が入った浣腸器
ストーマ	手術によって腹部に造られた尿や便の排泄口。尿路ストーマと消化管（器）ストーマがある

ペーパーホルダー　　　　　　ディスポーザブル浣腸器

 令和元年-問題50・問題51・問題103，平成31年-問題50・問題51・問題52・問題72・問題105，平成26年-問題53・問題105，平成25年-問題20・問題55・問題74，平成24年-問題55，平成23年-問題106，平成21年-問題83，平成20年-問題85・問題102

84 家事の介護

ここに注目

● 介護職は，利用者のこれまでの生活を尊重しつつ，その残存機能を活用し，自立した生活ができるよう計画的に家事支援を行う
● 調理の支援は，栄養バランスや摂取カロリーなどを考えながら，利用者が主体的に食事を楽しめるよう工夫する
● 洗剤及び繊維の種類・特徴，洗濯の方法について理解する

介護保険制度における生活援助

日常生活上の世話のうち，要介護者等が単身の世帯に属するため，または同居の家族等の障害・疾病等のため，これらの者が自ら行うことが困難な調理・洗濯・掃除等の家事であって，要介護者等の日常生活上必要なもの

一般的に介護保険の生活援助（家事援助）の範囲に含まれないと考えられる主な事例

・利用者以外の家族の洗濯，調理など	・草むしり，花木の水やり，ペットの散歩
・主として利用者が使用する居室以外の掃除	・家具・電気器具等の移動，修繕など
・来客の応接（お茶や食事の手配など）	・大掃除，窓ガラス磨き，床のワックスがけ
・自家用車の洗車，清掃	・正月や節句などの特別な調理

調理の支援

○6つの基礎食品

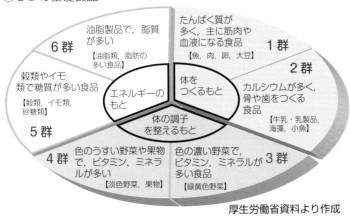

厚生労働省資料より作成

・バランスよく栄養をとるためには，1日に6つの基礎食品から合計30品目を選ぶことが理想とされる

・『食生活指針』では「主食・主菜・副菜を基本に，食事のバランスを」とされている

5大栄養素

栄養素		エネルギーになる	身体の組織をつくる	身体の調子を整える	特徴
3大栄養素	糖質	○ 4kcal/g	—	—	糖質は炭水化物から食物繊維（※1）を除いたもの。エネルギー源として最も重要な栄養素
	脂質	○ 9kcal/g	○	—	中性脂肪やコレステロールなど。LDLコレステロールは動脈硬化の原因のひとつ
	たんぱく質	○ 4kcal/g	○	○	たんぱく質を構成するアミノ酸は20種類。そのうち9種類が必須アミノ酸（※2）
ビタミン		—	—	○	脂溶性ビタミンの過剰摂取は副作用を起こすが，水溶性ビタミンは体内に蓄積しない
ミネラル		—	○	○	無機質ともよばれる。人の体内では合成できないため食物から摂取する

主なビタミン

分類	種類	はたらき	欠乏症
脂溶性	ビタミンA	視覚作用，皮膚や粘膜の正常化	夜盲症
	ビタミンD	カルシウムの吸収促進	骨軟化症，骨粗鬆症
	ビタミンE	がんや老化の防止	溶血性貧血
	ビタミンK	血液の凝固	血液凝固遅延
水溶性	ビタミンC	コレステロール値を下げる	壊血病
	ビタミンB_1	糖質をエネルギーに変える	脚気，多発性神経炎
	ビタミンB_2	皮膚や粘膜を健康に保つ	口角炎，皮膚炎
	ビタミンB_6	アミノ酸の代謝促進	皮膚炎，口内炎
	ビタミンB_{12}	貧血の防止	巨赤芽球性貧血
	葉酸	造血作用に関係する	巨赤芽球性貧血

※1 食物繊維：人の消化酵素で消化されない食物中の難消化性成分の総体。食後の血糖値の上昇や，コレステロールの吸収を抑制する作用などをもつ

※2 必須アミノ酸：食べ物から摂取する必要があるアミノ酸。イソロイシン，ロイシン，リジン，メチオニン，フェニルアラニン，トレオニン，トリプトファン，バリン，ヒスチジン

主なミネラル

種類	はたらき	欠乏症
カルシウム	骨や歯の構成成分。精神の安定	骨粗鬆症
リン	骨や歯の構成成分	倦怠感，筋力低下
イオウ	皮膚，爪，髪を健康にする	皮膚炎
ナトリウム	細胞の浸透圧を維持する	食欲減退，けいれん
カリウム	血圧を正常に保つ	筋肉の脱力感
マグネシウム	体温や血圧の調整	神経の興奮
鉄	ヘモグロビンの成分となる	鉄欠乏症
亜鉛	味覚・嗅覚を正常に保つ	味覚障害，皮膚炎
ヨウ素	甲状腺ホルモンの構成成分	ヨウ素欠乏症
マンガン	骨の形成に不可欠	倦怠感

食事バランスガイド

厚生労働省及び農林水産省においては，「食生活指針」を具体的な行動に結び付けるものとして，平成17年6月に「食事バランスガイド」を作成・公表した。

この「食事バランスガイド」は，「日本人の食事摂取基準」の数値を参照して作成された。「食事バランスガイド」は，1日に「何を」「どれだけ」食べたらよいかを考える際に参考となるよう，食事の望ましい組み合わせとおおよその量をイラスト等で示したものである。

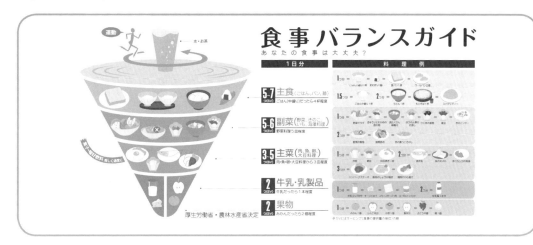

70歳以上の高齢者の食事摂取基準（2015年版「日本人の食事摂取基準」）

	男性	女性
推定エネルギー必要量	1,850～2,500kcal/日	1,500～2,000kcal/日
たんぱく質（推奨量）	60g/日	50g/日
カルシウム（推奨量）	700mg/日	650mg/日
鉄（推奨量）	7.0mg/日	6.0mg/日

基礎代謝量，エネルギー量，活動係数，ストレス係数

基礎代謝量…生命維持に必要な，覚醒時の最低熱量。食後10～18時間後に，安静横臥状態で測定する。59～69歳の男性1,400kcal，女性1,110kcal，70歳以上の男性1,280kcal，女性1,010kcal。

体格指数（BMI）…体重（kg）÷（身長（m）×身長（m））で算出し，18.5以上25.0未満を標準とする。18.5未満を痩せ，25.0以上を肥満。ケトレー指数とも呼ぶ。

エネルギー量…食事バランスガイドにより，BMIで知る。

エネルギー代謝率（RMR）…筋肉労働の強さを示す指数。ある仕事をした時の，必要としたエネルギー量が基礎代謝量の何倍かを示す。

$$RMR = \frac{作業時消費熱量－安静時消費熱量}{基礎代謝量} = \frac{純労働代謝量}{基礎代謝量}$$

活動係数…「寝たきり～通常生活」までの活動度合を数値で表したもの

ストレス係数…疾患によるストレスの度合いを活動度合を数値で表したもの

高齢単身無職世帯の家計収支

高齢単身無職の世帯では，消費支出が可処分所得を上回っている（実質，赤字状態）。

※可処分所得　＝　収入　－（所得税＋住民税＋社会保険料）

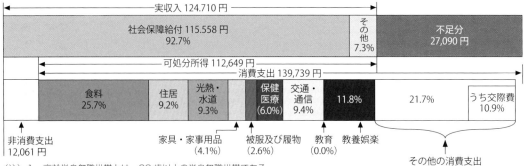

（注）　1　高齢単身無職世帯とは，60歳以上の単身無職世帯である。
　　　　2　図中の「社会保障給付」及び「その他」の割合（％）は，実収入に占める割合である。
　　　　3　図中の「食料」から「その他の消費支出」の割合（％）は，消費支出に占める割合である。
　　　　4　図中の「消費支出」のうち，他の世帯への贈答品やサービスの支出は，「その他の消費支出」の「うち交際費」
　　　　　 に含まれている。
　　　　5　図中の「不足分」とは，「実収入」から「消費支出」及び「非消費支出」を差し引いた額である。

「家計調査報告（家計収支編）-2019年（令和元年）平均結果の概要-」（総務省統計局）より作成

用途による食品の分類

冷凍食品	生の食材や調理済み食品などを冷凍し，－15℃以下で保存するもの
レトルト食品	特殊なフィルムで密封し，レトルトとよばれる加圧加熱装置で殺菌したもの。常温で長期間の保存ができる
インスタント食品	1～2年の長期間保存ができ，簡単な調理ですぐに食べられる
特別用途食品	病者，乳児，妊産婦，高齢者など，特殊な対象者の健康の維持増進に適するものとして表示された食品
特定保健用食品 （通称：トクホ）	保健機能成分を含む食品で，「おなかの調子を整えるのに役立ちます」などといった表示が認められるもの

賞味期限と消費期限（定義等）

	賞味期限	消費期限
意味	期待されるすべての品質の保持が十分に可能であると認められる期限	腐敗その他の品質の劣化による危険性がなく，安心して食べられる期限
表示方法	「年月日」が原則である。ただし期間が3か月超の場合は「年月」でもよい	常に「年月日」で表示する
対象食品	缶詰，スナック菓子，冷凍食品，牛乳など	弁当，惣菜類，サンドイッチ，生菓子など
注意事項	期限を過ぎても食べられないわけではない	長く保存できない食品なので，期限を過ぎたら食べないほうがよい
	どちらも開封前，所定の方法で保存した場合の期限なので，いったん開封したあとは期限前であっても早めに食べるようにする	

食中毒の分類と対策

分類			原因菌	主な原因	特徴・予防法
細菌性	感染型		腸炎ビブリオ	生食魚介類	初夏から初秋に発生。真水で洗浄し，よく火を通す
			サルモネラ属菌	生卵，加熱が不十分な食肉	潜伏期間は24時間前後。火に弱いので加熱する
			カンピロバクター	鶏肉，飲料水	細菌性ではトップの原因菌。潜伏期間が2〜7日と長い。十分に加熱調理する
	毒素型		黄色ブドウ球菌	化膿巣のある人が調理した食品，おにぎりなど	エンテロトキシンにより発症。人間の手指からも検出。摂取後発症まで約3時間と短い。化膿性疾患のある人は調理しない
			ボツリヌス菌	飯寿司，缶詰，真空パックの食品	酸素のないところで増殖し，強い神経毒をつくる。加熱調理する
	中間型		病原性大腸菌	飲料水，生野菜	腸管出血性大腸菌O157はベロ毒素産生。3類感染症。加熱調理する
			ウェルシュ菌	肉類，魚介類の加工食品，カレー，シチュー	人や動物の腸管や土壌，下水に広く生息する細菌。加熱調理済みの食品を常温放置しない
ウイルス性			ノロウイルス	二枚貝（かき等）	小型球形ウイルス。12月から2月に多く，近年では最も多い原因菌。排泄物からの二次感染もあり。十分な加熱と手洗いを励行する。吐物，汚物で汚染された床などは次亜塩素酸ナトリウムで消毒する
化学性			農薬，洗剤，消毒薬，有機溶剤など		ヒスタミンやアミンによる。食品と間違えないように保管容器，保管場所に注意
自然毒	動物性		テトロドトキシン	ふぐ	ふぐ調理免許所持者が調理する
	植物性		ソラニン	ジャガイモの芽	ジャガイモの芽を取る

アレルギーへの対応

アレルギーの原因となる物質をアレルゲンとよぶ。ほこり（ハウスダスト）や花粉，食物，ダニの死骸や糞などさまざまなものがアレルゲンになる可能性がある。ダニの死骸や糞は布団やじゅうたんにあることが多く，布団の場合は日光にあてるより掃除機で除去するのが有効である。また，食物アレルギーの場合もさまざまな食物がアレルゲンとなるが，とくに発症例が多く重症となることが多い小麦・そば・落花生・卵・乳・えび・かにの7品目が，使用食品への表示を義務付けられている。

洗濯の支援

○繊維の種類と特徴

天然繊維	植物繊維	綿（コットン）	吸湿性・吸水性がよく洗濯しやすい。しわになりやすい
		麻（リネン等）	通気性がよく冷感がある。ぬれると縮み，しわになりやすい
	動物繊維	毛（ウール）	保温性がよい。ぬれると縮み，アルカリ，塩素系漂白剤に弱い
		絹（シルク）	しなやかで吸湿性がよい。アルカリ，塩素系漂白剤に弱い
化学繊維	再生繊維	レーヨンなど	吸湿性・吸水性がよい。乾きにくく，ぬれると弱くなる
	半合成繊維	アセテート	絹のような感触。アルカリに弱く，しわがとれにくい
	合成繊維	ナイロン	引っ張りに強いが熱に弱い。吸湿性が小さく帯電しやすい
		ポリエステル	引っ張りに強く，乾きやすい。吸湿性が小さく帯電しやすい
		アクリル	毛に似た風合いで保温性に富む。吸湿性が小さく帯電しやすい

○洗濯の方法

［水と洗剤を用いる → 湿式洗濯（ランドリー）
　有機溶剤を用いる → 乾式洗濯（ドライクリーニング）

> 水で色落ちするもの，型くずれしやすいものはドライクリーニングをする

○湿式洗濯の条件

①洗剤の種類	使用目的（繊維の種類，洗い方など），界面活性剤の種類，形態（粉末か液体か）などを考慮して選ぶ
②洗剤の濃度	一定の濃度までは濃度が高くなるほど洗浄力も大きくなるが，標準使用濃度以上では変化がないため，使用濃度基準を守るようにする
③浴比	手洗いでは1：10，洗濯機の場合は1：15〜20が適当。ただし，繊維の種類や汚れの程度などによって異なる（「浴比」＝洗濯物1kgに対する水の量〔ℓ〕）
④洗濯液の温度	一般に温度が高いほど洗浄力は大きくなる。ただし，繊維の種類によっては高温にできないものもある

○洗剤の種類

	合成洗剤		複合石けん	石けん
原料	石油，動植物油脂		石けんと合成洗剤を混ぜ合わせる（石けんが70%以上）	動植物油脂
液の性質	中性	弱アルカリ性	弱アルカリ性	弱アルカリ性
用途	毛，絹，アセテート	綿，麻，レーヨン，合成繊維	綿，麻，合成繊維	綿，麻，合成繊維

○防虫剤の種類と特徴

種類	特徴
ピレスロイド系	他の防虫剤と併用できる。特有の臭いがない
パラジクロロベンゼン	効果は強いが持続性がない。金糸，銀糸が変色する
ナフタリン	効果は弱いが持続性がある。長期保管に適している
しょうのう	着物の保管に適している。金糸，銀糸が変色しない

過去問　令和元年-問題44・問題46・問題53，平成31年-問題36・問題46・問題53・問題54・問題55，平成29年-問題56，平成28年-問題43，平成27年-問題57，平成26年-問題31・問題41・問題56・問題103，平成25年-問題32・問題56・問題57・問題108，平成24年-問題58

85 睡眠の介護

ここに注目

● 睡眠には脳の疲労回復のほか，成長ホルモンの分泌，免疫力の強化，血圧・血糖値の調節，情報の整理・保存などの重要な役割がある
● 睡眠障害は心の不調のサインであることが多いため，注意が必要
● 質の高い睡眠のためには，規則正しい生活リズムを保つとともに，安眠のための環境を整えることが大切である

睡眠の仕組み

○睡眠と概日リズム

> 睡眠・覚醒のリズムは，体温やホルモン分泌などと同様に，脳の中にある体内時計によって約1日（ヒトの場合約25時間）のリズムに調節されており，このリズムのことを概日リズム（**サーカディアンリズム**）とよぶ

○レム睡眠とノンレム睡眠

レム睡眠	身体の力は抜けているが大脳は活発に活動している睡眠。眠りが浅く，夢を見ていることが多い。レムはRapid Eye Movement（急速眼球運動）の略
ノンレム睡眠	大脳を休ませてその機能を回復するための睡眠。睡眠の深さによって4段階に分けられる

> 一般に睡眠は，深いノンレム睡眠から始まり，約90分周期でレム睡眠とノンレム睡眠が交互に繰り返し，徐々にレム睡眠の時間が増えていく。

高齢者に多い睡眠障害

不眠症	**高齢者**は眠りが浅く，途中で何度も起きてしまう**中途覚醒**や，早朝に目が覚めてしまう**早朝覚醒**が多くみられる
睡眠時無呼吸症候群	睡眠中に呼吸が停止してしまい，不眠や高血圧などを引き起こす
むずむず脚症候群（レストレスレッグス症候群）	夜になると下肢にむずむずとした感覚が生じ，不眠を引き起こす
周期性四肢運動障害	四肢が周期的にぴくぴくと動くために，睡眠が妨げられてしまう
レム睡眠行動障害	大声で叫ぶなど，夢の中での行動が現実の行動となって現れる

安眠のための生活習慣

ヒトの体内時計の周期は約 25 時間。地球の周期（24 時間）とのズレを修正しないと睡眠・覚醒のリズムが乱れていく

朝の光は体内時計を早め，夕方の光は遅らせる。朝の光を浴びることによって体内時計のズレを修正することが大切

- ・毎朝決まった時間に目を覚まし，日中に適度な疲労を感じる程度の運動などを行うとよい
- ・食事は就寝の 2 ～ 3 時間前までに済ませ，就寝前の空腹あるいは満腹状態を避ける
- ・就寝前の多量な水分摂取を控える（できるだけ夕方までに 1 日の必要量を摂るようにする）

安眠のための環境条件

室内の温度は 25 ～ 26℃，湿度は 50 ～ 60%

室内の照度は 0.3 ルクスが最適（レースのカーテン越しの月明かり程度）

音は 40 デシベル以上で寝つきが悪くなる（普通の会話は 60 デシベル）

掛け布団は保温性・吸湿性・放湿性，フィット感のあるもの

枕は寝返りを打っても十分な長さ

寝床内気候（布団の中の環境）は温度 32 ～ 34℃，湿度 50 ± 10%

シーツはよく乾燥した清潔なもの

安眠

 過去問　令和元年-問題56・問題57・問題58，平成31年-問題56・問題106・問題107・問題120，平成29年-問題107，平成26年-問題106，平成25年-問題108，平成24年-問題59・問題107，平成22年-問題70，平成21年-問題84，平成19年-問題85

86 終末期の介護と身体的特徴

リンク こころとからだのしくみ ▶ こころとからだのしくみ ▶ 死にゆく人のこころとからだのしくみ

ここに注目

- 終末期とは，現代の医療技術をもってしても快復の見込みがなく，死期が近づいた状態
- ターミナルケアとは，終末期に行われるケアの総称（余命6か月）。ターミナルケアでは，残りの人生をその人らしく生きられるよう，人格を尊重したケアが求められる
- 精神的ケアでは，一人にせず，よく話を聴く，スキンシップを図るなど，その人の心に寄り添うことが大切
- ターミナルケアにおける最も重要な援助のひとつは，肉体的苦痛の緩和である

危篤時の身体的変化

意識	意識レベルは徐々に低下していくが，最後まで清明な者もいる
体温	徐々に低下していく
呼吸	リズムや深さが不規則になり，鼻翼呼吸や下顎呼吸などがみられる。徐々に無呼吸になっていく
脈拍	頻脈から徐々に微弱になり，リズムが不規則になる
血圧	徐々に下降していき，測定不能となる
その他	皮膚の色は次第に蒼白となる。口唇や爪の色も赤みが消え，チアノーゼがみられる

○ホスピスケア

　ホスピスとは，本来は末期患者に対するケアの考え方で，広義にはその考えに沿ったケアの実践の場もいう。ホスピスの概念に基づくケアをホスピスケアという。我が国の主なホスピスケアの対象は末期がん患者である。

※ホスピスケアの考え方

- ・治癒を目指した医療ではなく，安楽をもたらすケアを実施
- ・安楽をもたらすケアでは，疼痛緩和が中心
- ・患者と家族の社会的・心理的ニーズに応じた個別的ケアであること
- ・各分野の専門家で構成されるケアチームにより実施

 令和元年-問題59・問題60・問題107・問題108，平成31年-問題58・問題59・問題60，平成29年-問題60・問題108，平成26年-問題19・問題60・問題107，平成25年-問題59・問題60・問題109，平成24年-問題60，平成23年-問題95（事），平成21年-問題75

239

○全人的苦痛（トータルペイン）の概念

　ターミナルケアでは，末期がん患者など終末期にある人の苦痛を身体的苦痛だけではなく，精神的苦痛，社会的苦痛，霊的苦痛（スピリチュアルペイン）の合わさった全人的苦痛（トータルペイン）としてとらえる。

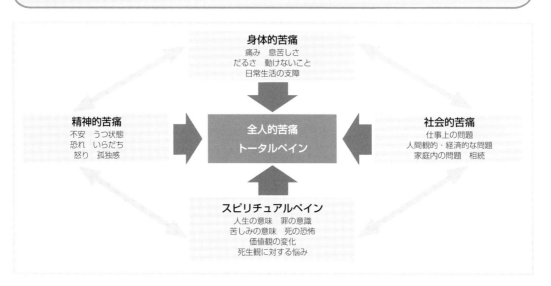

尊厳死と安楽死

尊厳死…人間が，人間の尊厳を保って死を迎えること。
積極的安楽死…患者に対して，苦痛から解放するために，故意に死に至らしめる処置。
純粋安楽死……不治で，末期の患者に，肉体的苦痛を緩和する処置が生命を短縮させない場合。
間接的安楽死…患者に対し，身体的苦痛を緩和する処置を行うことにより，副作用などで生命を短縮させる場合。
消極的安楽死…患者に対し，苦痛から解放するため延命措置を中止し，結果として死に至らしめること。
脳死…脳幹を含めた全脳機能が完全に失われた状態。平成３年の厚生労働省研究班による「脳死判定基準の補遺」で改正および補足による。

グリーフケア，リビングウィル，エンゼルケア

グリーフケア	死別に伴う深い悲しみ（グリーフ）を乗り越えようとする（家族等の）努力を支援すること。
事前指示（書）	リビングウィルを含めた「終末期医療」（或いは終末期介護）に関する様々な指示を示す広い概念で，文書化したものが「事前指示書」。なお，独立行政法人国立長寿医療研究センターの在宅医療・地域医療連携部においては，「終末期希望調査票」として，様式化されている。また，リビングウィルと代理人指定の両方の要素を含むものを「事前調査書」と呼ぶ場合がある。
リビングウィル	終末期に受ける医療の中身に関する具体的な指示で，人工呼吸器，心肺蘇生，人工栄養などについての希望に関するすべて。
エンゼルケア	死後，故人の尊厳を大切に，希望・習慣・宗教などを踏まえ，身体を清潔にしたり，外見を整えたり，化粧（エンゼルメイク）や更衣などを，死後硬直の開始前（死後２～３時間）に行うこと。

87 緊急時の対応

ここに注目

- 誤嚥，転倒による骨折，やけどなど高齢者等に起こりやすい事故の応急手当について理解し，安全の確保に努める
- 一次救命処置（BLS）の手順とその具体的な内容を理解する
- 湯たんぽやカイロなどで起こる「低温やけど」は，通常のやけどよりも皮膚の深部まで傷害し，重傷化しやすいため注意する

誤嚥の場合（気道異物除去）

| 誤嚥のサイン：喘鳴，チアノーゼ，チョークサインなど |

| 気道に異物が詰まると窒息し，死に至ることもある |

チョークサイン

○応急手当

①咳ができる場合は，強い咳を続けさせる

②背部叩打法，ハイムリック法*を行う（*乳児，妊婦には行ってはならない）

③指交差法で対象者の口を開き，指にハンカチなどを巻き付けて異物をかき出す

背部叩打法 対象者の肩甲骨の間を，手の付け根の部分で強く素早く叩く	（側臥位の場合） 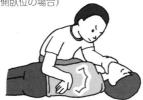	（立位の場合） 
ハイムリック法 対象者を後ろから抱くかたちで上腹部の前で腕を組み合わせ，内上方に向かって圧迫するように押し上げる		指交差法  感染を防ぐため，ビニール手袋またはビニール等を巻いて行う

🤝 一次救命処置（BLS）の手順

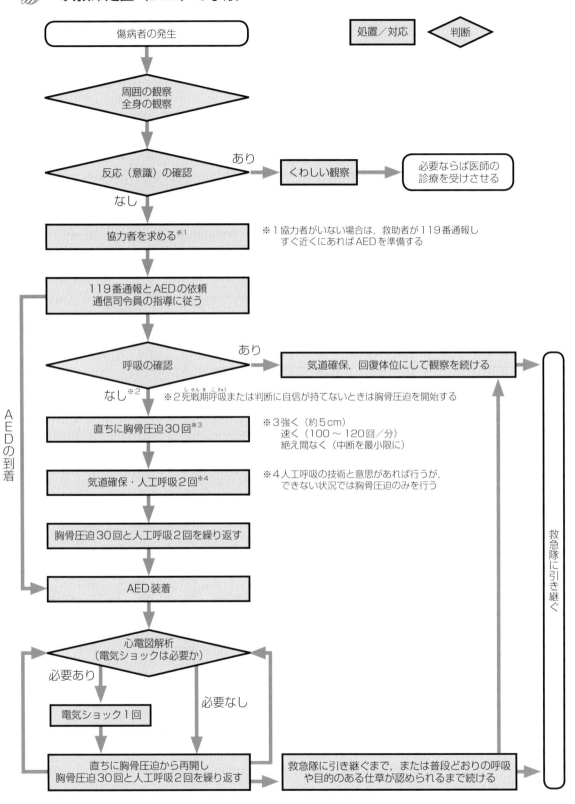

処置／対応　　判断

傷病者の発生

周囲の観察
全身の観察

反応（意識）の確認　　あり → くわしい観察 → 必要ならば医師の診療を受けさせる

なし

協力者を求める※1

※1 協力者がいない場合は，救助者が119番通報しすぐ近くにあればAEDを準備する

119番通報とAEDの依頼
通信司令員の指導に従う

呼吸の確認　　あり → 気道確保，回復体位にして観察を続ける

なし※2　　※2 死戦期呼吸または判断に自信が持てないときは胸骨圧迫を開始する

直ちに胸骨圧迫30回※3

※3 強く（約5cm）
速く（100～120回／分）
絶え間なく（中断を最小限に）

気道確保・人工呼吸2回※4

※4 人工呼吸の技術と意思があれば行うが，できない状況では胸骨圧迫のみを行う

胸骨圧迫30回と人工呼吸2回を繰り返す

AED装着

心電図解析
（電気ショックは必要か）

必要あり　　必要なし

電気ショック1回

直ちに胸骨圧迫から再開し
胸骨圧迫30回と人工呼吸2回を繰り返す

救急隊に引き継ぐまで，または普段どおりの呼吸や目的のある仕草が認められるまで続ける

AEDの到着

救急隊に引き継ぐ

出血の場合

人の血液量は体重1kg当たり約80㎖ ▶ 全血液量の3分の1以上を一度に失うと，生命が危険な状態になる

○止血法

直接圧迫止血法

直接圧迫止血法	・出血している傷口をガーゼやハンカチなどで直接強く押さえる方法 ・これが最も基本的で確実な方法である
間接圧迫止血法	・傷口より心臓に近い動脈（止血点）を圧迫して止血する方法 ・直接圧迫止血を行えないときの応急的処置

骨折の場合

種類	閉鎖骨折	開放骨折
状態	骨折部の皮膚に傷がない状態の骨折（または骨折部が身体の表面の傷と直接つながっていない）	骨折部が身体の表面の傷と直接つながっている（折れた骨の骨折端が皮膚を破って外に出ている）
応急手当	・全身及び患部を安静にする ・患部を固定する（骨折部が屈曲していてもそのままの状態で固定） ・なるべく患部を高くして腫れを防ぐ	・まず止血してから患部を固定する ・骨折端を元に戻そうとしないこと ・患部を締めつける衣服は脱がせる ・このほかは閉鎖骨折の場合と同じ

熱傷（やけど）の場合

やけどの深さ	皮膚の外見	症状
Ⅰ度（表皮）	皮膚が赤くなる	ヒリヒリ痛む
Ⅱ度（真皮）	水ぶくれができる	強く焼けるような痛み
Ⅲ度（全層）	皮膚が蒼白，炭化による黒みもみられる	あまり痛みを感じなくなる

○応急手当

・真っ先に冷たい水（水道水など）で痛みが取れるまで患部を冷やす（直接患部に水をかけない）
・衣類は脱がさずに，そのまま衣類の上から水をかける
・水ぶくれはつぶさないこと。消毒または洗濯した布で覆い，その上から冷やす
・軟膏や消毒液などは医師の診療の妨げになり，感染を起こすこともあるため用いない

 平成31年-問題125，平成24年-問題30，平成23年-問題90，平成22年-問題90，平成21年-問題78，平成20年-問題77・問題90，平成19年-問題91

88 医療的ケア

ここに注目

- 線毛運動により喉元まで運ばれた分泌物（たん）は，通常は無意識に食道の方に飲み込んでいるが，塵や異物等によってたんの粘性が増した場合，咳払いをして排出している
- 気道を確保することを目的に，気管切開をして人工呼吸をする場合には，通常「気管カニューレ」と呼ばれる管を首の中央部から気管に挿入する
- 経管栄養法には，鼻から消化管に挿入したチューブを用いて栄養剤を注入する方法（経鼻経管栄養）と，胃・腸にろう孔を造設し，挿入されたチューブを通して栄養剤を注入する方法（胃ろう・腸ろう）がある

たんの性状と変化

通常のたんは無色透明またはやや白色，においはなく，やや粘り気がある程度

たんの観察項目	性状の変化	推測される状態
色	白色の濁りが強くなる	何らかの感染がある
	黄色っぽくなる	
	緑色っぽくなる	
	うっすら赤くなる	口・鼻・のど・気管などに傷がある
	赤い点々が混ざっている	口・鼻・のど・気管などに傷がある
	鮮やかな赤色が混ざっている	口・鼻・のど・気管などから出血している
	黒ずんだ赤色が混ざっている	口・鼻・のど・気管などから出血していた
粘性（粘り気）	サラサラしている	透明色で量が増える場合：急性の気道の炎症など
		鮮やかな赤色：緊急対処を伴う出血がある
	粘り気がある	体内の水分が不足して乾燥している
		色の変化（黄色・緑色）を伴う場合は何らかの感染がある
におい	腐敗臭	何らかの感染がある
	甘酸っぱいにおい	

NPPV（noninvasive positive pressure ventilation）
：非侵襲的陽圧換気

人工気道（気管チューブ，気管切開チューブ）を留置せず，マスク，ヘルメットを用いて口鼻を覆い上気道から陽圧換気を行う方法。

侵襲的換気法と違い気道が確保されない。適応と禁忌を理解し，安全に使用する。

適応	不適応
意識が清明でマスク装着に協力的 循環動態が安定している	不穏で協力が得られない 気道が確保できない，呼吸停止 循環動態が不安定 気道分泌物が多く排出できない

TPPV（tracheostomy positive pressure ventilation）
：侵襲的陽圧換気

気管に直接チューブ（人工気道）を挿入し，そこに人工呼吸器を装着して，空気を送り込む方法

気管切開をすると声を発することが困難になる（発声を可能にする器具あり）

気管カニューレの挿入部の皮膚は，たんや浸出液によるただれが起きやすい

介護職員が喀痰吸引できる部位は，気管カニューレ内部に限定され，無菌的操作を厳守する

気管切開部

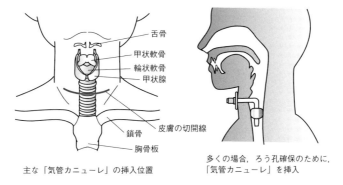

主な「気管カニューレ」の挿入位置

多くの場合，ろう孔確保のために，
「気管カニューレ」を挿入

🖐 特別支援学校におけるたんの吸引等の実施体制例

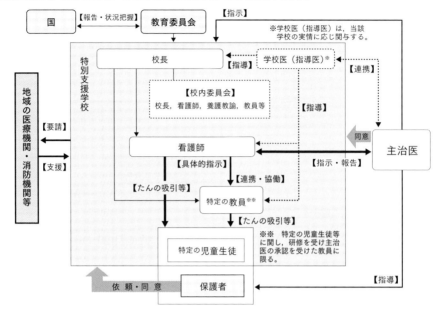

🖐 経管栄養法の種類

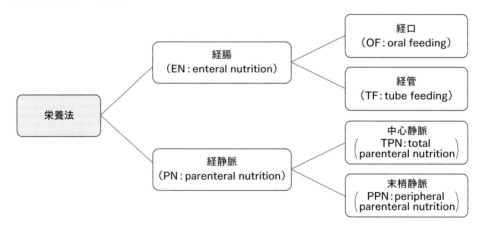

🖐 経鼻経管栄養法と胃ろう（腸ろう）の違い

	利点	欠点
経鼻経管栄養法	・チューブの一時的挿入が簡便で，ベッドサイドでの処置が可能である	・抜けやすく，抜けると重大な事故につながりやすい ・鼻にチューブが挿入されているので本人の心理的負担となる場合もある
胃ろう（腸ろう）	・一度胃ろう（腸ろう）を造設してしまえば，抜けにくい ・衣服に隠れるために日常生活でのQOLは保ちやすい	・手術が必要 ・挿入部からの液もれなどによる皮膚のただれやダンピング症状（下痢，腹痛，冷汗，嘔気）が起こりやすい

🖐 胃ろうチューブの種類

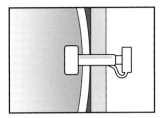

ボタン型バンパー

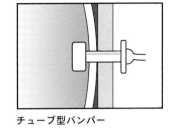

チューブ型バンパー

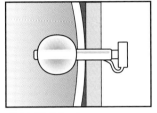

ボタン型バルーン

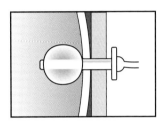

チューブ型バルーン

🖐 総合栄養食品の種類

成分栄養剤	すべて医薬品扱い（保険適用）	たんぱく質は消化の必要がない形（アミノ酸）まで細かくされているので，消化酵素を必要とせずに上部消化管ですみやかに吸収。小腸粘膜の萎縮には注意が必要 市販品：エレンタール®，アミノレバン EN®，ヘパン ED® など
消化態栄養剤		高エネルギーですべての栄養素が最小単位で構成された栄養剤。窒素源（たんぱく質）は遊離アミノ酸もしくはジペプチド，トリペプチドまで加水分解がされている。糖質はデキストリンを使用 栄養成分がほとんど消化された形になっているので，すみやかに上部消化管から吸収され，半消化態栄養剤より消化吸収が容易 市販品：ツインライン®，エンテルード® など
半消化態栄養剤	医薬品扱い（保険適用）と食品扱い	自然食品を人工的に処理した高カロリー，高たんぱく質のバランスのとれた栄養剤。窒素源（たんぱく源）として牛乳と大豆が使われている。腸で多少消化されてから吸収されるため，消化吸収機能が低下している場合は適さない 市販品：エンシュア・リキッド® など
自然食品流動食（天然濃厚流動食）	すべて食品扱い	自然の食品で通常の食事に用いられる材料を粉砕した市販品がある。利点は栄養価が高いこと，必要な栄養素（未知の成分も含めて）がバランスよく確保できる点だが，窒素源がたんぱく質であることや，脂肪の含有量が多いことなどがある 市販品：オクノス流動食®，ファイブレンYH® など

🖐 医療的ケアを行う介護職に求められること

○利用者の生命のリスクを回避し，安全・安心なたんの吸引と経管栄養が提供できる。

○介護職が担う医療行為の範囲について具体的に理解する。

○チームの一員として，医療行為を担う医療関係職種との連携や協働を実施する。

🖐 今回の制度で対象となる範囲

○たんの吸引（口腔内，鼻腔内，気管カニューレ内部）

○経管栄養（胃ろう又は腸ろう，経鼻経管栄養）

※実際に介護職員等が実施するのは研修の内容に応じ，上記行為の一部又は全部

🖐 喀痰吸引の手順と注意点

①利用者の状態の観察

②医師の指示等の確認

③手洗い

④必要物品の準備と作動状況の確認

⑤利用者へ説明し同意を得る

⑥利用者の姿勢を整える（仰臥位，上体挙上）

⑦口腔内・鼻腔内の観察

⑧吸引チューブと吸引器を連結し，吸引圧の確認

⑨適切な吸引圧で適切な深さまで挿入し，適切な吸引時間で貯留物を吸引

      ○ 口腔内の場合は咽頭の手前まで Ⓐ

      ○ 鼻腔内の場合はおおむね8～10cm（咽頭の手前）Ⓑ

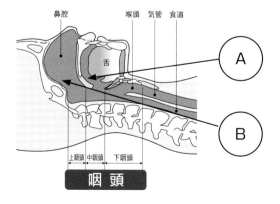

      ○ 気管カニューレ内部の場合は気管カニューレの内部まで

⑩静かに抜き，チューブの汚れを落とし吸引器の電源を切る

⑪吸引物や利用者の状態を観察し看護職員に報告，後片付け，記録

医療的ケアを安全に行うために，医療関係者との連携に関する基準

①介護福祉士等が喀痰吸引等を実施するにあたり，医師の文書による指示を受けること

②医師・看護職員が喀痰吸引等を必要とする方の状況を定期的に確認し，介護福祉士等と情報共有を図ることにより医師・看護職員と介護福祉士との連携を確保するとともに適切な役割分担を図ること

③喀痰吸引等を必要とする方の個々の状況を踏まえ，医師・看護職員との連携の下に，喀痰吸引等の実施内容等を記載した計画書を作成すること

④喀痰吸引等の実施状況に関する報告書を作成し，医師に提出すること

⑤喀痰吸引等を必要とする方の状態の急変に備え，緊急時の医師・看護職員への連絡方法をあらかじめ定めておくこと

ハインリッヒの法則

「1：29：300」の法則
労働災害の発生比率を分析したもの
「ある原因で1件の重大災害が発生した場合，同じ原因で29件の軽症災害が発生しており，さらに同じ原因で『ヒヤリハット』した場合が300件存在する」

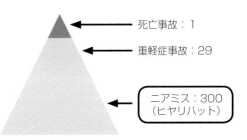

死亡事故：1
重軽症事故：29
ニアミス：300
（ヒヤリハット）

経管栄養の手順と注意点

①医師の指示等の確認

②手洗い

③必要物品の準備と指示された栄養剤の種類，量，時間の確認

④経管栄養の注入準備

　　○栄養剤は常温（冷たいと下痢を起こす場合がある）

⑤利用者へ説明し同意を得る，本人確認，体位及び環境を整える

　　○体位はギャッジアップ（頭部30〜45°，足元15°）

　　○イルリガートルの高さは利用者の胃部より液面が50cm以上高くする

⑥注入を開始し様子を観察

　　○顔色，嘔気嘔吐，腹部膨満感，腹痛，呼吸苦など

⑦栄養剤の注入終了後，白湯を注入

⑧体位はギャッジアップのまましばらく様子をみる

⑨看護職員に報告

⑩体位変換後，後片付け，記録

過去問　令和元年-問題109・問題110・問題111・問題112・問題113，平成31年-問題101・問題110・問題111・問題112・問題113，平成29年-問題110・問題111

☑ チェックテスト7

77 居住環境の整備

急激な温度変化による身体の変化を（　　**1**　　）といい，血圧や脈拍の急変により発作を起こし，突然死に至る場合もある。暖かい居室などと寒い脱衣室や浴室などの（　　**2**　　）が関係するといわれる。　　▶P202

建材や内装材などから放散される，ホルムアルデヒド等の揮発性有機化合物や，ダニなどのアレルゲンにより引き起こされる，目やのどの痛み，頭痛，めまいなどの症状を，（　　**3**　　）とよぶ。　　▶P207

浴室は溺水や（　　**4**　　）の危険があるため，浴槽や洗い場に手すりを設置するとともに，洗面脱衣室には居室との（　　**5**　　）を解消するため，暖房を設置する。　　▶P204　▶P205

トイレのドアは，引き戸やアコーディオンドアにすると開閉しやすい。開き戸にする場合は，緊急時の対応のため（　　**6**　　）に開くものが望ましい。　　▶P206

78 身じたくの介護

皮膚は，表皮・（　　**7**　　）・皮下組織の3層に分かれており，表皮の一番内側の基底層でつくられた新しい細胞が（　　**8**　　）へと押し上げられていき，やがて垢となって剥がれ落ちる。　　▶P209

高齢者の爪を切るときには，入浴後などの爪が（　　**9**　　）ときに切り，端から中央に向かってやすりをかける。　　▶P208

舌の表面には，味覚を感知する（　　**10**　　）という部位を含む細かい突起（舌乳頭）が数多く存在するが，（　　**11**　　）とよばれる白っぽい色の付着物を厚く付着させたままでいると，口臭の原因となる。　　▶P210

高齢者・障害者が着用する寝まきやパジャマは，（　　**12**　　）予防のため，背縫いがなく，縫い代が直接肌に触れないものがよい。　　▶P212

着脱介助の際，利用者の上肢や下肢に障害がある場合は，（　　**13**　　）から脱がせて（　　**14**　　）から着せるのが基本であり，これを（　　**15**　　）の原則という。　　▶P213

解答

1 ヒートショック　**2** 温度差　**3** シックハウス症候群　**4** 転倒　**5** 温度差　**6** 外側　**7** 真皮　**8** 角質層　**9** 柔らかい　**10** 味蕾　**11** 舌苔　**12** 褥瘡　**13** 健側　**14** 患側　**15** 脱健着患

79　移動の介護

ボディメカニクスを活用する場合は，（　**1**　）を広くとり，重心を低くして身体を安定させること，背筋，腹筋などの大きな筋群を使うこと，（　**2**　）の原理を活用することなどが重要である。　▶P214

褥瘡とは，体重によって生じる持続的な圧迫により，皮膚や筋肉が（　**3**　）を起こし，これらの組織が壊死した状態をいい，一般には（　**4**　）とよばれる。　▶P216

骨の突出した部位は圧迫が集中するため褥瘡ができやすく，仰臥位の場合は（　**5**　）が一番の好発部位であり，後頭部，肩甲骨部，肘関節部，踵骨部などにもできやすい。　▶P216

褥瘡予防には，①約２時間を目安に（　**6**　）を行う，②体圧を分散する寝具など予防用具を活用する，③皮膚を乾燥させて清潔を保ち，必要なエネルギーやたんぱく質，ビタミン等を摂取して（　**7**　）を良くする，などの対策をとる。　▶P217

80　杖歩行　車いすの介護

杖を選択する場合，握りの高さは（　**8**　）の高さが目安である。　▶P219

利用者に片麻痺がある場合のベッドから車いすへの移乗の介助では，車いすを利用者の（　**9**　）に配置し，利用者に近づける。　▶P221

車いす介助の場合，傾斜が急な下り坂では（　**10**　）向きになり，ゆっくりと確実に下っていくようにし，傾斜が緩やかな下り坂では（　**11**　）向きで車いすを引くようにして下っていく。　▶P220

杖歩行では，①まず杖を一歩前につき，②患側の足を前に出し，③健側の足を出して患側の足に揃えるという（　**12**　）歩行が基本とされている。　▶P219

杖歩行の場合，階段の昇りでは①一段上に杖をつき，②健側の足を上げ，③患側の足を上げるが，階段の降りでは①一段下に杖をつき，②（　**13**　）の足を下ろし，③（　**14**　）の足を下ろす。　▶P218

81　食事の介護

利用者の残存機能によって食事の形態はさまざまであるが，基本的には寝床から離れ，座位で食事をとる（　**15**　）の形態が望ましい。　▶P225

解答

1　支持基底面積　2　てこ　3　血行障害　4　床ずれ　5　仙骨部　6　体位変換　7　栄養状態　8　大腿骨大転子　9　健側　10　後ろ　11　前　12　三動作　13　患側　14　健側　15　寝食分離

（81　食事の介護のつづき）

高齢者は，体内の水分量が若年層より少ないことや，水分吸収機能の低下，夜間の排尿を避けるために水分摂取を控えがちになるなどの理由から（　**1**　）を起こしやすい。 ▶P224

脱水予防の観察ポイントとして，頭痛，めまいなどの有無，口唇・舌の（　**2**　），皮膚の弾力，尿の色や量・回数，全身の倦怠感がないか，などがある。 ▶P224

高齢者の場合，最低でも1日に（　**3**　）㎖（そのうち1,500㎖は飲料水）程度の水分補給を行い，食事だけでなく，入浴後，発汗時などにも適宜水分をとらせるようにする。 ▶P224

食事介助のとき，頸部が前屈する姿勢をとると，咽頭と（　**4**　）に角度がつくため誤嚥しにくくなる。 ▶P223

練り製品やもち，豆，海藻などは（　**5**　）しやすいのに対し，ミンチ状・ポタージュ状などの食品やプリン・ゼリー・かゆ米などは（　**6**　）しやすい。 ▶P223

視覚障害者の食事介助では，食事の内容や熱い・冷たいについての説明を行い，食器の位置については，時計の文字盤の配置になぞらえる（　**7**　）という方法を用いる。 ▶P224

82　清潔・入浴の介護

高齢者や麻痺がある人の場合，（　**8**　）の感覚が鈍っていることがあるため注意し，（　**9**　）や心臓病がある場合は，熱い湯を避けるようにする。 ▶P226

陰部洗浄を行う際，介護者は利用者の意思や羞恥心に配慮し，女性の場合は尿路や性器への（　**10**　）を防ぐため，前から後ろ（肛門部）に向かって洗う。 ▶P227

入浴後には，湯冷めしないように，身体の水気を拭き取り，十分な休息と（　**11**　）補給を心がける。 ▶P226

83　排泄の介護

排泄の際に最も望ましいとされる姿勢は（　**12**　）であり，ベッドからの移動が困難な場合は，上半身を起こした姿勢で尿器・差し込み便器を使用する。 ▶P228

尿意・便意がない利用者に対する介護では，利用者の（　**13**　）を把握し，早めにトイレに誘導する。 ▶P229

解答

| 1 脱水 | 2 乾燥 | 3 2,500 | 4 気管 | 5 誤嚥 | 6 嚥下 | 7 クロックポジション | 8 温度 |
| 9 高血圧 | 10 感染 | 11 水分 | 12 座位 | 13 排泄のリズム | | | |

便座は膝程度の高さ（40〜45cm程度）がよいが，利用者に関節リウマチなどによる関節の痛みや拘縮がある場合は，立ち上がり補助便座や（　**1**　）の使用も考慮する。　▶P229

排泄介助においては，利用者を待たせることなく速やかに介助すること，カーテンなどを使用して利用者の（　**2**　）に配慮すること，排泄物を観察し，異常があれば医療従事者に連絡することが重要である。　▶P228

84　家事の介護

介護職は，利用者がその（　**3**　）を活用して自立した生活ができるよう，利用者のこれまでの生活を尊重しつつ，計画的に家事支援を行っていく。　▶P231

主として利用者が使用する居室以外の（　**4**　），草むしり，ペットの散歩，正月や節句などの特別な調理，来客の応接などは，介護保険の生活援助（家事援助）の範囲に（　**5**　）と考えられる。　▶P231

糖質は炭水化物から（　**6**　）を除いたものであり，たんぱく質や脂質よりも消化吸収が速く，エネルギー源として最も重要な栄養素とされ，体内で１ｇ当たり（　**7**　）kcalのエネルギーを生み出す。　▶P232

たんぱく質を構成するアミノ酸は20種類あるが，そのうちの９種類は体内で合成することができず，体外から摂取しなければならないため，（　**8**　）とよばれる。　▶P232

ビタミンＢ群やビタミンＣなどは（　**9**　）性ビタミン，ビタミンＡ，ビタミンＤなどは（　**10**　）性ビタミンに分類される。　▶P232

ビタミンＡは視覚作用や皮膚・粘膜の正常化，（　**11**　）はカルシウムの吸収促進，（　**12**　）は造血作用，ビタミンB_{12}は貧血の防止に関係するなど，ビタミンは身体の調子を整えるはたらきをする。　▶P232

ミネラルには，身体の調子を整えるだけでなく，身体の組織をつくるはたらきがあり，例えば（　**13**　）やリンは骨や歯の構成成分となる。　▶P232

70歳以上の高齢者の食事摂取基準（2015年度版）として，推定エネルギー必要量は男性1,850〜2,500kcal/日，女性1,500〜2,000kcal/日，カルシウム（推奨量）は男性（　**14**　）mg/日，女性（　**15**　）mg/日とされている。　▶P233

解答

1 補高便座　**2** プライバシー　**3** 残存機能　**4** 掃除　**5** 含まれない　**6** 食物繊維　**7** 4
8 必須アミノ酸　**9** 水溶　**10** 脂溶　**11** ビタミンＤ　**12** 葉酸　**13** カルシウム　**14** 700
15 650

（84　家事の介護のつづき）

可処分所得は，収入ー（所得税＋住民税＋（　　**1**　　））式で求めることができる。
高齢単身無職世帯では，（　　**2**　　）支出が可処分所得を上回っている。 ▶P234

食中毒には細菌やウイルスによるもの，自然毒によるもの，化学物質によるものなどがあり，動物性の自然毒には（　　**3**　　）という猛毒であるふぐ毒などがある。 ▶P235

ノロウイルスの感染予防には，十分な加熱と手洗いを励行し，二次感染を防ぐために吐物や汚物で汚染された床などは，（　　**4**　　）で消毒する。 ▶P235

綿，麻，合成繊維については（　　**5**　　）性の洗剤を使用することができるが，毛，絹，アセテートについては（　　**6**　　）性の合成洗剤を使用する。 ▶P236

アレルギーの原因となる物質をアレルゲンと呼び，食物アレルギーの場合，とくに発症例が多く重症となることが多い（　　**7**　　）品目について，使用食品への表示が義務付けられている。 ▶P235

85　睡眠の介護

睡眠には，脳の疲労回復のほか，成長ホルモンの分泌，（　　**8**　　）の強化，血圧や（　　**9**　　）の調節，情報の整理・保存といった重要な役割がある。 ▶P237

睡眠・覚醒のリズムは，脳にある体内時計によって約1日（ヒトの場合は約25時間）のリズムに調節されており，このリズムのことを（　　**10**　　）という。 ▶P237

睡眠には大脳を休ませてその機能を回復するための（　　**11**　　）睡眠と，身体の力は抜けているが大脳は活発に活動している（　　**12**　　）睡眠の2つの状態があり，約90分周期で交互に繰り返している。 ▶P237

安眠のためには，食事は就寝の（　　**13**　　）時間前までに済ませ，就寝前の空腹あるいは満腹状態を避ける。また，（　　**14**　　）はできるだけ夕方までに1日の必要量を摂るようにする。 ▶P238

睡眠中に呼吸が停止する（　　**15**　　）や，夜になると（　　**16**　　）にむずむずとした感覚が生じるレストレスレッグス症候群などは，不眠を引き起こす。 ▶P238

解答

1　社会保険料　**2**　消費　**3**　テトロドトキシン　**4**　次亜塩素酸ナトリウム　**5**　弱アルカリ　**6**　中　**7**　7　**8**　免疫力　**9**　血糖値　**10**　概日リズム（サーカディアンリズム）　**11**　ノンレム　**12**　レム　**13**　2～3　**14**　水分　**15**　睡眠時無呼吸症候群　**16**　下肢

86 終末期の介護と身体的特徴

死別に伴う深い悲しみを乗り越えようとする家族の努力を支援することを
（　　1　　）という。
▶P240

がんなどの末期患者に対するケアの考え方を（　　2　　）といい，治癒を目指
した医療ではなく，安楽をもたらすケアを実施することをその特徴とする。
▶P239

87 緊急時の対応

気道に食物や異物が詰まった場合の除去方法のうち，対象者を後ろから抱くかたち
で上腹部の前で腕を組み合わせ，内上方に向かって圧迫するように押し上げる方法
を（　　3　　）という。
▶P241

一次救命処置で使用されるAEDは，電源を入れると音声で操作が指示され，救助者
がそれに従って（　　4　　）を行う装置である。（　　4　　）とは，傷病者の心
臓に（　　5　　）を与えることをいう。
▶P242

出血の場合には，出血している傷口をガーゼやハンカチなどで直接強く押さえる
（　　6　　）法が最も基本的で確実な方法であり，これが直ちに行えない場合に，
応急処置として（　　7　　）法を行う。
▶P243

皮膚や筋肉などの組織も損傷を受けて，骨折部が体外に出ている状態を
（　　8　　）といい，骨折部が体外に出ていない状態を（　　9　　）という。
▶P243

熱傷（やけど）の場合，真っ先に冷たい水で痛みが取れるまで患部を冷やす。
（　　10　　）はつぶさずに，消毒または洗濯した布で覆い，その上から冷やす。
▶P243

88 医療的ケア

通常のたんは（　　11　　）透明，またはやや白色である。
▶P244

侵襲的人工呼吸療法は，（　　12　　）をして気管カニューレより酸素を送り込
むことである。
▶P245

胃ろう・腸ろう経管栄養はからだの外側から（　　13　　）の内部に栄養を入
れることである。
▶P244

経鼻経管栄養法は抜けやすく，抜けると重大な事故につながりやすい。また，
（　　14　　）は，挿入部からの液もれなどによる皮膚のただれやダンピング症
状が起こりやすい。
▶P246

解答

1　グリーフケア　2　ホスピス　3　ハイムリック法　4　除細動　5　電気ショック　6　直接圧迫止
血　7　間接圧迫止血　8　開放骨折　9　閉鎖骨折　10　水ぶくれ　11　無色　12　気管切開
13　消化管　14　胃ろう

■ 監修
木村久枝
元 松本短期大学介護福祉学科 学科長

■ 編集協力
野島正典
高齢社会権利擁護研究所 所長

2021年　介護福祉士国家試験対策
図でわかる！ 重要ポイント88

2020年8月13日　第1版第1刷発行

監　修　木村久枝
発行者　林　諄
発行所　株式会社 日本医療企画 ©
　　　　〒104－0032　東京都中央区八丁堀3－20－5
　　　　　　　　　　S－GATE八丁堀
　　　　TEL：03（3553）2861（代）　FAX：03（3553）2886
印刷所　図書印刷 株式会社

ISBN978-4-86439-958-6　C3036
定価は表紙に表示してあります